Flaccus Quintus Horatius

Opera - lat. und deutsch

1. Teil

Flaccus Quintus Horatius

Opera - lat. und deutsch
1. Teil

ISBN/EAN: 9783744726269

Hergestellt in Europa, USA, Kanada, Australien, Japan

Cover: Foto ©ninafisch / pixelio.de

Weitere Bücher finden Sie auf **www.hansebooks.com**

Horaz
lateinisch und deutsch

---

mit Anmerkungen
für junge Leute
von
Jakob Friedrich Schmidt.

Erster Theil,
enthaltend das erste Buch der Oden.

Gotha,
bey Carl Wilhelm Ettinger, 1776.

An

den Geist

des Mäcens.

Doppelleben beseeligte

Krotons Weisen: für dich, edlerer Geist
Mäcens,

Gehn allmählig zu tausenden

Aus dem Schoose der Zeit leben hervor,
geschmückt

Mit Elysiens Blumenschmuck;

Vater Jupiter wills, weil du die lazische
Muse schütztest. Zuerst (Apoll

Sangs in heiligem Hayn!) hobst du dich
von Esquils

Höhen, lang' an den stygischen

Wassern Flakkus Gefährt', über den Alpen:
schnee

Zu den Franken, und wardst Pipins

A 3   Grosser

Grosser Sohn, und begannst Wunder, wie
          Herkules;

    Wardst izt König, und bald darauf

Kayser: aber du bliebst immer, im Könige

Und im Kayser, vertraulicher

Freund der Musen. Umsonst fesselte Tartarus

    Dich zum andernmal: neubelebt

Kamst du wieder, der Held Friedrich, des
          Minnelieds

    Zweyter Schöpfer durch Vatergunst;

Rothbart hieß dich das Volk: Patareus
          theilete

    Seinen sonnigten Schein mit dir.

Drauf erschienst du, genannt Ludwig, ein
          goldenes

    Alter auf der atlantischen

Schulter, um dich herum thrazischen Lauten=
          ton,

    In des Rousseau Begeistrungen —

Hingeflötet, Racins Larven, — die Grazie

    Jeder delphischen Zauberey.

                                        Ach

Ach, er lehrte nur dieß, Pythius, und ver-
schwieg,

Wen du jetzo bewohnst! — Vielleicht

Badens Fürsten? — gekränzt hat er den
Gottgesang

Deutschlands; — Ernsten auf Frie-
denstein? —

Denn er glühet, wie du, hört er Melpomenens

Spiel. — Auch reizt des belorberten

Bruders Geistesgehalt, ächt, und dem
deinigen

Gleich; und Joseph, der Opferer

Phöbus, dem er noch jüngst Tempel errichtete; —

Und Der oft mit Tritonien

längs den Ufern der Spree wandelt, und
Könige

Wägt, und Künsten zu seyn gebeut; —

Und durch Tugendgefühl früh der Unsterblichkeit

Werth, der Dichterfreund Petrowitz. —

Oder wähltest du dir zärtlichern Leib, entzückst
    In des mächtigen Dichterfreunds
Holder Mutter, und machst selbst der Olym=
            pier
    Auge staunen auf Musenhuld? —

Wo du strahlest, o Geist, gieb dem horazischen
    Liede, das dir vorlängst gefiel,
Auch im deutschen Gewand lächelnden Freun=
            desblick.

———————————

Q. HO-

Q. HORATII FLACCI VITA

AVCTORE C. SVETONIO TRANQVILLO.

Quintus Horatius Flaccus Venufinus, patre, vt ipfe quidem tradit, libertino et exauctionum coactore; vt vero creditum eft, falfamentario, cum illi quidam in altercatione exprobraffet: *Quoties ego vidi patrem tuum brachio fe emungentem!*

Bello Philippenfi, excitus a M. Bruto Imperatore, tribunus militum meruit; victisque partibus, venia impetrata, fcriptum quaeftorium comparauit, ac primo Maecenati, mox Augufto in gratiam infinuatus, non mediocrem in amborum amicitia locum tenuit. Maecenas quantopere cum dilexerit, fatis demonftratur illo epigrammate:

Ni te vifceribus meis, Horati,
Plus iam diligo, tu tuum fodalem
Ninno me videas ftrigofiorem.

Sed multo magis extremis tali ad Auguftum elogio: *Horatii Flacci, vt mei, efto memor.* Au-

A 5   guftus

guſtus epiſtolarum quoque ei officium obtulit,
vt hoc ad Maecenatem ſcripto ſignificat: *Ante*
ipſe ſcribendis epiſtolis amicorum ſufficie-
bam; nunc occupatiſſimus et infirmus Hora-
tium noſtrum te cupio adducere. Veniet igi-
tur ab iſta paraſitica menſa ad hanc regiam,
et nos in epiſtolis ſcribendis iuuabit. Ac ne re-
cuſanti quidem aut ſuccenſuit quicquam, aut amicitiam ingerere deſiit. Exſtant epiſtolae, e quibus,
argumenti gratia, pauca ſubieci. *Sume tibi ali-*
quid iuris apud me, tanquam ſi conuictor mi-
hi fueris: quoniam id vſus mihi tecum eſſe
volui, ſi per valetudinem tuam fieri poſſet.
Et rurſus: *Tui qualem habeam memoriam,*
poteris ex Septimio quoque noſtro audire:
nam incidit, vt illo coram fieret a me tui men-
tio. Neque enim, ſi tu ſuperbus amicitiam no-
ſtram ſpreuiſti, ideo nos quoque ἀνϑυπερηφα-
νῦμεν· Praeterea ſaepe eum inter alios iocos pu-
tiſſimum penem et homuncionem lepidiſſimum
appellat; vnaque et altera liberalitate locupleta-
vit. Scripta quidem eius vsque adeo probauit,
manſura-

manſuraque perpetuo opinatus eſt, vt non modo *ſaeculare carmen* componendum iniunxerit, ſed et *Vindelicam victoriam* Tiberii Druſique priuignorum ; eumque coëgerit propter hoc, tribus Carminum libris ex longo interuallo quartum addere ; poſt ſermones vero lectos quosdam, nullam ſui mentionem habitam, ita ſit queſtus: *Iraſci me tibi ſcito, quod non in pleriſque eiusmodi ſcriptis mecum potiſſimum loquaris. An vereris ne apúd poſteros tibi infame ſit, quod videaris familiaris nobis eſſe ?* Expreſſitque Eclogam, cuius initium eſt:

> *Cum tot ſuſtineas et tanta negotia ſolus,*
> *Res Italas armis tuteris, moribus ornes,*
> *Legibus emendes , in publica commoda*
> *peccem,*
> *Si longo ſermone morer tua tempora,*
> *Caeſar.*

Habitu corporis breuis fuit atque obeſus, qualis a ſemetipſo in ſatiris deſcribitur, et ab Auguſto hac epiſtola: *Pertulit ad me Dionyſius libellum tuum, quem ego, ne accuſem breuitatem, quantuluſcunque eſt, boni conſulo. Vereri autem mihi*

mihi videris, ne maiores libelli tui sint, quam
ipse es. Sed si tibi statura deest, corpusculum
non deest. Itaque licebit in sextariolo scribas,
cum circuitus voluminis tui sit ὀγκωδέςατος,
sicut est ventriculi tui.

Vixit plurimum in secessu ruris sui Sabini
aut Tiburtini, domusque eius ostenditur circa
Tiburni luculum.

Venerunt in manus et Elegi sub eius titulo,
et Epistola prosa oratione quasi commendantis
se Maecenati ; sed vtraque falsa puto. Nam
elegi vulgares, epistola obscura, quo vitio minime tenebatur.

Natus est sexto Idus Decembris, L. Cotta et
L. Manlio Torquato Coss. Decessit quinto Ca-
lendas Decemb. C. Marcio Censorino et C. Asi-
nio Gallo Coss. post septimum et quinquagesimum annum, haerede Augusto palam nuncupa-
to, cum vrgente vi valetudinis non sufficeret ad
obsignandas testamenti tabulas. Humatus et
conditus est extremis Esquiliis iuxta Maecena-
tis tumulum.

————————

Leben

Leben des Horaz,

von Sueton beschrieben.

Quintus Horatius Flakkus war aus
Venusia gebürtig, und wie er selbst
sagt, der Sohn eines Freygelassenen, der bey öffentlichen Versteige-
rungen zu Eintreibung des Geldes, das man daraus
löste, gebraucht wurde; hingegen nach der Meynung
Anderer der Sohn eines Garkochs, weil ihm Jemand im Zwist den Vorwurf gemacht hatte: Wie
oft habe ich gesehen, daß sich dein Vater statt des
Schnupftuchs des Ermels bediente!

Während des Kriegs, der durch die Schlacht bey
Philippis entschieden wurde, gieng er, von Brutus
dazu ermuntert, als Tribunus Militum (Oberster)
mit zu Felde. Nach der Niederlage seiner Parthey
und nach erhaltener Begnadigung kaufte er sich die
Stelle eines Schreibers bey dem Finanzwesen. Er
wußte sich zuerst dem Mäcen und bald darauf dem
August selbst gefällig zu machen, und behauptete keinen geringen Platz in der Freundschaft sowohl des
einen als des andern. Wie sehr ihn Mäcen geliebt
habe, erhellet zur Gnüge aus jenem scherzhaften
Einfall:

Wenn ich, Flakkus, dich nicht wie meine Seele
Liebe, müss' ich sogleich, ich, der an Künde
Dir nicht weichet, so dürr, wie Ninnus, werden.

Noch mehr aber erhellet es aus der Empfehlung an
August, als Mäcen in den letzten Zügen lag: Sey
des

des Horaz eingedenk, als ob ich es selbst wäre.
August wollte ihn auch als Gehülfen bey seinem
Briefwechsel an den Hof ziehen, und schrieb zu dem
Ende an Mäcen: Sonst konnte ich meine freund-
schaftlichen Briefe selbst besorgen; allein itzt bin
ich mit Geschäften überhäuft und schwächlich, und
wünschte daher, daß du mir unsern Horaz in dieser Absicht zuführtest. Er kann also von seinem
unbestimmten Tische an eine königliche Tafel gehen, und mir meine Briefe verfertigen helfen.
Als er das ausschlug, empfand es August nicht übel,
und entzog ihm nichts von seiner Freundschaft. Man
hat noch Briefe, woraus ich, zu einem Beweise hiervon, einiges ausziehen will. Du magst immer ein
wenig frey mit mir umgehen, als ob du mein Tischgenoß gewesen wärest: denn auf einen solchen Fuß
war ich Willens mit dir zu leben, wenn es deine
Gesundheitsumstände erlaubt hatten. Und wie-
derum: Wie viel ich von dir halte, kannst du von
unserm Septimius erfahren, mit dem ich Gelegenheit hatte, mich von dir zu unterreden. Denn ob
du gleich meine Freundschaft hochmüthig verachtet
hast, so will ich doch keinen gegenseitigen Stolz an
den Tag legen. Ueberdieß nennet er ihn oft, unter
andern scherzhaften Ausdrücken, seinen kleinen artigen Schwelger, das allerliebste Männchen,
und so weiter. Auch beschenkte er ihn zuweilen. Seine Schriften gefielen ihm so sehr, und er war so gewiß
von ihrer Unsterblichkeit überzeugt, daß er ihm nicht
nur die Verfertigung des hundertjährigen Gesan-
ges, sondern auch die Beschreibung des Sieges auf-
trug, den seine Stiefsöhne, Tiberius und Drusus,
über die vindelischen Völker erfochten. Aus eben der
Ursache ermunterte er ihn, zu den drey ersten Büchern seiner Oden, nach einer langen Zwischenzeit, noch
das vierte hinzuzuthun. Als ihm einige von den Satiren

tiren zu Gesichte kamen, worinnen seiner im geringsten
nicht gedacht war, beklagte er sich folgendergestalt darüber: Wiffe, ich bin böse auf dich, daß du dich in
Auffätzen von der Art nicht hauptsächlich mit mir
unterhältst. Fürchtest du etwa, es werde dir bey der
Nachwelt zur Schande gereichen, wenn es scheinen
möchte, als ob wir vertraulich miteinander umge-
gangen wären? Hierdurch kam die Ekloge zum
Vorschein, die sich also anfängt:

Da du, Cäsar, die Laft so vieler und groffer Ge-
schäfte
Trägst, und Italiens Wohl durch Waffen grün-
deft, durch Sitten
Und Gesetze vermehrst, so würd' ich am blühen-
den Staate
Freveln, wollt' ich die Zeit durch lange Ge-
schwätze dir rauben.

In Ansehung seiner Leibesgestalt war er klein
und unterfetzt, so wie er sich selbst in den Satiren
beschreibt, und wie ihn August in folgendem Briefe
schildert: Dionysius hat mir dein Büchelchen über-
bracht, und so klein es auch ist, so lobte ich es doch,
ohne mich über seine Kürze zu beschweren. In-
deffen kömmt es mir vor, als ob dir bange wäre,
deine Bücher möchten deinen Körper an Gröffe
übertreffen. Wiewohl wenn es dir an der Länge
mangelt, so mangelts dir doch nicht an der Dicke.
Du magst also meinetwegen in einem Nöfel woh-
nen und darinnen schreiben können, wenn nur der
Umfang deiner Schriften hübsch ausgedehnt ist,
ohngefähr wie dein Bauch.

Er hielt sich die mehrste Zeit in der Stille auf
seinem sabinischen oder tiburtinischen Landgute auf,
und man zeigt noch gegenwärtig sein Haus in der
Gegend des Hayns bey Tibur.

Es

Es sind mir auch Elegien unter seinem Namen
zuhanden gekommen, imgleichen eine prosaische Epistel, die eine Art von Empfehlung an den Mäcen
vorstellen soll; allein ich halte beyde für untergeschoben.   Denn die Elegien sind ganz gemein, und
der Brief ist dunkel, welches doch sein Fehler im
geringsten nicht war.

Er ward den 8. December unter dem Konsulat
des L. Cotta und L. Manlius Torquatus gebohren,
und starb den 27. November unter dem Konsulat
des C. Marcius Censorinus und C. Asinius Gallus
im 57sten Jahr seines Alters, nachdem er den August mündlich und vor Zeugen zu seinem Erben er-
nannt hatte, da ihn die Stärke der Krankheit auf-
ser Stand setzte, seinen letzten Willen zu unterzeich-
nen.   Sein Leichnam wurde an dem äussersten
Ende Esquils, gleich neben dem Grabmal des Mäcens, beygesetzt.

CARMINVM
LIBER PRIMVS.

Erstes Buch
der Oden.

ODE I.

AD MAECENATEM.

1 Maecenas, atauis edite regibus,
2 O et praefidium et dulce decus meum,
3 Sunt quos curriculo puluerem Olym-
     picum
4 Collegiffe iuuat; (metaque feruidis
5 Euitata rotis, palmaque nobilis
6 Terrarum dominos euehit ad Deos!)
7 Hunc, fi mobilium turba Quiritium
8 Certat tergeminis tollere honoribus;
9 Illum, fi proprio condidit horreo,
10 Quidquid de Libycis verritur areis.
11 Gaudentem patrios findere farculo
12 Agros Attalicis conditionibus
13 Nunquam dimoueas, vt trabe Cypria
14 Myrtoum pauidus nauta fecet mare.
15 Luctantem Icariis fluctibus Africum
16 Mercator metuens otium et oppidi
17 Laudat rura fui; mox reficit rates
18 Quaffas, indocilis pauperiem pati.

Erste Ode.

An Mäcen.

————————

Viele lüstets, Mäcen, Sprößling von fürstlichem
Heldenstamme, du Quell meiner Zufriedenheit!
Viele lüstets, sich Staub auf der olympischen
Bahn zu sammeln; (die Kunst, glücklich ums Ziel
herum
Heisse Räder zu drehn, schmückt sie mit Palmen-
schmuck,
Schmückt Roms Edle, der Welt Herren, mit Göt-
terrang!)
Diesem schwellt es die Brust, siehet er von Quirius
Wankelmüthigem Volk endlich sich hochgeehrt.
Jenem lächelt sein Schatz, den er von Libyens
Tennen holt, und damit eigene Scheuern füllt.
Den, der fröhlich das Feld, das er ererbt', umgräbt,
Lockten Schiffer umsonst, brächte des Attalus
Reichthum nimmer dahin, daß er auf cyprischem
Balken Myrtilus Meer ängstlich besegelte.
Ißt, vom schreckenden Süd, der mit ikarischen
Wogen kämpfte, noch voll, lobet der Kaufmann
sich
Seine ruhige Stadt; aber, der Dürstigkeit
Abhold, bessert er bald wieder sein leckes Schiff.

Andre

19   Eft qui nec veteris pocula Maffici,
20   Nec partem folido demere de die
21   Spernit, nunc viridi membra fub arbuto
22   Stratus, nunc ad aquae lene caput
                                        facrae.
23   Multos caftra iuuant, et lituo tubae
24   Permiftus fonitus, bellaque matribus
25   Deteftata.   Manet fub Ioue frigido
26   Venator, tenerae coniugis immemor,
27   Seu vifa eft catulis cerua fidelibus,
28   Seu rupit teretes Marfus aper plagas.
29   Me doctarum hederae praemia fron-
                                        tium
30   Dîs mifcent fuperis; me gelidum ne-
                                        mus,
31   Nympharumque leues cumSatyris chori
32   Secernunt populo, fi neque tibias
33   Euterpe cohibet, nec Polyhymnia
34   Lesboum refugit tendere barbiton:
35   Quod fi me lyricis vatibus inferis,
36   Sublimi feriam fidera vertice.

ODE II.

Andre reizt der Pokal, schäumend vom massischen
Rebensafte; vergnügt zechen sie tagelang,
Bald im schattichten Busch, bald an die Silberfluth
Eines rieselnden Bachs sorgenlos hingestreckt.
Auch ein Lager behagt vielen, Trompetenschall,
Zur Posaune gemischt, und der belohnende
Krieg, den Müttern verhaßt.   Ferne vom schmach-
                                                tenden
Weibchen, harret im Frost willig der Jäger, wenn
Itzt sein Spürhund des Walds Krone, den Hirsch,
                                                verfolgt,
Itzt ein marsisches Thier hauend das Garn durchbricht.
Mich vergöttert der Kranz, welcher die Günstlinge
Pallas zieret; der Hayn, Tänze mit lachenden
Satyrn, oder des Hayns Nymphen, sie sondern mich
Vom unheiligen Volk, wenn mir Euterpe nie
Ihre Flöte versagt, noch Polyhymnia
Mir das lesbische Spiel ferner zu rühren wehrt.
Ja, zählst du mich dem Chor lyrischer Dichter bey:
Dann erheb' ich mein Haupt, schwinge mich him-
                                                melan.

———————

ODE II.

AD AVGVSTVM CAESAREM.

1 Iam fatis terris niuis atque dirae
2 Grandinis mifit Pater, et rubente
3 Dextera facras iaculatus arces,
4   Terruit vrbem;

5 Terruit gentes, graue ne rediret
6 Saeculum Pyrrhae noua monftra que-
      ftae,
7 Omne cum Proteus pecus egit altos
8   Vifere montes,

9 Pifcium et fumma genus haefit vlmo,
10 Nota quae fedes fuerat columbis,
11 Et fuperiecto pauidae natarunt
12   Aequore damae.

13 Vidimus flauum Tiberim, retortis
14 Littore Etrufco violenter yndis,
15 Ire deiectum monumenta Regis
16   Templaque Veftae:
                         17 Iliae

Zwote Ode.

An Augustus Cäsar.

___

Schnee genug und schreckliche Hagelsteine
Sandte Zevs; aus seiner entflammten Rechte
Fuhr der Blitz auf heilige Zinnen, furchtbar
    Rom und den Völkern.

Alle glaubten banger Geschichte Rückkehr,
Da manch Abentheuer, beseufzt von Pyrrha,
Einst gesehn ward, Proteus auf hohe Berge
    Seethiere führte,

Das Geschlecht der Fisch' an der Ulmen Wipfeln,
Wo sonst Tauben nisteten, hieng, und scheue
Gemsen auf entstandenem neuen Meer zu
    Schwimmen begannen.

Denn wir sahn des Tiberstroms Fluth, — sie stürzte
Donnernd vom etruscischen Strand zurück, und
Drohte wild, den Königspalast und Vestens
    Tempel zu stürzen:

Rächen

17 Iliae dum se nimium querenti
18 Iactat vltorem vagus et siniftra
19 Labitur ripa, Ioue non probante, v-
20   xorius amnis.

21 Audiet ciues acuiffe ferrum,
22 Quo graues Perfae melius perirent,
23 Audiet pugnas vitio parentum
24   Rara iuuentus.

25 Quem vocet Diuûm populus ruentis
26 Imperî rebus? prece qua fatigent
27 Virgines fanctae minus audientem
28   Carmina Veftam?

29 Cui dabit partes fcelus expiandi
30 Iuppiter? Tandem venias, precamur,
31 Nube candentes humeros amictus,
32   Augur Apollo!

33 Siue tu mauis, Erycina ridens,
34 Quam Iocus circumuolat et Cupido;
35 Siue neglectum genus et nepotes
36   Refpicis autor;

37 Heu

Rächen wollt' er Iliens ungeſtümes
Klaggeſchrey, der weibiſche Fluß; er ſchweifte
Aus, gewann das Ufer zur Linken, wider
            Jupiters Willen.

Auch wird über Schwerder der Enkel kleine
Zahl, durch Vaterfrevel geſchwächt, erſtaunen,
Die der Bürger wider ſich ſelbſt, nicht wider
            Perſiſche Wuth ſchliff.

Welche Gottheit rufen wir an, des Reiches
Fall zu hindern? welche Gebethe heilger
Jungfraun mögen Veſta — ſie zürnt den Hymnen! —
            Endlich ermüden?

Wem trägt Zevs das Amt der Verſöhnung unſrer
Laſter auf? — Erſcheine, wir flehn, umkleide
Mit Gewölk den blendenden Marmornacken,
            Seher Apollo!

Oder lächle du vom Olymp, o Venus,
Die der Scherz und Amor umflattert! Oder
(Wenn du dieß verlaßne Geſchlecht, ſein Anherr,
            Wieder begünſtigſt,

          B 5   Nun

37 Heu nimis longo fatiate ludo,
38 Quem iuuat clamor, galeaeque laeues,
39 Acer et Mauri peditis cruentum
40   Vultus in hoftem.

41 Siue mutata iuuenem figura
42 Ales in terris imitaris almae
43 Filius Maiae, patiens vocari
44   Caefaris vltor:

45 Serus in coelum redeas, diuque
46 Laetus interfis populo Quirini;
47 Neue te noftris vitiis iniquum
48   Ocior aura

49 Tollat: hic magnos potius triumphos,
50 Hic ames dici Pater atque Princeps;
51 Neu finas Medos equitare inultos,
52   Te duce, Caefar!

ODE III.

Nun gesättigt, ach, von zu langem Schauspiel,)
Du, dem Kriegsgetümmel und blanke Helme
Und des Mauren drohender Blick auf blutge
        Feinde behaget!

Oder birgst du deine Gestalt, und wandelst
Unter Jünglingsbildung hienieden, sonst der
Holden Maja Sohn, und beflügelt, Cäsars
        Rächer zu heissen,

Stolz: so kehre spät zum Olymp zurück, und
Bleibe lang' und gerne Quirinus Völkern
Gegenwärtig; schwinge dich nicht, den Lastern
        Abhold, zu frühe

Durch die Lüfte: liebe vielmehr Triumphe,
Cäsar! heisse Vater und Fürst; um deine
Adler laß die medischen Reuter niemals
        Ungestraft schwärmen.

———————

Dritte

ODE III.

AD NAVEM QVA VIRGILIVS
ATHENAS PROFICISCEBATVR.

1   Sic te Diua potens Cypri,
2   Sic fratres Helenae, lucida fidera,
3   Ventorumque regat pater,
4   Obftrictis aliis praeter Iapyga,
5   Nauis, quae tibi creditum
6   Debes Virgilium! finibus Atticis
7   Reddas incolumem, precor,
8   Et ferues animae dimidium meae.
9   Illi robur et aes triplex
10 Circa pectus erat, qui fragilem truci
11   Commifit pelago ratem
12 Primus, nec timuit praecipitem Africum
13   Decertantem Aquilonibus,
14 Nec triftes Hyadas, nec rabiem Noti,
15   Quo non arbiter Adriae
16 Maior, tollere feu ponere vult freta.

                         17 Quem

Dritte Ode.

An das Schiff, auf welchem Virgil
nach Athen reiste.

———

Nun so leite dich Cypria,
Dieses holde Gestirn, mit den beglückenden
    Tyndariden! in Aeolus
Freundschaft wandle dahin, und mit gekerkertem
    Wind; Japyx umflattr' allein
Deine Segel, o Schiff, dem sich Virgil vertraut!
    Bring' ihn sicher ans attische
Land, und — laß michs erflehn! — schütze mein
                     anderes
    Ich. Ein Herz wie von Eichenholz
Und von dreyfachem Erz stieß mit zerbrechlichem
    Kiel zuerst in die furchtbare
See, verachtete dich, reissender Afrikus,
    Im Gefechte mit Boreas,
Der Hyaden Gewölk, und den tyrannischen
    Notus, der sich mit Adriens
Stürmen mißt, und die Fluth bändiget, oder schwellt.
                       Welche

17　　　Quem mortis timuit gradum,

18　Qui ficcis oculis monftra natantia,

19 .　　Qui vidit mare turbidum, et

20　Infames fcopulos, Acroceraunia?

21　　　Nequicquam Deus abfcidit

22　Prudens Oceano diffociabili

23 ˙　　Terras, fi tamen impiae

24　Non tangenda rates tranfiliunt vada,

25　　　Audax omnia perpeti

26　Gens humana ruit per vetitum nefas,

27　　　Audax Iapeti genus

28　Ignem fraude mala gentibus intulit:

29　　　Poft ignem aetherea domo

30　Subductum macies et noua febrium

31　　　Terris incubuit cohors,

32　Semotique prius tarda neceffitas

33　　　Leti corripuit gradum.

34　Expertus vacuum Daedalus aëra

　　　　　　　35 Pennis

Welche Todesart scheuete

Der, der thränenlos manch schwimmendes Ungeheur,

Der die Wogen des Meers gethürmt

Sah, die Klippen voll Graus, Afroceraunien?

Durch den feindlichen Ocean

Schnitt vergebens ein Gott Länder von Ländern ab,

Wenn der frevelnde Nachen doch

Sich verbothenen Weg über die Fluthen sucht.

Kühn durchbricht, der Beschwerlichkeit

Trotzend, unser Geschlecht alle geheiligten

Schranken.   Japets verwegner Sohn

Holte schädliche Gluth räuberisch vom Olymp:

Auf den Raub des ätherischen

Feuers lagerte sich Schwindsucht, — ein Seuchenschwarm,

Nie gesehn, auf der Erd' umher,

Und der wandernde Tod, vormals von zögerndem

Gang, hat eilenden Schritt gelernt.

In die Felder der Luft wagte sich Dädalus,

Der

35   Pennis non homini datis.

36   Perrupit Acheronta Herculeus labor.

37   Nil mortalibus arduum eſt;

38   Coelum ipſum petimus ſtultitia; neque

39   Per noſtrum patimur ſcelus

40   Iracunda Iouem ponere fulmina.

ODE IV.

Der durch Kunst sich beflügelte.

Herkul wagte noch mehr, fuhr in den Acheron.

Nichts bleibt Sterblichen unversucht:

Thörigt stürmen wir selbst himmelan; Jupiter

Legte gerne die zürnenden

Blitze nieder, verböths wüthendes Laster nicht:

———————

C   Vierte

QDE IIII.

AD L. SESTIVM.

---

1 Soluitur acris hiems grata vice
2   Veris et Fauonî,
3   Trahuntque ficcas machinae carinas.

4 Ac neque iam ftabulis gaudet pecus,
5   Aut arator igni;
6   Nec prata canis albicant pruinis.

7 Iam Cytherea choros ducit Venus
8   Imminente Luna;
9   Iunctaeque Nymphis Gratiae decentes

10 Alterno terram quatiunt pede,
11   Dum graues Cyclopum
12   Vulcanus ardens vrit officinas.

13   Nunc decet aut viridi nitidum caput
14   Impedire myrto,
15   Aut flore, terrae quem ferunt folutae.

16 Nunc

An Lucius Sestius.

Lieblich wechselt der Lenz im Gefolge des
      Zephyrs mit dem Winter,
   Und rege Walzen wälzen trockne Kiele.

In den Ställen wirds leer; der Ackermann
      Fleucht schon vom Kamine;
   Des Reifes Schleyer deckt nicht mehr die
          Wiesen.

Venus führet ihr Chor zum Reihentanz:
      Luna siehts, und lächelt;
   Die Grazien, den Nymphen angeschlungen,

Zeichnen mit wechselndem Fuß den Boden; die
      Werkstatt der Cyklopen —
   Vulkan entflammt sie! — sprühet Feuerregen.

Auf, nun ziemt sichs', das Haar mit sprossender
      Myrte zu bekränzen,
   Mit jungen Blümchen aus der offnen Erde.

         Auf,

16 Nunc et in vmbrosis Fauno decet

17   Immolare lucis,

18   Seu poscat agna, siue malit haedo.

19 Pallida mors aequo pulsat pede

20   Pauperum tabernas

21   Regumque turres.   O beàte Sesti,

22 Vitae summa breuis spem nos vetat

23   Inchoare longam:

24   Iam te premet nox, fabulaeque Ma-
       nes,

25 Et dòmus exilis Plutonia;

26   Quo simul mearis,

27   Nec regna vini sortiere talis,

28 Nec tenerum Lycidam mirabere,

29   Quo calet iuuentus

30   Nunc omnis et mox virgines tepe-
       bunt.

ODE V.

Auf, und schlachte dem Faun auf schattichten
    Höhn ein weiblich Milchlamm,
    Wo nicht ein zartes Böckchen ihm behaget.

Mit gleichtrotzigem Fuß stößt polternd der
    Tod an Schäferhütten
    Und Königsschlösser. Sestius, des Lebens

Niedre Sphäre verbeut, den Flügel der
    Hoffnung hoch zu schwingen:
    Dir drohen Schatten, leidige Gespen-
                ster,

Und der dürftge Palast des Pluto. Da
    Rollt nicht mehr der Würfel
    Des Looses, wer an Bacchus Tafel herrsche;

Da reizt Lyce nicht mehr, die Schaaren von
    Jünglingen entzündet,
    Daß Neiderinnen ohne Zahl verzwei-
                feln.

Fünfte

ODE V.

AD PYRRHAM.

---

1 Quis multa gracilis te puer in rofa
2 Perfufus liquidis vrget odoribus
3   Grato, Pyrrha, fub antro?
4   Cui flauam religas comam,

5   Simplex munditiis? Heu quoties fidem
6 Mutatosque Deos flebit, et afpera
7   Nigris aequora ventis
8   Emirabitur infolens,

9 Qui nunc te fruitur credulus aurea!
10 Qui femper vacuam, femper amabilem
11   Sperat, nefcius aurae
12   Fallacis! Miferi, quibus

13 Intentata nites. Me tabula facer
14 Votiua paries indicat vuida
15   Sufpendiffe potenti
16   Veftimenta maris Deo.

ODE VI.

Fünfte Ode.

An Pyrrha.

Nenne, Pyrrha, mir doch jenes balsamische
Süsse Herrchen: es zog neulich aufs Rosenbett'
    In der Grotte dich nieder! —
        Und wem knüpfst du das goldene

Haar so reizend, vorher lässig im Putz? — Indeß
Wird der Glückliche bald jammern, auf Göttergunst
    Itzt zu trotzig, der Stürme
        Auf dem Ocean ungewohnt.

Ach, in deinem Genuß glänzet ihm ewiger
Sonnenhimmel, er glaubt offene Fahrt, und weiß
    Vom Betruge des Windes
        Nichts! Unseelige, die zu kühn

Deiner Glätte vertraun! Rede, mein triefendes
Kleid, im Tempel Neptuns aufgehängt, oder du,
    Fromme Tafel, erzähle
        Meinen schrecklichen Meeressturm.

C 4   Sechste

ODE VI.

AD AGRIPPAM.

———

1   Scriberis Vario, fortis et, hoftium

2   Victor! — Maeonii carminis alite,

3   Quam rem cunque ferox nauibus aut
                    equis

4   Miles te duce gefferit,

5   Nos, Agrippa, neque haec dicere, nec
                    grauem

6   Pelidae ftomachum, cedere nefcii,

7   Nec curfus duplicis per mare Vlyffei,

8   Nec faeuam Pelopis domum,

9   Conamur, tenues grandia; dum pu-
                  dor

10   Imbellisque lyrae Mufa potens vetat

11   Laudes egregii Caefaris et tuas

12   Culpa deterere ingenî.

13 Quis

Sechste Ode.

An Agrippa.

Deine Thaten, o Held, schreibe nur Varius. —

Hoch, im Flügelgesang, kühn, im mäonischen

Schwung, des Kriegers Verdienst, welcher, von dir
geführt,

Meer' und Auen mit Feindesblut

Färbte; dieß und Achills eisernen Zorn — versöhnt

Ward er nimmer; des Trugs Günstling, den
irrenden

Fluthenwandrer Uliß; Pelops verruchten Stamm: —
Dieß zu singen, Agrippa, wagt

Meine Muse, zu schwach für das Erhabene,

Nicht; des Saytenspiels nur kundig, vor Kriegeston

Schüchtern, sträubt sie sich, dir, oder dem Helden-
ruhm

Cäsars, dämmernden Witz zu weihn.

13 Quis Martem tunica tectum adaman-
                       tina

14 Digne fcripferit? aut puluere Troico

15 Nigrum Merionen? aut ope Palladis

16   Tydiden fuperis parem?

17 Nos conuiuia, nos praelia virgi-
                       num

18 Sectis in iuuenes vnguibus acrium

19 Cantamus vacui, fiue quid vrimur,

20   Non praeter folitum leues.

ODE VII.

Wer singt würdig den Mars im diamantenen
Panzer? Merion, dich, rühmlich von Ilions
Staub geschwärzet? und dich, wackerer Diomed,
Durch Minerven ein Gott im Streit?

Mein Gesang ist ein Schmaus, oder ein Mädchen-
kampf,
Wenn das Mädchen erbost — Waffen der Zärtlichkeit
In des Jünglings Gesicht setzet; und manchen Hang
Sing' ich: denn ich bin flatterhaft.

———

Siebente

ODE VII.

AD MVNATIVM PLANCVM.

1 Laudabunt alii claram Rhodon, aut
　　　　　Mytilenen,
2 Aut Ephefum, bimarisue Corinthi
3 Moenia, vel Baccho Thebas vel Apol-
　　　　　line Delphos
4 Infignes, aut Theffala Tempe.
5 Sunt, quibus vnum opus eft intactae
　　　　　Palladis arces
6 　Carmine perpetuo celebrare, et
7 Vndique decerptam fronti praeponere
　　　　　oliuam.
8 Plurimus in Iunonis honorem
9 Aptum dicit equis Argos ditesque My-
　　　　　cenas.
10 　Me nec tam patiens Lacedaemon,
11 Nec tam Lariffae percuffit campus
　　　　　opimae,
12 　Quam domus Albuneae refonantis,
13 Et praeceps Anio, et Tiburni lucus,
　　　　　et vda
14 Mobilibus pomaria riuis.
15 Albus vt obfcuro deterget nubila coelo
16 Saepe Notus, neque parturit imbres
17 Per-

Siebente Ode.

An Munatius Plankus.

––––––

Diesen mag Mytilen und jenen Rhodos ergötzen;
   Andre Delphi, dem Phöbus, und Theben,
Libern heilig; Korinth, das stolz zwey Meeren ge-
                                 biethet;
   Ephesus, oder Thessaliens Tempe.
Viele preisen die Burg der unbefleckten Minerva,
   Preisen sie hoch in langem Gesang, und
Pflücken überall sich ein Oelblatt zu herrlichen
                                 Kränzen.
   Viele singen, zur Ehre der Juno,
Deinen Reichthum, Mycen, dich, rossenährendes
                                 Argos!
   Ich vergesse das duldende Sparta,
Gehe das fruchtbare Feld Larissens vorüber, und rühme
   Nur der Albunea plätschernde Grotte,
Anios donnernden Fall, und Tiburnus Waldung und
                                 Gärten,
   Die sanftgleitende Bäche durchschlängeln.
So, wie Notus gar oft die grauen Nebel vom Dunst-
                                 krais
Treibt, nicht immer prasselnde Regen
                                 Zeuget:

17 Perpetuos: fic tu fapiens finire me-
mento
18 Triftitiam vitaeque labores.
19 Molli, Plance, mero; feu te fulgentia
fignis
20 Caftra tenent, feu denfa tenebit
21 Tiburis vmbra tui. Teucer Salamina
patremque
22 Cum fugeret, tamen vda Lyaeo
23 Tempora populea fertur vinxiffe
corona,
24 Sic triftes affatus amicos:
25 "Quo nos cunque feret melior fortuna
parente,
26 "Ibimus, o focii comitesque;
27 "Nil defperandum Teucro duce, et
aufpice Teucro:
28 "Certus enim promifit Apollo
29 "Ambiguam tellure noua Salamina
futuram.
30 "O fortes peioraque paffi
31 "Mecum faepe viri, nunc vino pellite
curas,
32 "Cras ingens iterabimus aequor.

ODE VIII.

Zeuget: so mußt du mit Wein den Gram und die
                  Mühe des Lebens,

Plankus, tödten; du magst nun im Lager
Unterm glänzenden Gold der Adler, oder in deines
        Tiburs lieblichdämmernden Schatten

Weilen. Als Teucern vordem sein Vater von Sala=
                  mis bannte,

Kränzt' er, so sagt man, dennoch mit Pappeln
Seine Schläfe voll Duft von Lyäen, und redete so zu
        Seinen betrübten Gefährten: "Ihr Treuen,

"Lasset uns gehen, wohin das Schicksal uns leitet;
                  so strenge,

"Wie mein Vater, ist nimmer das Schicksal.
"Glaubt, wem Teucer gebeut, wer Teucers Ahn=
                dungen zujauchzt,

"Dem glückt alles; Apollo verhieß mir,
"Und wen täuscht er? ich sollt ein zweytes Salamis
                  bauen.

"Helden, öfters aus größern Gefahren
"Mit mir entronnen, verjagt durch strömende Becher
                den Unmuth,

"Morgen vertraun wir uns wieder den Wo=
                  gen.

Achte

ODE. VIII.

AD LYDIAM.

―――――――

1   Lydia, dic, per omnes

2 Te Deos oro, Sybarim

3   Cur properas amando

4   Perdere? cur apricum

5 Oderit campum, patiens

6   Pulueris atque folis?

7   Cur neque militaris

8 Inter aequales equitat,

9   Gallica nec lupatis

10   Temperat ora fraenis?

11 Cur timet flauum Tiberim

12   Tangere? cur oliuum

13   Sanguine viperino

14 Cautius vitat? neque iam

15   Liuida geftat armis

                16 Brachia

Achte Ode.

An Lydia.

———————

1

Lydia, sag', ich bitte
Bey den Göttern! sage, warum
　　Eilest du, deinen Liebling

Sybaris aufzuopfern?
Der sonst Staub und Sonne vertrug,
　　Liebt er noch freyen Kampfplatz?

Reitet er noch im Kriegsschmuck
Unter jungen Helden einher?
　　Zähmt er mit Wolfsgebissen

Galliens wilde Rosse?
Schwimmt er frisch die Tiber hinauf?
　　Flieht er nicht Kämpfersalbe

Aerger, als Blut der Ottern?
Weist er braunen nervigten Arm,
　　Spuren von schwerer Rüstung?

D　　　　　Schleu-

16   Brachia, faepe difco,
17 Saepe trans finem iaculo
18   Nobilis expedito?

19   Quid latet, vt marinae
20 Filium dicunt Thetidis
21   Sub lacrymofa Troiae

22   Funera, ne virilis
23 Cultus in caedem et Lycias
24   Proriperet cateruas?

ODE IX.

Schleudert er noch den Wurfspies,
Den geübten Diskus hinaus
   Ueber das Ziel? Was liegt er

Schimpflich, dem Sohne Thetis
Aehnlich, (ist der Sage zu traun,)
   Der sich bey Trojens Krieg als

Mädchen verbarg, daß Mannstracht
Nicht ins arge Schlachtfeld und vors
   Lycische Schwerd ihn brächte?

Neunte

ODE VIIII.

AD THALIARCHVM.

———

1 Vides, vt alta ftet niue candidum
2 Soracte, nec iam fuftineant onus
3   Siluae laborantes, geluque
4   Flumina conftiterint acuto.

5 Diffolue frigus, ligna fuper foco
6 Large reponens, atque benignius
7   Deprome quadrimum Sabina,
8   O Thaliarche, merum diota.

9 Permitte Diuis caetera, qui fimul
10 Strauere ventos aequore feruido
11   Depraeliantes, nec cupreffi
12   Nec veteres agitantur orni.

13 Quid fit futurum cras, fuge quaerere, et
14 Quem fors dierum cunque dabit, lucro
15   Adpone; nec dulces amores
16   Sperne, puer, neque tu choreas,

17 Do·

Neunte Ode.

An Thaliarch.

Du siehst, wie starr, mit glänzendem Schnee bedeckt,
Sorakte dasteht; siehst, wie die Waldungen
    Der Last erliegen, und vor scharfem
        Froste die Fluthen den Lauf vergessen.

Gebeut der Kälte, gieb dem Kamin genug
Leichtflammend Holz, und — welches noch mehr
                    behagt,
    Vierjährgen Wein, o Thaliarch, laß
        In der sabinischen Kanne holen.

Die frommen Götter sorgen fürs übrige:
Auf ihren Wink sind Meer und Orkan, verstrickt
    Im Kampf, gebändigt; droht kein Lüftchen
        Mehr der Cypreß' und bejahrten Buche.

Erforsche nicht des morgenden Tags Geschick:
Den Zevs dir schenket, nenne Gewinn. Verschmäh
    Als Jüngling nimmer süsse Liebe,
        Nimmer, so lange noch frische Schläfe

                        Die

17 Donec virenti canities abeſt
18 Moroſa.   Nunc et campus, et areae,
19   Leneſque ſub noctem ſuſurri
20   Compoſita repetantur hora;

21 Nunc et latentis proditor intimo
22 Gratus puellae riſus ab angulo,
23   Pignuſque dereptum lacertis
24   Aut digito male pertinaci.

ODE X.

Die Silberhaare missen, den Reihentanz.
Dich darf der Marsplatz, darf noch der Tempelhof,
　　Das Ohrgeflister in bestimmter
　　　　Stunde des Abends, dich darf der Mädchen

Holdlachen reizen, welches verrätherisch
Aus tiefem Winkel, der sie versteckt, erschallt,
　　Und Pfänder, die wir ihrem Arm und
　　　　Schwach nur sich sträubendem Finger

　　　　　　abziehn.

D 4　　　　　Zehnte

ODE X.

LAVDES MERCVRII.

———————

1 Mercuri facunde, nepos Atlantis,

2 Qui feros cultus hominum recentum

3 Voce formasti catus et decorae

4   More palaestrae,

5 Te canam, magni Iouis et Deorum

6 Nuntium, curuaeque lyrae parentem;

7 Callidum quicquid placuit iocoso

8   Condere furto.

9 Te, boues olim nisi reddidisses

10 Per dolum amotas, puerum minaci

11 Voce dum terret, viduus pharetra

12   Risit Apollo.

13 Quin

Lob des Merkurs.

Atlas Reiß, beredter Merkur, des neuen
Wildgeschaffnen Menschengeschlechtes zweyter
Schöpfer durch verfeinerte Sitten, Sprach' und
    Anstand des Leibes,

Dir ertönt mein Lied, der geschweiften Lyra
Vater, dir, Gesandter der grossen Götter,
Der du scherzhaft raubst, mit so leichten Ränken
    Was dir behaget!

Phöbus, der einst, listig entführter Rinder
Wegen, da du Knabe noch warst, dich ausschalt,
Mußte lachen, als er indeß den Köcher
    Schnell sich entwandt sah.

        Ja,

13   Quin et Atridas duce te superbos

14   Ilio diues Priamus relicto

15   Theſſaloſque ignes et iniqua Troiae

16   Caſtra fefellit.

17   Tu pias laetis animas reponis

18   Sedibus, virgaque leuem coërces

19   Aurea turbam, ſuperis Deorum

20   Gratus et imis.

ODE XI.

Ja, der reiche Priam entgieng vor Trojens

Mauern nur durch dich der Atriden Rache,

Täuſchte die theſſaliſchen Feuer, und die

      Lager des Todtfeinds.

Fromme Seelen bringſt du zur Wohnung ſtolzer

Freuden; mit dem goldenen Stabe bändigſt

Du den leichten Schwarm, des Olympus Günſtling,

      Günſtling des Orkus!

ODE XI.

AD LEVCONÖEN.

1 Tu ne quaefieris, fcire nefas! quem
mihi, quem tibi

2 Finem Dî dederint, Leuconöe; nec
Babylonios

3 Tentâris numeros. Vt melius, quicquid erit, pati,

4 Seu plures hiemes, feu tribuit Iuppiter vltimam,

5 Quae nunc oppofitis debilitat pumicibus mare

6 Tyrrhenum! Sapias, vina liques, et
fpatio breui

7 Spem longam refeces; dum loqui-
mur, fugerit inuida

8 Aetas: carpe diem, quam minimum
credula poftero.

ODE XII.

Eilfte Ode.

An Leukonoe.

———————

Forsche nimmer — es ist Frevel! — was Zeus
    dir, o Leukonoe,

Für ein Schicksal ersah; fliehe den Trug jener
    chaldäischen

Ziffern. Glücklicher lebt, wer, was er soll, duldet,
    zufrieden, ob

Mancher Winter noch folg', oder ob der, welcher
    die brausende

Fluth Tyrrheniens durch Felsen von Eis bändigt,
    der letzte sey.

Handle weislich, geneuß Bacchus Geschenk, schliesse
    vom Spannenraum

Meilenhoffnungen aus; unterm Gespräch schwindet
    die neidische

Zeit; dieß Stündchen ist dein: nütz' es, und trau
    seinen Gefährten nicht.

———————

Zwölfte

ODE XII.

IN LAVDES DEORVM ET HEROVM.

1 Quem virum aut Heroa lyra vel acri
2 Tibia fumis celebrare, Clio?
3 Quem Deum? cuius recinet iocofa
4   Nomen imago,

5 Aut in vmbrofis Heliconis oris,
6 Aut fuper Pindo, gelidoue in Haemo,
7 Vnde vocalem temere infecutae
8   Orphea filuae,

9 Arte materna rapidos morantem
10 Fluminum lapfùs celerefque ventos,
11 Blandum et auritas fidibus canoris
12   Ducere quercus?

13 Quid prius dicam folitis Parentis
14 Laudibus, qui res hominum ac Deo-
           rum,
15 Qui mare et terras variifque mundum
16   Temperat horis?

17 Vnde

Götter= und Heldenlob.

Welchen Helden willst du mit scharfer Flöte,
Oder sanft mit Saytenspiel, Klio, feyern? —
Welchen Gott und Göttersohn? — Wessen Namen
    Hallet dir Echo

Nach: sie scherz' an Helikons Schattenwänden,
Oder hoch am Pind und am kalten Hämus,
Wo die Büsche vormals den liederreichen
    Orpheus umtanzten?

Orpheus Mutterkünste bezähmten schneller
Fluthen Lauf; die rasenden Winde schwiegen;
Seiner Schmeichellaute voll Zaubereyen
    Hüpfte der Eichbaum.

Sollt' ich nicht vor allen den guten Vater
Preisen, der die Thaten der Götter und der
Menschen, Erd' und Ocean, und der Zeiten
    Wechsel beherrschet?

Noch

17 Vnde nil maius generatur ipfo,
18 Nec viget quicquam fimile aut fecun-
    dum:
19 Proximos illi tamen occupauit
20   Pallas honores.

21 Praeliis audax, neque te filebo,
22 Liber, et facuis inimica virgo
23 Beluis; nec te, metuende certa
24   Phoebe fagitta.

25 Dicam et Alciden, puerofque Ledae,
26 Hunc equis, illum fuperare pugnis
27 Nobilem: quorum fimul alba nautis
28   Stella refulfit,

29 Defluit faxis agitatus humor,
30 Concidunt venti, fugiuntque nubes,
31 Et minax, quod fic voluere, ponto
32   Vnda recumbit.

                    33 Romu-

Noch entsproß nichts grössers, als er, von seinem
Stamme; nichts hat Gleichheit mit ihm; sein Nachbild
Ist nicht: doch wird Pallas nach ihm der höchsten
            Ehre gewürdigt.

Dir, du tapfrer Liber, und dir, o Jungfrau,
Wilder Thiere Feindinn, und Phöbus, furchtbar
Durch den nimmer fehlenden Bogen, dir schweigt
            Froher Gesang nicht.

Auch Alcides winkt mir, und Ledens Söhne,
Der berühmt im Kolben, und jener auf dem
Streitroß: glänzt ihr helles Gestirn dem bangen
            Schiffer, so fliesset

Bald der Schaum des Meers von der Klippe; müde
Sind Orkan, und donnernde Wolken; jede
Woge sucht, die Zwillinge wollens! ihre
            Vorigen Schranken.

                    o.

            E   Soll

33 Romulum poſt hos prius, an quietum
34 Pompilî regnum memorem,an ſuperbos
35 Tarquinî faſces, dubito, anne Curtï
36   Nobile letum.

37 Regulum, et Scauros, animaeque
                        magnae
38 Prodigum Paullum, ſuperante Poeno,
39 Gratus inſigni referam Camoena,
40   Fabriciumque.

41 Hunc, et incomtis Curium capillis
42 Vtilem bello tulit, et Camillum
43 Saeua paupertas et auitus apto
44   Cum lare fundus.

45 Creſcit occulto velut arbor aeuo
46 Fama Marcelli: micat inter omnes
47 Iulium ſidus, velut inter ignes
48   Luna minores.

49 Gen-

Soll ich nun erst Romulus singen? oder
Erst den friedeholden Pompil? Tarquinens
Stolzes Zepter, oder des lobbekrönten
        Kurtius Ende?

Dankbar nenn' ich Regulus und die Skauren,
Nenn' ich Paullus, der im Triumph des Puners
Seine grosse Seele dahingab; dankbar
        Rühm' ich Fabrizen.

Er, Kamill und Kurius, dessen Haupthaar
Ohne Schmuck die Stirne herabhieng, wurden
Unter strenger Armuth in kleinem Haus zu
        Helden gebildet.

Im Verborgnen wächset Marzellens Ruhm, gleich
Einem Baum: die julischen Sterne schimmern
Unter allen, so wie der Mond vor kleinern
        Lichtern hervorstrahlt.

         Du,

49   Gentis humanae pater atque cuſtos,
50   Orte Saturno, tibi cura magni
51   Caeſaris fatis data : tu ſecundo
52   Caeſare regnes♦

53   Ille, ſeu Parthos Latio imminentes
54   Egerit iuſto domitos triumpho,
55   Siue ſubiectos Orientis orae
56   Seras et Indos.

57   Te minor latum reget aequus orbem:
58   Tu graui curru quaties Olympum;
49   Tu parum caſtis inimica mittes
60   Fulmina lucis♦

ODE XIII.

Du, der Menschen Vater, der Menschen Hüter,
Sohn Saturnus, dir hat das Schicksal unsers
Grossen Cäsars Sorge vertraut: o herrsche! -
    Herrsche mit Cäsarn!

Laß ihn, keuchet Lazlens Feind, der Parther,
Im gerechten Siege zu seinen Füssen;
Oder ist des Morgenlands Volk gebändigt,
    Serer und Inder:

Laß ihn dann, den Menschenfreund, unter dir nur
Aller Welt gebiethen: und du gebeut im
Himmel; donnre schrecklich herab, und blitze
    Sündigen Haynen.

E 3   Dreyzehnte

ODE XIII.

AD LYDIAM.

---

1 Cum tu, Lydia, Telephi
2 Cervicem roseam, cerea Telephi
3   Laudas brachia, vae, meum
4 Feruens difficili bile tumet iecur.
5   Tunc nec mens mihi, nec color
6 Certa sede manet, humor et in genas
7   Furtim labitur, arguens
8 Quam lentis penitus macerer ignibus.
9   Vror, seu tibi candidos
10 Turparunt humeros immodicae mero
11   Rixae; siue puer furens
12 Impressit memorem dente labris notam.
13   Non, si me satis audias,
14 Speres perpetuum dulcia barbare

Laeten-

Dreyzehnte Ode.

An Lydia.

Wenn du, Lydia, Telephus
Marmornacken erhebst, Telephus Liljenarm:
　　Ach, dann schwillt mir das Herz empor,
Von der Galle durchglüht; Sinn und Gedanke
　　　　　　　　　schweift
　　Aus; oft ändert die Farbe sich,
Und die Thräne des Grams schlüpfet vom Aug', und
　　　　　　　　　sagt,
　　Daß ein langsames Feuer mein
Eingeweide verzehrt. Greuel und Aergerniß
　　Ist mirs, wenn du vom zänkischen
Wein am blendenden Hals schimpfliche Spuren trägst;
　　Oder wenn dich der Wüthende
Faßt, ein Denkmal der Wuth dir in die Wangen beißt:
　　Hoffe da nicht beständige
Liebe, glaube mir, wo frevelnde Grausamkeit

　　　　　　　　　Süße

15　　　Laedentem oscula, quae Venus

16　Quinta parte sui nectaris imbuit.

17　　　Felices ter et amplius,

18　Quos irrupta tenet copula, nec malis

19　　　Diuulsus querimoniis

20　Suprema citius soluet amor die.

ODE XIIII.

Süße Lippen beschädiget,

Die mit himmlischem Naß Venus beträufelte.

Dreymal Glückliche, deren Band,

Unauflöslich geknüpft, niemals durch Zwist entweiht,

An der Schwelle des Todes erst

Und im lezten Gemisch zärtlicher Seelen reißt!

E 5   Vierzehnte

ODE XIIII.

AD REMPVBLICAM

sub specie nauis.

———————

1 'O nauis, referent in mare te noui

2 Fluctus? O quid agis? fortiter occupa

3   Portum! Nonne vides, vt

4   Nudum remigio latus,

5 Et malus, celeri saucius Africo,

6 Antennaeque gemant? ac sine funibus

7   Vix durare carinae

8   Possint imperiosius

9 Aequor? Non tibi sunt integra lintea,

10 Non Di, quos iterum pressa voces malo,

11   Quamuis, Pontica pinus,

12   Siluae filia nobilis,

13 Iactes

Vierzehnte Ode.

An die Republik
unter dem Bild eines Schiffes.

———

Neue Wellen, o Schiff, ſollen aufs tobende
Meer dich bringen? — Erſchrick! bleib' im geſicherten
    Hafen! — Siehe doch, iſt nicht
      Jede Ruderbank ruderlos?

Segelſtangen und Maſt ſeufzen, vom Afrikus
Hart verwundet; vermag irgend ein Kiel Neptuns
    Stolzgebiethendem Reiche
      Ohne Tauwerk zu widerſtehn?

Deine Segel, ſie ſind alle beſchädiget;
Götter haſt du nicht mehr, Helfer in Noth. Umſonſt
    Suchſt du, pontiſche Fichte,
      Tochter eines berühmten Hayns,

                    Großen

13 Iactes et genus et nomen inutile:
14 Nil pictis timidus nauita puppibus
15 ·   Fidit. Tu, nisi ventis
16   Debes ludibrium, caue.

17 Nuper sollicitum quae mihi taedium,
18 Nunc desiderium curaque non le-
           vis,
19   Interfusa nitentes
20   Vites aequora Cycladas.

ODE XV.

Grossen Namen, umsonst edle Geburth hervor.

Sey mit Bildern geziert: schwindet des Steuermanns

Furcht? Ach, bist du dem Sturm kein

Lustspiel schuldig, so handle klug.

Jüngst mein Kummer, o Schiff, jüngst noch mit

Ueberdruß,

Itzt mein Wunsch und das Ziel sorgsamer Zärtlichkeit!

Trau der Wasserwelt zwischen

Jenen hellen Cykladen nicht.

Funfzehnte

ODE XV.

NEREI VATICINIVM DE EXCIDIO TROIAE.

———————

1 Paſtor cum traheret per freta nauibus
2 Idaeis Helenam perfidus hoſpitam,
3 Ingrato celeres obruit otio
4 　　　Ventos, ut caneret fera

5 Nereus fata. Mala ducis aui domum,
6 Quam multo repetet Graecia milite,
7 Coniurata tuas rumpere nuptias
8 　　　Et regnum Priami vetus.

9 Eheu, quantus equis, quantus adeſt
　　　　　　viris
10 Sudor! quanta moues funera Dardanae
11 Genti! Iam galeam Pallas et aegida,
12 　　　Currufque et rabiem parat.

13 Nequicquam Veneris praefidio fe-
　　　　　　rox
14 Pectes caefariem, grataque feminis
15 Imbelli cithara carmina diuides;
16 　　　Nequicquam thalamo graues.

　　　　　　　　17 Haſtas

Fünfzehnte Ode.

Nereus Weissagung von der Zerstörung Troja.

Auf idäischem Schiff segelte Helenens
Gast, der treulose Hirt, mit ihr durchs wogichte
Meer, als Nereus dem Wind Stille geboth; er sang
 Ihm sein schreckliches Schicksal vor.

Unter bösem Gestirn führst du das Weib hinweg,
Das, zur Rache vereint, Griechenlands Heldenschaar
Wiederfordert; sie trennt sträfliches Band, zerstört
 Mächtig Priams bejahrtes Reich.

Ach, vom Schweisse der Schlacht triefet das Roß;
    beschweißt
Sind die Helden! Wie viel Leichen von Dardanus
Volk! Gerüstet ist schon Pallas mit göttlichem
 Schild, mit Wagen und Helm und Wuth.

Stolz auf Cypriens Schutz, wirst du das Haar
    umsonst
Künstlich kräuseln; umsonst wirst du mit Schmeichelton
Auf unkriegrischer Leyr Mädchen belustigen:
 Auch verbirgt dich im Brautgemach
      Nichts

17 Haftas et calami fpicula Gnoffii
18 Vitabis, ftrepitumque, et celerem fequi
19 Aiacem : tamen, heu ferus, adulteros
20   Crines puluere collines.

21 Non Laërtiaden, exitium tuae
22 Gentis, non Pylium Neftora refpicis?
23 Vrgent impauidi te Salaminius
24   Teucer, te Sthenelus fciens

25 Pugnae, fiue opus eft imperitare equis,
26 Non auriga piger. Merionem quoque
27 Nofces. Ecce furit te reperire atrox
28   Tydides, melior patre,

29 Quem tu, ceruus vti vallis in al-
    tera
30 Vifum parte lupum graminis imme-
    mor,
31 Sublimi fugies mollis anhelitu,
32   Non hoc pollicitus tuae.

33 Iracunda diem proferet Ilio
34 Matronifque Phrygum claffis Achillei:
35 Poft certas hiemes vret Achaicus
36   Ignis Iliacas domos.

ODE XVI.

Nichts vor drohendem Spieß, nichts vor dem
                gnossischen
Pfeil, dem Kriegesgeräusch, und der Geschwindigkeit
Ajax: ach, nur zu spät wird dir die buhlrische
         Salbenlocke mit Staub befleckt!

Scheust du nicht den Uliß, diese verderbliche
Geissel deines Geschlechts? oder den pylischen
Nestor? Muthig verfolgt Teucer von Salamis
         Deine Fersen, und Sthenelus,

Der, in Schlachten geübt, kämpfet, und auch beherzt,
Soll ers, Rosse des Streits lenket.   Vor Merion
Wirst du zittern.   Ergrimmt sucht dich der stärkere
         Sohn des wüthenden Tydeus auf,

Dem du (so, wie der Hirsch fleucht, und die Kräu-
                ter —   am
Andern Ende des Thals sieht er den Wolf! —
                vergißt,)
Mit tiefkeuchender Brust weiblich entfliehst: gewiß,
         Dieß versprachst du der Schönen nicht.

Zwar wird Ilions Tag zögern; die phrygischen
Töchter werden Achills zürnende Flotte kaum
Fürchten: aber zuletzt zehrt das achaische
         Feuer Ilions Häuser auf.

                 F   Sechzehnte

ODE XVI.

RECANTATA OPPROBRIA.

AD PVELLAM.

———————

1 O matre pulchra filia pulchrior,
2 Quem criminosis cunque voles modum,
3   Pones iambis, siue flamma
4   Siue mari libet Adriano.

5 Non Dindymene, non adytis quatit
6 Mentem sacerdotum incola Pythius,
7   Non Liber aeque; non acuta
8   Sic geminant Corybantes aera:

9 Tristes vt irae, quas neque Noricus
10 Deterret ensis, nec mare naufragum,
11   Nec saeuus ignis, nec tremendo
12   Iuppiter ipse ruens tumultu.

13 Fertur Prometheus, addere principi
14 Limo coactus particulam vndique
15   Desectam, et insani leonis
16   Vim stomacho apposuisse no-
            stro.

17 Irae

Sechzehnte Ode.

Wiederrufslied.
An ein Mädchen.

O du, der Mutter Reize besiegende
Reizvolle Tochter, strafe den frevelnden
  Vers; laß ihn, wie du willst, in Flammen
   Oder im adrischen Meere sterben.

Nicht Ops, nicht Phöbus, wenn er besitzt, ergreift
So seiner Priester Seelen im Heiligthum;
  Auch Liber nicht; so lärmen nicht die
   Schmetternden Erze der Korybanten:

Als wilder Zorn, den norisches Schwerd umsonst
Bedroht, umsonst die Stürme des Oceans,
  Unlöschbarstrenges Feuer, oder
   Jupiters schrecklicher Donnerwagen.

Prometheus, sagt man, gab uns, genöthiget,
Dem Stoff zu seinern Bildungen überall
  Erborgte Theilchen zuzusetzen,
   Auch von des grimmigen Löwen
     Galle.

      Zorn

17 Irae Thyeſten exitio graui
18 Strauere, et altis vrbibus vltimae
19   Stetere cauſae, cur perirent
20   Funditus, imprimeretque muris

21 Hoſtile aratrum exercitus inſolens.
22 Compeſce mentem: me quoque pecto-
                                        ris
23   Tentauit in dulci iuuenta
24   Feruor, et in celeres iambos

25 Miſit furentem. Nunc ego mitibus
26 Mutare quaero triſtia; dum mihi
27   Fias recantatis amica
28   Opprobriis animumque red-
                                        das.

ODE XVII.

Zorn hat Thyestens furchtbares Mahl getischt;
In Königsstädte trägt er Verheerungen
    Und Greuel; macht, daß oft der stolze
        Sieger mit feindlichem Pflug den Erbkloß

Da kehrt, wo neulich Mauern sich brüsteten.
Sey mässig: mich auch folterte Heftigkeit
    Des Herzens und der Geist der muntern
        Jugend, und riß mich zu schnellen Jam=
           ben

Und in die Wuth hin.   Zärtliches Saytenspiel
Folgt nun dem Ton des Zwistes: indeß verzeih
    Nach wiederrufner Bosheit; gieb mir,
        Süsse, dein Herz und das Leben wie=
           der.

ODE XVII.

AD TYNDARIDEM.

---

1 Velox amoenum faepe Lucretilem
2 Mutat Lycaeo Faunus, et igneam
3   Defendit aeftatem capellis
4   Vfque meis pluuiofque ventos.

5 Impune tutum per nemus arbutos
6 Quaerunt latentes et thyma deuiae
7   Olentis vxores mariti;
8   Nec virides metuunt colu-
            bras,

9 Nec Martiales haeduleae lupos,
10 Vtcunque dulci, Tyndari, fiftula
11   Valles et Vfticae cubantis
12   Laeuia perfonuere faxa.

13 Di me tuentur, Dis pietas mea
14 Et mufa cordi eft. Hic tibi copia
15   Manabit ad plenum benigno
16   Ruris honorum opulenta cor-
            nu.

16 Hic

Siebenzehnte Ode.

An Tyndaris.

Lycäens Höhen wechselt der flüchtige
Faun oft mit meinem lachenden Lukretil;
   Hier schirmt er meine Ziegen wider
      Feurigen Sommer und nasse Winde.

Durch sichre Waldung schweifet die Frauenschaar
Des Mannes, den Gerüche verkündigen,
   Und sucht versteckten Hagedorn und
      Thymian; weder vor bunten Schlangen

Erschrickt die Heerde, noch vor dem kriegrischen
Wolf: denn die süsse Flöte des Hirtengotts
   Durchtönt, o Tyndaris, die Thäler,
      Hallet vom Felsen Ustikens wieder.

Mich schützen Götter; ihnen ist Frömmigkeit,
Ist meine Muse werth. Ein gesegnetes
   Maaß schöner Feldesfrucht wird hier aus
      Spendendem Horne sich dir ergiessen.

                  Im

17   Hic in reducta valle caniculae
18   Vitabis aeſtus, et fide Teia
19   Dices laborantes in vno
20   Penelopen vitreamque Circen.

21   Hic innocentis pocula Leſbii.
22   Duces ſub vmbra; nec Semeleius
23   Cum Marte confundet Thyoneus
24   Praelia, nec metues proteruum

25   Suſpecta Cyrum, ne male diſpari
26   Incontinentes iniiciat manus,
27   Et ſcindat haerentem coronam
28   Crinibus, immeritamque ve-
              ſtem.

ODE XVIII.

Im krummen Thale wirst du dem Sirius
Hier widerstehen; wirst du mit teischem
    Lied die besingen, die für Einen
        Glüheten, Circen und Ikars Tochter.

Hier ist es, wo du lieblichen Lesbier
In holden Schatten trinkst; der semelische
    Thyoneus kämpfet hier mit Mavors
        Nimmer; du bist vor dem wilden Cyrus

Und seinem Argwohn sicher: des Wütherichs
Hand darf nicht grausam zärtlichen Gliederbau
    Bestürmen, nicht den Kranz vom Haare
        Drehn, noch das schuldlose Kleid zerreissen.

F 5   Achtzehnte

ODE XVIII.

AD VARVM.

1 Nullam, Vare, facra vite prius feue-
       ris arborem

2 Circa mite folum Tiburis et moenia
                 Catili.

3 Siccis omnia nam dura Deus propo-
       fuit, neque

4 Mordaces aliter diffugiunt follicitudi-
       nes,

5 Quis poft vina grauem militiam, aut
       pauperiem crepat?

6 Quis non te potius, Bacche pater,
       teque, decens Venus? —

7 At ne quis modici tranfiliat munera
       Liberi,

8 Centaurea monet cum Lapithis rixa
       fuper mero

9 Debellata; monet Sithoniis non leuis
       Euius.

10 Cum

Achtzehnte Ode.

An Varus.

———————

Pflanze, Varus, dir erst heiligen Wein, ehe du
    ländliches
Obst im schönen Gebieth Tiburs und um Katilus
    Mauern baust.
Denn ein trockener Hals, ferne vom Most, athmet
    nur Herzeleid,
Und des nichtigen Grams fressenden Wurm tödtet
    nur Göttertrank.
Welcher Trinker bekost lästigen Krieg, lästige Dürf-
    tigkeit?
Trinker plaudern von dir, Bacchus! von dir, reizende
    Cypria! —
Aber schlürfe den Most sittsam hinab, Vater Lyäen
    gleich:
Des Lapithen Gezänk mit dem Centaur färbte die
    goldenen
Becher blutig; den Arm Evius fühlt noch der
    Sithonier.

Weil

10 Cum fas atque nefas exiguo fine libidinum

11 Difcernunt auidi, non ego te, candi-
de Baffareu,

12 Inuitum quatiam, nec variis obfita
frondibus

13 Sub diuum rapiam. Saeua tene cum
Berecyntio

.14 Cornu tympana, quae fubfequitur cae-
cus amor fui,

15 Et tollens vacuum plus nimio gloria
verticem,

16 Arcanique fides prodiga, perlucidior
vitro.

ODE XVIIII.

Weil denn Gierigkeit leicht irret, und durch schmälere
Linien

Recht und Unrecht begrenzt, will ich dein Fest, ehr=
licher Bassareus,

Still begehen, dich nie frech vom Altar reissen; was
Rebenlaub

Als ein Heiligthum deckt', bleibe verdeckt.   Weg,
berecynthisches

Horn, und Paukengetös'! Hinter dem Lerm taumelt
verblendeter

Dünkel; Hochmuth, er wirft schnaubend sein Haupt,
leer an Gehirn, empor:

Und durchsichtig, wie Glas, schnöder Verrath, feind
den Geheimnissen.

Neunzehnte

ODE XVIIII.

AD GLYCERAM.

1 Mater faeua Cupidinum
2 Thebanaeque iubet me Semeles puer
3   Et lasciua licentia
4 Finitis animum reddere amoribus.
5   Vrit me Glycerae nitor
6 Splendentis Pario marmore purius;
7   Vrit grata proteruitas
8 Et vultus nimium lubricus aspici.
9   In me tota ruens Venus
10 Cyprum deseruit; nec patitur Scy-
                thas
11   Et versis animosum equis
12 Parthum dicere, nec quae nihil attinent.
13   Hic viuum mihi cespitem, hic
14 Verbenas, pueri, ponite, turaque
15   Bimi cum patera meri:
16 Mactata veniet lenior hostia.

ODE XX.

Neunzehnte Ode.

An Glycera.

———

Ha! die strenge Gebietherinn,
Die den Amor gebahr, und der Thyone Sohn,
    Und der lüsterne Müssiggang
Geben neues Geboth, Liebe, mich dir zu weihn.
    Mich entzündet der Glycera
Reine Schönheit: sie glänzt parischem Marmor vor;
    Mich entzündet ihr loser Blick,
Und ihr Antlitz, zu glatt, lange darauf zu schaun.
    Venus herrschet in Cypern nicht,
Herrscht in mir nur; sie schmollt, sing ich die Scythen und
    Den auf fliehendem Rosse noch
Tapfern Parther: sie schmollt fremden Empfindungen.
    Hier tragt, Knaben, auf grünende
Rasen heiliges Kraut! Weyhrauch darauf, und Most,
    Aus zweyjährigem Faß geschöpft:
Nach dem Opfer vielleicht ist sie besänftiget.

———

ODE XX.

AD MAECENATEM.

———————

1 Vile potabis modicis Sabinum
2 Cantharis, Graeca quod ego ipfe tefta
3 Conditum leui, datus in theatro,
4   Cum tibi plaufus,

5 Care Maecenas, eques, vt paterni
6 Fluminis ripae, fimul et iocofa
7 Redderet laudes tibi Vaticani
8   Montis imago.

9 Caecubum, et praelo domitam Caleno
10 Tu bibes vuam: mea nec Falernae
11 Temperant vites, neque Formiani
12   Pocula colles.

———————

ODE XXI.

Zwanzigste Ode.

An Mäcen.

Komm, und schlürf aus mäſſigem Kelch Sabiner,
Leichten Trank; in griechiſchen Weingefäſſen
Hab' ich ſelbſt ihn damals verwahrt, als volle
    Jubel im Schauſpiel

Dich, o Ritter, theurer Mäcen, empfiengen,
Die der Nachhall, ſcherzend am Tiberſtrande
Und am vatikaniſchen Berge, dir zum
    Lobe, zurückgab.

Du trinkſt Wein vom Cäkubus, du die Traube,
Welche Kales kelterte: meinen Becher
Füllen nicht Faleriens Reben, nicht die
    Formiſchen Hügel.

G   Ein

ODE XXI.

ALTERNVS PVERORVM PVELLA-RVMQVE

in Solem et Lunam hymnus.

———

1 (*Pueri.*)   D.anam tenerae dicite virgines!

2 (*Puellae.*) Intonſum, pueri, dicite Cynthium,

3 (*Pi et Pue.*) Latonamque ſupremo

4   Dilectam penitus Ioui.

5 (*Pi.*)   Vos laetam fluuiis et nemorum coma,

6   Quaecunque aut gelido prominet Algido,

7   Nigris aut Erymanthi

8   Siluis, aut viridis Gragi!

9 (*Pue.*)

Ein und zwanzigste Ode.

Wechselhymne an Sonne und Mond,

von Jünglingen und Jungfrauen gesungen.

———————

(Jüngl.) Zarte Jungfraun, erhebt feyerlich
       Cynthien!

(Jungfr.) Preist den glatten Apoll, Jünglinge!
     (Beyde) preist zugleich

Zevs Geliebte, Latonen,

  Dem Erhabnen so herzlich werth.

(Jgl.)   Lobt, ihr Töchter, der Flüss' und der
       beschatteten

Hügel Freundinn, sie wähl' Erymanths
       Dunkelheit,

Cragus grünende Sitze,

  Oder Algidus Kühlungen!

      G 2   (Jgfr.)

9 (*Pac.*) Vos Tempe totidem tollite
laudibus
10 Natalemque, mares, Delon
Apollinis,
11 Infignemque pharetra
12 Fraternaque humerum
lyra.

13 (*Pi.*) Haec bellum lacrimofum, (*Pac.*)
hic miferam famem
14 Peftemque (*Pi* et *Pac.*) a populo
et Principe Caefare in
15 Perfas atque Britannos
16 Veftra motus aget prece.

ODE XXII.

(Jgfr.) Singt, wen Delos gesäugt, Knaben;
verherrlichet

Tempe; rühmet den Gott, welchem
der pythische

Köcher neben der goldnen

Bruderlaute die Schulter
schmückt!

(Jgl.) Sie verscheuche den Krieg! (Jfr.)
Hunger und Pest verjag'.

Er! (Beyde) Auf euer Gebeth eile
der Fluch hinweg,

Weg vom Volke des Cäsars

Zu den Persern und Britten hin.

———————

Zwen

ODE. XXII.

AD ARISTIVM FVSCVM.

————————

1   Integer vitae fcelerifque purus

2   Non eget Mauri iaculis, neque arcu,

3   Nec venenatis grauida fagittis,

4   Fufce, pharetra:

5   Siue per Syrtes iter aeftuofas,

6   Siue facturus per inhofpitalem

7   Caucafum, vel quae loca fabulofus

8   Lambit Hydafpes.

9   Namque me filua lupus in Sabina,

10   Dum meam canto Lalagen, et vltra

11   Terminum curis vagor expeditus,

12   Fugit inermem.

13 Quale

Zwey und zwanzigſte Ode.

An Ariſtius Fuſkus.

Wer kein Frevler, Fuſkus, in Unſchuld wand-lt,
Kann des Mauren Spieß und Geſchoß entbehren,
Und vergebens trüg' er in ſchwerem Köcher
    Giftige Pfeile.

Sicher geht er über die heiſſen Syrten,
Sieht gefahrlos Kaukaſus unwirthbare
Höhen, reiſet, wo ſich Hydaſpens Ström' und
    Fabeln verliehren.

Denn jüngſt ſchweif' ich, Lalagen ſingend, ohne
Kummer im Sabinergehölz in tiefre
Waldung aus: da flieht mich ein Wolf, durch keine
    Waffen geſchrecket.

        Solch

13 Quale portentum neque militaris
14 Daunia in latis alit esculetis,
15 Nec Iubae tellus generat, leonum
16   Arida nutrix.

17 Pone me pigris vbi nulla campis
18 Arbor aestiua recreatur aura,
19 Quod latus mundi nebulae malusque
20   Iuppiter vrget.

21 Pone sub curru nimium propinqui
22 Solis, in terra domibus negata:
23 Dulce ridentem Lalagen amabo,
24   Dulce loquentem.

ODE XXIII.

Solch ein Ungeheuer ernährt nicht Daunus
Ungemeßner Eichenwald; Niemand siehts in
Jubas dürrem Reiche, dem Vaterlande
   Schrecklicher Löwen.

Bringe mich in träges Gefilde, wo kein
Baum an milder Sommerluft sich erquicket,
Hin in jenen Winkel der Welt, den ewge
   Nebel umfliessen;

Oder mitten unter den Sonnenwagen,
In das Land, dem menschliche Wohnung mangelt:
Furchtfrey lieb' ich Lalagen, die so reizend
   Lächelt und redet.

———— ———

   Drey

ODE XXIII.

AD CHLÖEN.

---

1 Vitas hinnuleo me similis, Chlöe,

2 Quaerenti pauidam montibus a-
viis

3   Matrem, non sine vano

4   Aurarum et silüae metu.

5 Nam seu mobilibus veris inhorruit

6 Aduentus foliis, seu virides rubum

7   Dimouere lacertae,

8   Et corde et genibus tremit.

9 Atqui non ego te, tigris vt aspera

10 Gaetulusue leo, frangere persequor:

11   Tandem desine matrem

12   Tempestiua sequi viro.

ODE XXIIII.

Drey und zwanzigste Ode.

An Chloe.

———————

Fleuchst du, Chloe, mich doch bang', als ein Reh,
            voll Furcht

Vor der säuselnden Luft, oder dem Waldgeräusch,

        Wenns der schüchternen Mutter

                Auf unwegsame Berge folgt.

Denn gleich bebt ihm das Herz, wenn sich die grünliche

Eidechs' unterm Gesträuch oder im Brombeerkraut

        Reget, oder der junge

                Lenz im flüchtigen Laube schwärmt.

Nicht mit tiegrischen Klaun, nicht ein gätulischer

Löw', im Würgen berühmt, Chloe, verfolg' ich dich:

        Ha! so trabe der Mutter,

                Reif für Jünglinge, nicht mehr nach.

———————

Vier

ODE XXIIII.

IN MORTEM QVINCTILII.

AD VIRGILIVM.

———

1 Quis defiderio fit pudor aut modus
2 Tam cari capitis? Praecipe lugubres
3 Cantus, Melpomene, cui liquidam pater
4   Vocem cum cithara dedit.

5 Ergo Quinctilium perpetuus fopor
6 Vrget! cui Pudor et Iuftitiae foror,
7 Incorrupta Fides, nudaque Veritas
8   Quando vllum inueniet parem?

9 Multis ille bonis flebilis occidit:
10 Nulli flebilior quam tibi, Virgili.
11 Tu fruftra pius, heu, non ita creditum
12   Pofcis Quinctilium Deos.

13 Quod

Vier und zwanzigste Ode.

Ueber Quinktils Tod.

An Virgil.

———

Heisser Sehnsucht Gefühl nach dem geliebtesten
Freunde, schändet es uns? — Lehre, Melpomene,
Trauerlieder, o du, die du durch Vatergunst
    Süsse Stimm' und die Cither hast.

Ach, in ewigen Schlaf sank er hinab, Quinktil! —
Wird die Treue, des Rechts fromme Begleiterinn,
Wird die Wahrheit dereinst, wird die Bescheidenheit
    Jemals wieder Quinktile sehn?

Thränen netzten sein Grab, Thränen empfindsamer
Edlen: keiner jedoch weinte, wie du, Virgil!
Ach, dein zärtliches Herz flehet umsonst — er war
    Nur geliehn! — zum Olymp hinauf.

Ja,

13 Quod ſi Thrëicio blandius Orpheo
14 Auditam moderere arboribus fidem :
15 Non vanae redeat ſanguis imagini,
16 Quam virga ſemel horrida,

17 .Non lenis precibus fata recludere,
18 Nigro compulerit Mercurius gregi.
19 Durum: ſed leuius fit patientia,
20 Quicquid corrigere eſt nefas.

ODE XXV.

Ja, beseeltest du gleich Bäume, dem thrazischen

Orpheus ähnlich, vielleicht schmeichelnder noch: du
singst

Leerem Schatten das Blut nimmer zurück, wofern'
Ihn mit schrecklichem Stab Merkur,

Taub der Bitte, das Thor Acherons aufzuthun,

Einmal hin zu der Schaar trauriger Todten wies.

Hart ists: Aber Geduld macht das beschwerlichste,
Was kein Sterblicher ändert, leicht.

ODE XXV.

AD LYDIAM.

———

1 Parcius iunctas quatiunt feneftras
2 Ictibus crebris iuuenes proterui,
3 Nec tibi fomnos adimunt, amatque
4   Ianua limen,

5 Quae prius multum facilis mouebat
6 Cardines; audis minus et minus iam:
7 ”Me tuo longas pereunte noctes,
8   ”Lydia, dormis?”

9 Inuicem moechos, anus, arrogantes
10 Flebis·in folo leuis angiportu,
11 Threcio bacchante magis fub inter-
12   lunia vento;

13 Cum

Fünf und zwanzigste Ode.

An Lydia.

Seltner wird das Klopfen an deinen Fenstern,
Junger Buhler nächtlicher Lerm; sie rauben
Dir nicht mehr den Schlummer, und deine Hausthür
    Liebet die Schwelle,

Dreht nicht mehr so leicht sich in ihren Angeln;
Kaum ertönt das Abendlied noch: "Ach, schläfst du
"Ganze Nächte, Lydia, da dein Jüngling
    "Kläglich dahinstirbt?"

Ha! nun ist das Seufzen an dir, nun, Alte,
Wirst du laut, ein Opfer der Schmach, in öden
Engen Straßen, über den Stolz der Buhler
    Weinen, dem Winde

                    H .   Aehnlich

13 Cum tibi flagrans amor et libido,
14 Quae folet matres furiare equorum,
15 Saeuiet circa iecur vlcerofum,
16   Non fine queftu,

17 Laeta quod pubes edera virente
18 Gaudeat pulla magis atque myrto,
19 Aridas frondes Hiemis fodali
20   Dedicet Euro.

ODE XXVI.

Aehnlich, der aus Thrazien heult, und kurz vorm
Neumond raſt; wenn thierische Brunſt aus deinem
Heiſſen tiefverwundeten Herzen wüthet,
Und es dich ärgert,

Daß die muntre lachende Jugend nur den
Grünen Epheu, nur die geſchwärzte Myrte
Liebt, und dürre Zweige dem Eurus ſchenkt, des
Winters Gefährten.

Sechs

ODE XXVI.

AD AELIVM LAMIAM.

---

1 Mufis amicus triftitiam et metus
2 Tradam proteruis in mare Creticum
3   Portare ventis: quis fub Arcto
4   Rex gelidae metuatur orae;

5 Quid Tiridatem terreat vnice,
6 Securus. O quae fontibus integris
7   Gaudes, apricos necte flores,
8   Necte meo Lamiae coronam,

9 Pimplea dulcis! Nil fine te mei
10 Poffunt honores: hunc fidibus nouis,
11   Hunc Lefbio facrare plectro
12   Teque tuafque decet forores.

ODE XXVII.

Sechs und zwanzigste Ode.

An Aelius Lamia.

Verdruß und Sorgen geb' ich, ein Musenfreund,
Des Sturmwinds Flügeln, fern' in das kretische
    Meer sie zu schleudern; unbekümmert,
        Was für ein König am Eismeer herrsche,

Und scheue Völker plage; was Tiridat
Noch ängstlich fürchte. Holde Bewohnerinn
    Geweihter Quellen, komm, Pimplea,
        Winde vom lieblichsten Sonnenstrahle

Gereifte Blumen, winde für Lamia
Den schönsten Kranz; nur Misklang ist ohne dich
    Mein Lied; mit deinen Schwestern sing' auf
        Lesbischer Laute der Freunde Besten.

Sieben

ODE XXVII.

AD SODALES.

1 Natis in vfum laetitiae fcyphis
2 Pugnare, Thracum eft: tollite barbarum
3   Morem, verecundumque Bacchum
4   Sanguineis prohibete rixis.

5 Vino et lucernis Medus acinaces
6 Immane quantum difcrepat ! Im-
                pium
7   Lenite clamorem, fodales,
8   Et cubito remanete preffo.

9 Vultis feueri me quoque fumere
10 Partem Falerni? dicat Opuntiae
11   Frater Megillae, quo beatus
12   Vulnere, qua pereat fagitta.

13 Ceffat

Sieben und zwanzigste Ode.

An die Freunde.

___

Mit Bechern kämpfen, welche der Freudengott
Sich schuf, ist thrazisch; weg mit barbarischer
    Gewohnheit! sondert von Lyäen
        Blutigen Hader: er liebt den Frieden.

Was soll bey Wein und Lampen ein medisches
Schwerd? Endigt, Brüder, furchtbares Mordge-
                schrey,
    Und bleibt mit hingestütztem Arme
        Ruhig ein jeder an seinem Platze!

Ihr habt Falerner, feurigen Trank: begehrt
Ihr, daß ich trinke? — Wohl! der opuntischen
    Megilla Bruder sage, was für
        Glückliche Pfeile sein Herz verwunden.

          Er

13 .Ceffat voluntas? non alia bibam
14 Mercede. Quae te cunque domat
Venus,
15 Non erubefcendis adurit
16. Ignibus, ingenuoque femper

17 Amore peccas. Quicquid habes, age,
18 Depone tutis auribus. Ah, mifer,
19 Quanta laborabas Charybdi,
20 Digne puer meliore flamma!

21 Quae faga, quis te foluere Theffalis
22 Magus venenis, quis poterit Deus?
23 Vix illigatum te triformi
24 Pegafus expediet Chimaera.

F.

ODE XXVIII.

Er will nicht? — Mich lockt andrer Gewinn umsonst

Zum Trunk. — Die Schöne, die dich entzün-
                                dete,

Sie wird doch, hoff' ich, edle Flammen

Nähren, und deine verliebte Schwachheit

Wird nie dich schänden. Was dich bestrickt, vertrau

Es sichern Ohren! — Ach, wie beklagenswerth!

In welchen Strudel, Aermster, sankst du?

Bruder, du konntest für beßre glühen!

Wird eine weise Frau mit thessalischem

Kraut, wird ein Zaubrer, wird dich ein Gott befreyn?

Der dreygestalteten Chimäre

Dürfte dich Pegasus kaum entreissen.

———

                         Acht

ODE XXVIII.

NAVTA ET IMAGO
ARCHYTAE.

NAVTA.

1 Te maris et terrae numeroque caren-
tis arenae
2 Menforem cohibent, Archyta,
3 Pulueris exigui prope littus parua Matinum
4 Munera, nec quicquam tibi prodeſt
5 Aërias tentaſſe domos, animoque ro-
tundum
6 Percurriſſe polum, morituro.

IMAGO ARCHYTAE.

7 Occidit et Pelopis genitor, conuiua
Deorum,
8 Tithonuſque remotus in auras;

9 Et

Acht und zwanzigste Ode.

Der Schiffer und der Schatten des Archytas.

der Schiffer.

Dich, den Messer des Meers, des unzähligen San-
       des am Meere
Und der Erde, den grossen Archytas,
Hält nun kleines Geschenk, zwo Händevoll Staub,
       an Matinus
Strande zurück.   Was half dir die Reise
In des Aethers Palast, der Flug in die rollenden
       Sphären,
Da dich der Tod doch endlich geschlachtet?

Der Schatten Archytas.

Starb doch Tantalus auch, der Götter Tischgenoß;
       starb doch
Auch Tithon, gen Himmel erhoben;
       Minos,

9 Et Iouis arcanis Minos admiſſus; habentque

10 Tartara Panthoïden, iterum Orco

11 Demiſſum: quamuis clypeo Troiana refixo

12 Tempora teſtatus, nihil vltra

13 Neruos atque cutem morti conceſſerat atrae,

14 Iudice te, non ſordidus auctor

15 Naturae verique. Sed omnes vna manet nox

16 Et calcanda ſemel via leti.

17 Dant alios Furiae toruo ſpectacula Marti;

18 Exitio eſt auidum mare nautis.

19 Miſta ſenum ac iuuenum denſentur funera: nullum

20 Saeua caput Proſerpina fugit.

21 Me quoque deuexi rapidus comes Orionis

22 Illyricis Notus obruit vndis.

23 At tu, nauta, vagae ne parce malignus arenae

24 Oſſibus et capiti inhumato

25 Particulam dare. Sic, quodcunque minabitur Eurus

26 Fluctibus Heſperiis, Venuſinae

27 Ple-

Minos, Jupiters Rath. Der Tartarus wahret in starken

Fesseln den Sohn des Panthous. Zweymal

Sank er zum Orkus hinab; zwar alt genug: denn
er bewies mit

Seinem hingehefteten Schilde,

Daß er Troja gesehn, und ließ dem Tode nur Kno-
chen.

Und er war doch, du weißt es, ein zweyter

Schöpfer bald der Natur, und bald der Wahrheit! —
Es müssen

Alle das Reich der Schatten durchwandern.

Viele werden durch dich, Alekto, des grimmigen
Mavors

Lustspiel; andre verschlinget des Meeres

Gieriger Rachen. Der Ball der Erde strotzet von
Gräbern:

Jüngling und Greis ist Proserpinen zinsbar.

Ich auch wurde vom Sturm des Gefährten Orions,
des Notus,

In Illyriens Wogen gerissen.

Aber versage du mir nicht boshaft, Schiffer, ein
kleines

Grab, nicht diesen zerstreuten Gebeinen

Einigen flüchtigen Sand. Sey gütig, und Eurus
im Aufruhr

Wird die hesperischen Fluthen vorüber

Donnern,

27 Plectantur filuae, te folpite: multa-
que merces,

28   Vnde poteft, tibi defluat aequo

29 Ab Ioue, Neptunoque facri cuftode
Tarenti.

30   Negligis immeritis nocituram

31 Poftmodo te natis fraudem committere: fors et

32   Debita iura vicefque fuperbae

33 Te maneant ipfum: precibus non lin-
quar inultis;

34   Teque piacula nulla refoluent.

35 Quanquam feftinas, non eft mora
longa, licebit

36   Iniecto ter puluere curras.

ODE XXVIIII.

Donnern, Venusiens Wald, nicht dich, ergreifen.
Belohnung,
Wie sie von Jupiters Throne herabfleußt,
Folget dir nach; Neptun, Tarents Beschützer, be=
glückt dich.

Waateſt du Frevelthat, künftigen Kindern
Noch zum Schaden: alsdann mag ſchwarze Wieder=
vergeltung,
Heiſſe Rache dich treffen, und deinen
Hochmuth ahnden. Ich weiß, die Götter hören
mein Flehen,
Und kein Opfer erwirbt dir Verſöhnung.
Eileſt du gleich: es ſäumt nicht lange! beſchütte den
Todten
Dreymal mit Staub, dann ſtoſſ' in die Wellen.

———

ODE XXVIIII.

AD ICCIVM.

---

1   Icci, beatis nunc Arabum inuides
2   Gazis, et acrem militiam paras
3   Non ante deuictis Sabaeae,
4   Regibus, horribilique Medo

5   Nectis catenas. Quae tibi virginum,
6   Sponso necato, barbara feruiet?
7   Puer quis ex aula capillis
8   Ad cyathum ftatuetur vnctis,

9   Doctus fagittas tendere Sericas
10 Arcu paterno? Quis neget arduis
11   Pronos relabi poffe riuos
12   Montibus, et Tiberim reuerti,

13 Cum tu coëmtos vndique nobilis
14 Libros Panaetî, Socraticam et domum
15   Mutare loricis Iberis,
16   Pollicitus meliora, tendis?

ODE XXX.

Neun und zwanzigste Ode.

An Iccius.

***

Wie, du beneidst den Araber, Iccius,
Um seine Schätze? drohst den sabäischen
　　Noch unbesiegten Fürsten scharfe
　　　　Waffen, dem furchtbaren Meder Ketten?

Welch fremdes Mädchen, der du den Bräutigam
Erschlägst, soll, deine schöne Gefangene,
　　Dir dienen? welcher Prinz, berühmt im
　　　　Serischen Bogen, das Haar voll Salben,

Wird dir den Becher reichen? — Verneinet nun
Ein Zweifler noch, der rauschende Wasserfall
　　Am steilen Berge könne rückwärts,
　　　　Felsenan rauschen, die Tiber rückwärts,

Da du die theuern Werke des trefflichen
Panäz, die ganze Schule des Sokrates
　　Auf einmal, unsre Hoffnung täuschend,
　　　　Mit dem iberischen Panzer wechselst?

***

ODE XXX.

AD VENEREM.

---

1   O Venus, regina Gnidi Paphique,
2   Sperne dilectum Cypron, et vocantis
3   Ture te multo Glycerae decoram
4   Tranffer in aedem.

5   Feruidus tecum puer, et folutis
6   Gratiae zonis, properentque Nymphae,
7   Et parum comis fine te Iuuentas,
8   Mercuriufque.

ODE XXXI.

An Venus.

———————

Komm, o Venus, Fürstinn von Gnid und Paphos,
Laß dein gutes Cypern, und komm hieher ins
Schöne Haus der Glycera, die mit vielem
    Weyhrauch dich einlädt!

Amor und die Grazien mit gelösten
Gürteln, Cyperns Nymphen, Merkur, und Hebe,
Die nur dich begleitend ergötzet, sey dein
    Frohes Gefolge.

———————

Ein

ODE XXXI.

PIA VOTA.

AD APOLLINEM.

---

1 Quid dedicatum poscit Apollinem
2 Vates? quid orat, de patera nouum
3   Fundens liquorem? non opimas
4   Sardiniae segetes feracis;

5 Non aestuosae grata Calabriae
6 Armenta; non aurum, aut ebur Indi-
                    cum;
7   Non rura, quae Liris quieta
8   Mordet aqua, taciturnus amnis,

9 Premant Calena falce, quibus dedit
10 Fortuna, vitem; diues et aureis
11   Mercator exsiccet culullis
12   Vina Syra reparata merce,

                                  13 Dîs

Ein und dreyssigste Ode.

Fromme Wünsche.

An Apollo.

———————

Was fleht der Dichter von dem verherrlichten

Apoll? die neue Schale mit Opferwein

  In seiner Hand, was soll er wünschen?

   Weder Sardiniens fette Fluren,

Noch schöne Heerden von der kalabrischen

Trift; weder Gold, noch Indiens Elfen=

         bein;

  Die Felder nicht, an denen Liris

   Naget, das schweigende sanfte Flüßchen.

Kalesens Hügel baue der Glückliche,

Der sie besitzt; aus goldnem Pokal berausch'

  Ein reicher Kaufmann sich in Weinen,

   Die er um syrische Waaren tauschte.

     J 3   Er

13 Dîs carus ipſis, quippe ter et quater
14 Anno reuiſens aequor Atlanticum
15   Impune. Me paſcunt oliuae,
16   Me cichorea, leueſque maluae.

17 Frui paratis et valido mihi,
18 Latoë, dones, ac, precor, integra
19   Cum mente nec turpem ſenectam
20   Degere, nec cithara carentem.

———————

ODE XXXII.

Er sey der Götter Liebling; in ihrem Schuß
Besuch' er jährlich oft das atlantische
　　Meer, wohlbewahrt. — Mich nähren leichte
　　　　Malven, Cichorien und Oliven.

Laß, was ich habe, Sohn der Latone, mich
Gesund genießen; schenke mir Geisteskraft
　　Darneben; schmachlos und bey süssem
　　　　Saytenspiel ende sich meine Laufbahn.

ODE XXXII.

AD LYRAM.

---

1 Poscimur. Si quid vacui sub vmbra
2 Lusimus tecum, quod et hunc in annum
3 Viuat et plures: age, dic Latinum,
4   Barbite, carmen,

5 Lesbio primum modulate ciui,
6 Qui, ferox bello, tamen inter arma,
7 Siue iactatam religârat vdo
8   Littore nauim,

9 Liberum, et Musas, Veneremque et illi
10 Semper haerentem puerum canebat,
11 Et Lycum nigris oculis nigroque
12   Crine decorum.

13 O decus Phoebi, et dapibus supremi
14 Grata testudo Iouis, o laborum
15 Dulce lenimen, mihi cunque salue
16   Rite vocanti.

ODE XXXIII.

Zwey und dreyſſigſte Ode.

An die Laute.

———————

Singen ſoll ich. Sang ich mit dir bey Muſſe
Unterm Laubdach vormals ein Lied, des längern
Lebens würdig: Laute, wohlan! ſo ſpiele
    Laziſche Verſe,

Du, Geſchenk des Lesbiers, deines Schöpfers,
Der, ein Krieger, mitten im Schlachtgetümmel,
Oder hatt' er eben am Strande müde
    Schiffe befeſtigt,

Libern, und die Muſen, und Venus, und den
Knaben ſang, der immer ihr anhängt; Lyceu
Mit dem ſchwarzen Haar und den ſchwarzen Augen
    Nicht zu vergeſſen.

Die du Phöbus Schultern und ſelbſt des Höchſten
Mahle ziereſt, ſey mir, der Arbeit ſüſſes
Labſal, holde Laute, ſo oft ich bitte,
    Freundlich zur Seite.

———————

ODE XXXIII.

AD ALBIVM.

———

1 Albi, ne doleas plus nimio, memor
2 Immitis Glycerae; neu miferabiles
3 Decantes elegos, cur tibi iunior
4   Laefa praeniteat fide.

5 Infignem tenui fronte Lycorida
6 Cyri torret amor; Cyrus in afperam
7 Declinat Pholoën: fed prius Appulis
8   Iungentur capreae lupis,

9 Quam turpi Pholoë peccet adultero.
10 Sic vifum Veneri, cui placet impares
11 Formas atque animos fub iuga ahenea
12   Saeuo mittere cum ioco.

13 Ipfum me melior cum peteret Venus,
14 Grata detinuit compede Myrtale
15 Libertina, fretis acrior Adriae
16   Curuantis Calabros finus.

———

ODE XXXIIIJ.

Drey und dreyſſigſte Ode.

An Albius.

O betrübe dich nicht länger um Glycera;
Länger ſinge du nicht, Albius, ſchmelzende
Klagelieder; vergiß, daß ſie die Treue brach,
   Und ein jüngrer ſie blendete.

Denn Lykoris, berühmt durch die gefällige
Kleine Stirne, verwelkt, glühend für Cyrus; er
Läuft nach Pholoe; doch ehe ſich Pholoe
   Mit dem Häßlichen einverſteht,

Wird das zitternde Reh mit dem appuliſchen
Wolf ſich gatten. So hat Cypria ſchadenfroh
Ihre Spiele; ſie bringt öfters das widrigſte
   Paar in ehernes Joch, und lacht.

Mir auch winkte vordem beſſeres Mädchenglück,
Als mich Myrtale ſchnell feſſelte, welche brauſt,
Wie das adriſche Meer, wenn es im wüthenden
   Sturm Kalabriens Küſten höhlt.

ODE XXXIIII.

DE COLENDIS DEIS.

---

1   Parcus Deorum cultor et infrequens,
2   Infanientis dum fapientiae
3   Confultus erro, nunc retrorfum
4   Vela dare atque iterare curfus

5   Cogor relictos. Namque Diefpiter,
6   Igni corufco nubila diuidens
7   Plerumque, per purum tonantes
8   Egit equos volucremque currum:

9   Quo bruta tellus et vaga flumina,
10 Quo Styx, et inuifi horrida Taenari
11   Sedes, Atlanteufque finis
12   Concutitur. Valet ima fummis

13 Mutare, et infignem attenuat Deus,
14 Obfcura premens. Hinc apicem rapax
15   Fortuna cum ftridore acuto
16   Suftulit; hic pofuiffe gaudet.

ODE XXXV.

Vier und dreyssigste Ode.

Ueber die Verehrung der Götter.

Ich, der den Göttern sparsam nur opferte,
Als tolle Weisheit noch in ihr Labyrinth
    ich zog; ich kehre nun zurück, und
      Finde die vorige sichre Laufbahn.

Denn furchtbar lenkte neulich Diespiter,
Der sonst durch schwarze Wetter den leuchtenden
    Blitz schleudert, seine Donnerpferde
      Und den geflügelten Donnerwagen

Durch heitern Himmel: Erdball und Ocean,
Der Styx, und mit ihm Tänarus schreckliche
    Behausung, und des Atlas hoher
      Gipfel erbebten. Er kann aus Thälern

Gebirge schaffen, kann den Gewaltigen
Erniedern, und das Dunkle mit Licht umziehn. —
    Ein Diadem nahm hier Fortuna
      Lärmend, und trug es mit Jauchzen dorthin.

ODE XXXV.

AD FORTVNAM.

───────

1   O Diua, gratum quae regis Antium,
2   Praefens vel imo tollere de gradu
3   Mortale corpus, vel fuperbos
4   Vertere funeribus triumphos!

5   Te pauper ambit follicita prece
6   Ruris colonus, te, dominam aequoris,
7   Quicunque Bithyna laceffit,
8   Carpathium pelagus carina.

9   Te Dacus afper, te profugi Scythae,
10   Vrbefque, gentefque, et Latium ferox,
11   Regumque matres barbarorum, et
12   Purpurei metuunt tyranni,

13 Iniu-

Fünf und dreyßigste Ode.

An die Göttinn des Glücks.

———————

O du, des holden Anziums Königinn,
Allgegenwärtig, jenen vom Staub' empor
   Zu heben, diesen von der stolzen
      Höhe des Siegers ins Grab zu stürzen!

Dir fleht der arme Landmann in brünstigem
Gebeth; es flehet dir, der Beherrscherinn
   Des Meers, wer auf Bithyns Gebälke
      Mit den karpathischen Wogen scherzet.

Dich ehrt der schnelle Scyth' und der Dazier,
Rauh, wie sein Land; dich Laziums kriegrisches
   Volk, Städt' und Inseln, Königsmütter,
      Könige selber, im Purpur prangend,

Aus

13 Iniuriofo ne pede proruas

14 Stantem columnam; neu populus fre-
quens

15 Ad arma ceffantes, ad arma

16 Concitet, imperiumque frangat.

17 Te femper anteit faeua Neceffitas,

18 Clauos trabales et cuneos manu

19 Geftans ahena; nec feuerus

20 Vncus abeft, liquidumque plumbum.

21 Te Spes et albo rara Fides colit

22 Velata panno, nec comitem abnegat,

23 Vtcunque mutata potentes

24 Vefte domos inimica linquis.

25 At vulgus infidum et meretrix retró

26 Periura. cedit; diffugiunt cādis

27 Cum faece ficcatis amici,

28 Ferre iugum pariter doloſi.

29 Ser-

Aus Furcht, du möchtest zornigen Feindesfuß

Auf ihre Säulen setzen; durch innere

    Empörung dürften sich die Bürger

        Waffnen, zum Umsturz des Reichs sich

           waffnen.

Mit wildem Antlitz gehn die Verhängnisse

Stets vor dir her, in schrecklicher Eisenhand

    Die Marternägel, Keil' und heisses

        Bley, mit dem furchtbaren Fesselhaa-

           ken.

Die Hoffnung, und in weisses Gewand gehüllt,

Die seltne Treue, deine Gefährtinnen,

    Sind bey dir, auch wenn du die Kleidung

        Wechselst, und feindlich aus Schlössern

           weggehst.

Untreuer Pöbel nur, und die Buhlerinn,

Berühmt im Meyneid, weichet zurück; zurück

    Der Freund, der Faß und Hefen trocken

        Sieht, und des Mangels Beschwerde hasset.

                  K   Erhalt'

29 Serues iturum Caefarem in vltimos
30 Orbis Britannos, et iuuenum recens
31   Examen Eois timendum
32   Partibus, Oceanoque rubro.

33 Eheu! cicatricum et fceleris pudet,
34 Fratrumque: quid nos dura refugimus
35   Aetas? quid intactum nefafti
36   Liquimus? vnde manum iuuen-
              tus

37 Metu Deorum continuit? quibus
38 Pepercit aris? O vtinam noua
39   Incude diffingas retufum in
40   Maffagetas Arabafque ferrum!

ODE XXXVI.

Erhalt' uns Cäsarn, der nach Brittannien,

Zu fernem Volke zeucht, und der Jünglinge

   Frischblühnde Schaar, vor der das rothe

     Meer und des Morgenlands Grenzen zit-

      tern.

Uns schänden Narben, Frevel und Brudermord:

Was haben, ach! wir hartes Geschlecht gescheut?

   Welch Bubenstück blieb unverübet?

     Schwächte noch Furcht vor den grossen

      Göttern

Den Arm des Lasters? Ward ein Altar verschont? —

O schmied' auf neuem Ambos das greuliche

   Schwerd um, und laß es Massageten,

     Feinde nur, Araber laß es treffen.

————————

ODE XXXVI.

IN PLOTII NVMIDAE

REDITVM IN PATRIAM.

1   Et ture et fidibus iuuat

2   Placare, et vituli fanguine debito

3   Cuftodes Numidae Deos,

4   Qui nunc, Hefperia fofpes ab vltima,

5   Caris multa fodalibus,

6   Nulli plura tamen diuidit ofcula,

7   Quam dulci Lamiae, memor

8   Actae non alio rege puertiae

9   Mutataeque fimul togae.

10   Creffa ne careat pulchra dies nota;

11   Neu promtae modus amphorae,

12   Neu morem in Salium fit requies pe-
             dum;

13   Neu multi Damalis meri

14   Baffum Threïcia vincat amyftide;

                     15 Neu

Sechs und dreyssigste Ode.

Auf des Plotius Numida Zurückkunft in sein Vaterland.

———————

Laßt mich Weyhrauch und Saytenspiel,

Laßt mich dankbar das Blut eines gelobten Kalbs

Den Schutzgöttern des Numida

Bringen, welcher beglückt ferne vom Hesperus

Kömmt, und zärtliche Freunde mit

Küssen segnet, jedoch in den Umarmungen

Seines Lamia länger weilt: —

Ihre Kindheit genoß einerley Bildung; Ein

Fest gab ihnen den Togaschmuck! —

Diesen herrlichen Tag zeichnet mit kretischem

Stein; holt Flaschen, und zählt sie nicht;

Salisch, ohne zu ruhn, hebet den Flügelfuß;

Mit der Trinkerinn Damalis

Kämpf' im thrazischen Trunk Bassus, und sieg' einmal;

K 3   Rosen

15   Neu defint epulis rofae,
16 Neu viuax apium, neu breue lilium.
17   Omnes in Damalin putres
18 Deponent oculos; nec Damalis nouo
19   Diuelletur adultero,
20 Lafciuis ederis ambitiofior.

ODE XXXVII.

Rosen geb' es beym Schmaus genug,

Frischen Eppich, und leicht welkende Lilien.

Jeder hefte sein schwimmendes

Aug' auf Damalis hin; Damalis klammere

Sich, wie buhlender Epheu, mit

Ausgebreitetem Arm neuen Geliebten an.

Sieben.

ODE XXXVII.

AD SODALES.

———

1 Nunc est bibendum, nunc pede libero
2 Pulsanda tellus; nunc Saliaribus
3   Ornare puluinar Deorum,
4   Tempus erat, dapibus, sodales.

5 Antehac nefas depromere Caecubum
6 Cellis auitis, dum Capitolio
7   Regina dementes ruinas,
8   Funus et imperio, parabat,

9 Contaminato cum grege turpium
10 Morbo virorum quidlibet impotens
11   Sperare, fortunaque dulci
12   Ebria. Sed minuit furorem

13 Vix

Sieben und dreyſigſte Ode.

An ſeine Freunde.

Nun trinkt, ihr Freunde, ſtampft mit befreyetem
Fuß nun den Boden; ſchmücket den Opfertiſch
   Der Götter, hohe Zeit iſts! mit den
      Herrlichen Speiſen der Prieſter Mavors.

Nur Frevler ſchöpften hiebevor Cäkuber
Im Ahnenkeller, da noch die Königinn
   Voll Unſinn Schutt dem Kapitole,
      Grab und Verwüſtung dem Reiche drohte,

Sie, die mit ihrem Haufen verſtümmelter
Und kranker Männer brauſende Hoffnungen
   Ernährte, ganz von ſüſſem Glücke
      Trunken. Den raſenden Stolz indeſſen

Bezwang

13 Vix vna fofpes nauis ab ignibus;

14 Mentemque lymphatam Mareotico

15   Redegit in veros timores

16   Caefar, ab Italia volantem

17 Remis adurgens, (accipiter velut

18 Molles columbas, aut leporem citus

19   Venator in campis niualis

20   Aemoniae,) daret vt catenis

21 Fatale monftrum : quae generofius

22 Perire quaerens nec muliebriter

23   Expauit enfem, nec latentes

24   Claffe cita reparauit oras.

25 Aufa et iacentem vifere regiam

26 Vultu fereno, fortis et afperas

27   Tractare ferpentes, vt atrum

28   Corpore combiberet venenum,

                      29 De-

Bezwang das Schiff, das kaum' noch der Flamm'

                                  entgieng;

Ihr Geist in Wuth, von Mareots Wein umstürmt,

    Begann zu beben; Cäsars Ruder

        Setzte — sie flog von den Grenzen Welsch-

                lands! —

Ihr nach: so schieffen jagende Habichte

Auf weiche Tauben, und in Aemoniens

    Schneefeldern jaget so der Waidmann

        Hasen. Er wollte das Ungeheuer

In Fesseln legen. Aber nach rühmlicherm

Verderben strebend, scheute die Männliche

    Nicht Dolche, holt' auch von verborgnen

        Küsten sich keine geschwinde Flotte.

Mit heitrer Stirne sah sie die Königsburg

In Angst, war herzhaft, schreckliche Schlangenbrut

    An ihren Leib zu legen, trank mit

        Durstigen Adern das schwarze Gift ein,

                    Durch

29 Deliberata morte ferocior:
30 Saeuis Liburnis scilicet inuidens
31 Priuata deduci superbo
32 Non humilis mulier triumpho.

ODE XXXVIII.

Durch festen Schluß zu sterben, verwegener.

Sie gönnte nicht den wilden Liburniern

    Den Ruhm; ein grosses Weib als Sklavinn

        Mit sich im stolzen Triumph zu führen.

ODE XXXVIII.

AD MINISTRVM.

Perſicos odi, puer, apparatus;
Diſplicent nexae philyra coronae;
Mitte ſectari, roſa quo locorum
           Sera moretur.

Simplici myrto nihil adlabores,
Sedulus curae: neque te miniſtrum
Dedecet myrtus, neque me ſub arcta
           Vite bibentem.

Acht und dreyſſigſte Ode.
An ſeinen Bedienten.

Knab', ich haſſe perſiſche Pracht; mich reizt ein
Kranz, mit Lindenſchale geflochten wenig;
Laß die Jagd durch Florens Gebieth nach einer
           Herbſtlichen Roſe.

Miſche nichts gekünſteltes zu der Myrte:
Weder dich, den Diener, noch mich entehret
Myrte, der ich unter der Rebenlaube
           Rebenſaft trinke.

An.

Anmerkungen

für

junge Leute.

Anmerkungen zu Suetons Leben
des Horaz.

Auctore Suetonio) Diese kurze und berühmte Lebensbeschreibung des Horaz ist unter den Schriften des Suetons nicht befindlich, sondern sie wird ihm nur beygemessen, weil man darinnen eine grosse Aehnlichkeit mit seiner Schreibart, besonders in Ansehung des Gedrungenen, bemerket, und weil schon Porphyrion, der Scholiast des Horaz, sie ihm ausdrücklich zugeeignet hat. Diejenigen, welche längere Lebensbeschreibungen von unserm Dichter zu lesen wünschen, müssen des Vater Sanadons und des Grafen Algarotti ihre lesen.

Patre, vt ipse tradit, libertino et exauctionum coactore) Sueton hat hier die horazischen Satiren und zwar die sechste des ersten Buchs vor Augen, allwo es im 44sten und dem folgenden Verse heißt:

> *Nunc ad me redeo libertino patre natum,*
> *Quem rodunt omnes libertino patre natum.*

Ich komme itzt wieder auf mich selbst, der ich der Sohn eines Freygelassenen bin, und den ein jeder darum, weil ich der Sohn eines Freygelassenen bin, zu verunglimpfen suchet.

L   Und

Und im 85ſten V. u. f. heißt es:

Nec timuit, ſibi ne vitio quis verteret, olim
Si praeco paruas, aut, vt ſuit ipſe, coactor
Mercedes ſequerer.

Er (mein Vater) beſorgte auch keinesweges,
daß es ihm Jemand übel nehmen würde, wenn
ich dereinſt als ein Ausrufer bey öffentlichen
Verſteigerungen, oder als ein Einnehmer der
Verſteigerungsgelder, wie er ſelbſt war, einem kleinen Gewinnſte nachgienge.

Scriptum quaeſtorium) Ein Sekretariat beym
Finanzweſen, wenn die Wörter Sekretär und Sekretariat nicht zu neu wären, und Scriptus keine zu niedrige
Bedeutung hätte, um das Amt eines heutigen Finanzſe-
kretärs anzuzeigen. Ich habe alſo lieber: die Stelle eines Schreibers; ſetzen wollen. Scriptus iſt ſo viel als
ſcribtus, und dieſes ſteht für ſcribatus.

Tuum ſodalem) Cicero nennt denjenigen, der
eben ſo betrübt iſt, wie ein anderer, ſodalem in aegri-
tudine; und ſo könnte man, glaube ich, auch ſagen:
ſodalis in corpulentia oder dergleichen, eben ſo rund
und fett. Meines Erachtens will Mäcen, der ohne Zweifel auch ſtarkleibig geweſen iſt, dieſen Gedanken mit dem
ſodalis ausdrücken. Denn wäre er mager geweſen, ſo
würden die Verſe überhaupt nichts ſagen. Wenigſtens
ſcheinet mir das Wort ſodalis in der Bedeutung
Freund oder Tiſchgenoß in der gegenwärtigen Stelle
ſehr müſſig zu ſtehen.

Nin-

Ninno) Man hat hier eine Menge Lesarten: Hinno, Ginno, Mimo, Minno, Ninnio. Sie fallen alle ins Possenhafte, auſſer Ninnio, und Ninnio widerspricht dem Silbenmaaſſe der beyden vorhergehenden Zeilen; es sey denn, man lese Ninnjo. Dieser Ninnius aber soll, nach Voſſius Berichte, ein Poet zu Mäcens Zeiten gewesen seyn, den man nur scherzweise den Dicken genannt habe, weil er, wie Dacier sich ausdrückt, so dürr wie ein Schwefelhölzchen gewesen.

recusanti) Aus dem folgenden sieht man, daß Horaz vorgab, seine Gesundheitsumstände litten es nicht, die Ehre, von der die Rede ist, anzunehmen.

Vindelicam victoriam) Man sehe die 4te und 14te Ode des vierten Buchs.

Expressitque Eclogam) Unter dieser Efloge ist die erste der Episteln im zweyten Buche zu verstehen. Efloge heißt, sowohl nach seiner Grundbedeutung als nach dem Gebrauche der Alten, ein Gedicht, das man unter vielen andern ausgesucht und der öffentlichen Bekanntmachung würdig geachtet hat. In den neuern Zeiten will man nur Hirtengedichte darunter verstehen, welches falsch ist.

In satiris) Z. E. in der dritten Satire des zweyten Buchs im 308ten Verse, wo Horaz Jemanden spöttisch von sich sagen läſſet:

L 2 — ab

— *ab imo*
Ad summum totus moduli bipedalis. —

Du bist vom Kopfe bis zu den Füssen kaum
zween Schuh hoch.

Ventriculi tui) Die paar Zeilen: Ad — refer-
retur; die hierauf in einigen Ausgaben folgen, sind von
irgend einem Spaßmacher, man weiß nicht von welchem,
eingeschaltet worden, dessen Einfälle Unterdrückung und
Vergessenheit verdienen.

Quo vitio (obscuritatis) *minime tenebatur*)
Horaz, sagt Sueton, hatte den Fehler im geringsten
nicht, daß er dunkel war. Wenn wir ihn also nicht ver=
stehen, so liegt die Schuld an uns, oder an den schlim=
men Auslegern, die oft dem Leser Sand in die Augen
werfen, oder da, wo Licht ist, Schatten und Finsterniß
ausbreiten. Einige besondere Schönheiten des Dich=
ters, z. E. solche, die ihren Grund in Anspielungen auf
kleine Gesellschaftsbegebenheiten, oder auf Gebräuche und
Umstände hatten, die uns nicht mehr bekannt sind, gehen
freylich für uns verlohren. Auch die Ungewißheit, in
der wir uns in einigen Stellen wegen der verschiedenen
Lesarten befinden, kann uns nicht anders als unange=
nehm seyn. Suetons Gedanke bezieht sich nur aufs All=
gemeine der horazischen Schreibart.

L. Manlio Torquato) Der Dichter sagt dieses
selbst in der 21sten Ode des dritten, und in der 13ten
Ode des fünften Buchs.

O nata

O nata mecum, consule Manlio,
— pia testa!

O liebe Flasche, die du mit mir unter dem
Konsul Manlius gebohren bist!

Tu vina Torquato move consule pressa meo.

Gieb den Wein her, der unter meinem Konsul, dem Torquat, gekeltert worden.

Post septimum et quinquagesimum annum)
In vielen Ausgaben heißt es: post nonum etc. "Es
"ist dieses, sagt Dacier, entweder ein Versehen der Ab-
"schreiber, oder Sueton hat sich verrechnet: denn vom
"Konsulat des Torquats und Kotta, bis aufs Konsulat
"des Censorinus und Gallus zählt man gerade 57 Jah-
"re." Nach Hederichs chronologischem Verzeichnisse
der Consulum kommen 58 Jahre heraus. Die Chro-
nographen mögen sich darüber vergleichen.

Anmerkungen zur ersten Ode
des ersten Buchs.

Ode I.) Dieses Wort kömmt vom griechischen ᾠδή
her, und bedeutet einen Gesang oder ein lyrisches
Gedicht, das ist, ein Gedicht, welches man zuerst
in die Lyra, als das älteste musikalische Instrument,

gesun-

gesungen hat. Da man das Wort *ode* erst im 3ten
oder 4ten Jahrhundert in lateinischen Schriften zu
gebrauchen angefangen hat, so mögen diejenigen,
die sich daran stossen, *cantus* oder *carmen* dafür
lesen. Die erste heißt sie, nicht als ob sie Horaz vor
allen übrigen Oden verfertiget habe, sondern sie behauptet deswegen diese Stelle, weil sie als die Zu-
eignungsschrift eines ganzen Werkes anzusehen ist.
Sie enthält den Gedanken: Horaz liebet die
Dichtkunst. Der Plan ist sehr einfach. Einige
finden ihr Vergnügen an dieser, andre an jener
Beschäftigung; ich finde das meinige an der
Dichtkunst. Ausser dieser schönen Simplicität, die
überhaupt einer der vorzüglichsten Charaktere der
horazischen Oden ist, hat dieses Stück seine Male-
reyen und eine wohlgeschliffene Runde der Perioden.
Von einer jeden Sache, an der die Menschen ihr
besonderes Vergnügen finden, oder zu der sie ihre
Lieblingsneigung treibt, wird nicht zu viel, und
doch genug gesagt, und bey einem jeden andern Gegenstande des Vergnügens, den der Dichter beschreiben will, weiß er auch eine andere Wendung zu
machen, so daß er mit dem langen Register von Beschäftigungen, deren er erwähnet, oder die er vielmehr, so zu reden, in Miniatur malt, nicht den
geringsten Ueberdruß erwecket. Die Ausdrücke sind
alle wie abgewogen, alle dem Gegenstande, den er
vor Augen hat, angemessen, keiner zu niedrig. Den
Berech-

Berechnungen der Chronologen zufolge wäre diese
Ode im Jahr nach der Erbauung der Stadt Rom
741 verfertiget worden.

1. *Maecenas, atauis edite regibus.*) Mäcenas,
seinem völligen Namen nach Cajus Cilnius Mäcenas, war ein römischer Ritter, und des Augustus
vornehmster Vertrauter, ein Mann, dessen geringster
Vorzug darinnen bestand, daß er Könige unter seinen Ahnen hatte. Denn er besaß ausserordentliche
Geisteskräfte; besonders aber war er ein eifriger Be-
förderer der Wissenschaften und ein ungemein wohl-
thätiger Freund der Gelehrten, so, daß man noch itzt
dergleichen seltne Erscheinungen mit dem Titel Mäcen, als einem besondern Ehrennamen, bezeichnet.
Daher standen Virgil und Horaz bey ihm in grossem
Ansehen, oder vielmehr, sie waren seine Lieblinge und
täglichen Gesellschafter. Dem erstern verhalf er wieder zu seinem Landgute, dessen sich des Augustus,
oder wie er damals noch hieß, des Octavianus Soldaten bemächtiget hatten, und dem andern schenkte
er selbst eins von seinen Gütern. Freylich nicht ein
jeder Gelehrter hatte bey ihm den Zutritt, den Virgil
und Horaz hatten. Die vorzüglichen Talente dieser
Dichter, die guten Gesinnungen ihres Herzens, ihre
ausgebreitete Kenntniß der Welt und ihr angenehmer
Umgang trugen auch viel zu der Achtung bey, deren
sie Mäcen würdigte. Wenn also Mäccnaten, wie
ich vorher sagte, in unsern Tagen Erscheinungen sind,

so

so kömmt das unstreitig daher, weil Männer, wie
Virgil und Horaz, Männer, in denen sich nur die
vortrefflichsten Eigenschaften vereinigen, ebenfalls unter die Erscheinungen gehoren.   Die Klopstocke,
die Abbte, die Herders und andere finden noch
immer ihre Mäcenaten, und man kann also den Spruch
des Martials: *Sint Maecenates, et non deerunt
Marones;* auch umkehren, und sagen: *Sint
Marones, et non deerunt Maecenates.* —
Mäcen verwaltete eigentlich keine öffentlichen Ge-
schäfte, sondern ließ sich nur manchmal, aus Ge-
fälligkeit gegen Augustus, zu Verwaltung einiger
derselben gebrauchen.   Doch bediente sich Augustus
in jeder wichtigen Angelegenheit seiner weisen und
edelmüthigen Rathschläge, und Mäcen war sich dabey seiner guten Absichten so sehr bewußt, daß er
ungeachtet der ausnehmenden Ehrfurcht, die er sonst
gegen den August hatte, sich nicht scheuete, ihm
einst, da er ihn in allzustrengen Verurtheilungen
einiger Römer begriffen fand, und vor dem Ge-
dränge des Volks sich ihm selbst nicht nähern konnte,
seine Schreibtafel mit diesen Worten in den Schooß
zu werfen: Herunter vom Richterstul, du Henker!
Ueberhaupt wäre wohl August ohne einen Mäcen
niemals August geworden. — Um noch etwas über
das *edite regibus* zu sagen, so thun ohne Zweifel
einige Ausleger des Horaz der Sache zu viel, die
eine so genaue Kenntniß von des Mäcens Stamm-
baum

kaum besitzen wollen, daß sie behaupten, Meno=
dorus sey sein Vater, Menippus sein Großva=
ter, Cäcina, König von Etrurien, sein Urgroßvater,
Volturnus sein Aeltervater, Turrhenus sein Ur=
ältervater, und Elbius der erste große Mann vom
Stamm seiner Ahnen gewesen. Billig hätten sie
uns die Quellen anzeigen sollen, woraus sie dieß
alles geschöpft hätten. Andere hergegen thun der
Sache zu wenig, wenn sie aus den *regibus* nur
ansehnliche, nämlich vornehme oder reiche Leute
machen wollen, als die man in den ältern Zeiten
auch *reges* genannt hätte. Denn diese Erklärung
heben die Verse des Properz und Martials gänzlich
auf, wenn jener B. 3. El. 7. sagt:

Maecenas, eques Etrusco de sanguine
regum,

Mäcen, ein Ritter vom Blute der etrusci=
schen Könige;

und dieser B. 12. Ep. 4.

Maecenas, atauis regibus ortus eques,

Mäcen, ein Ritter, von königlichen Ahnen
entsprossen.

Der ansehnliche Stand eines Ritters und eines Kö=
niges sind in diesen Versen sehr deutlich unterschie=
den. Ueberdieß erzählt auch Livius im 10ten Bu=
che, daß in ganz Etrurien kein Geschlecht vorneh=

L 5   mer

mer und berühmter als das cilnische sey: es hatte
also wahrscheinlich seinen Ursprung von den ehema‐
ligen Lukumonen, d. i. Königen dieses Landes.
Der Zuname Mäcenas kömmt vermuthlich von ei‐
nem Gute oder Schlosse her, das den Namen Mä‐
cena oder dergleichen geführet und dem cilnischen
Geschlechte vormals zugehört hatte. Wenigstens
sagt Varro, daß alle lateinische Namen, die sich
auf *as* endigen, von einem gewissen Orte abstam‐
men, Plinius (B. 14) redet von mäcenatischen
Weinen, als von den besten in ganz Italien.

2.   *O et praesidium*) Horaz diente als Tribunus
militum ʃunter dem Brutus, als dieser in der
Schlacht bey Philippis von Octavianus geschlagen
wurde. Mäcen verschaffte Horazen nicht nur Ver‐
zeihung von dem Ueberwinder, sondern sogar die
persönliche Gnade dieses nachherigen grossen Kay‐
sers. Der Dichter hatte also sehr Recht, den Mä‐
cen für seinen Schutz oder Schutzgott zu halten.

2.   *et dulce decus*) Principibus placuisse viris
non vltima laus est. Das Glück, vornehmen
Leuten nicht zu misfallen, erlaubt einen gewissen
Stolz.

3.   *Sunt quos curriculo etc.*) curriculum be‐
deutet hier keinen Wagen, wie einige geglaubt ha‐
ben, sondern eine Rennbahn. Sanadon findet schon
in dem blossen Versbau dieser und der folgenden
Worte

Worte ein lebhaftes Bild von der Handlung, die
der Dichter darinnen beschreibt. "Es ist, sagt er,
"als ob man selbst bey dem Spiele zugegen wäre;
"man hört das Rollen der Wagen, und sieht, wie
"sich die Staubwolken erheben. Nur die größten
"Meister sind im Stande, die Natur so genau zu
"kopieren. Lukrez, Virgil und Horaz haben die-
"ses Verdienst vor allen übrigen Dichtern." Die
Redensart sich Staub sammeln oder Staub zu-
sammenlesen ist überaus lachend; es scheint, als
ob die Kämpfer nicht um der Kämpfe willen, sondern nur, um sich mit Staub zu bedecken, gegenwärtig wären.

3. *Olympicum*) Nach einigen Schriftstellern sind
die olympischen Spiele von Herkules im Jahr der
Welt 2836 eingeführt worden. Sie wurden alle
4 Jahre bey Olympia, einem Orte in Griechenland am Ufer des Alpheus, in einem lustigen Walde mit vielen Feyerlichkeiten gehalten. Von dieser
vierjährigen Frist schrieb sich die bekannte Rechnung
der Olympiaden her. Vierhundert zwey und vier-
zig Jahre nach der ersten Einführung dieser Spiele,
ohngefähr 22 oder 23 Jahre vor Roms Erbauung,
wurden sie von Iphitus wieder erneuert. Die Absicht derselben war, die jungen Griechen zum Laufen, Springen und andern körperlichen Uebungen
anzugewöhnen. Sie dauerten nur 5 Tage hinter-
einander. Der Ueberwinder wurde Olympionices
genannt.

genannt. — In gegenwärtiger Stelle ist aber die
Rede nicht von den olympischen Spielen selbst, sondern von den Spielen der Römer, und zwar besonders von ihrem Wagenrennen, welches mit dem
Wagenrennen der Griechen übereinkam.

4. *metaque feruidis euitata rotis*) Dieses Ziel
war von Holz, unten breit, oben spitzig. In den
römischen Spielen war es zuletzt von Marmor.
Beym Rennen mit den Wagen bestund darinnen
eine besondere Geschicklichkeit, daß man den Wagen so nahe als möglich ans Ziel und um solches
herum lenkte, ohne es jedoch damit zu berühren.
Denn wenn er seinen Umschweif zu weit nahm,
wurde er oft von einem andern ausgestochen.

5. *palmaque nobilis*) Palmenzweige und Oel-
blätter waren bey den Griechen und Römern besondere Ehrenzeichen.

6. *Terrarum dominos*) Die vornehmen Römer
eigneten sich, wie bekannt, den Titel Herren über
die ganze Welt zu, und ein römischer Triumph
erhob sie (durch Hülfe ihrer Einbildungskraft)
gar bis zur Ehre der Götter.

6. *Euehit*) Bentley ändert hier den Text und setzt
euehere. Ich muß es bekennen, beynahe hätte ich
seine Meynung ergriffen, so fein weiß er zu täuschen. Die ganze Stelle, die bey diesem Worte in
Betrach-

Betrachtung kömmt, nämlich von *sunt quos* (V. 3.) an, bis *secet mare* (V. 14.) ist einer mannichfaltigen Interpunktion und Konstruktion fähig, und daher schwer zu verstehen. Ich will dem Leser die bentlepische Kritik auszugsweise, doch vollständig, mittheilen. "Es fragt sich, spricht er, worauf sich das Hunc "und das *Illum* (V. 7 und 9.) beziehe, und mit "welchem Zeitworte man beydes verbinden müsse. "Denn entweder soll es heissen: *iuuat hunc, iu- "uat illum;* oder: *euehit hunc, euehit illum;* "oder endlich; *dimoueas hunc, dimoueas illum.* "Einen vierten Fall wird man sich nicht gedenken "können, und gleichwohl geht in den gemeldeten "dreyen die Konstruktion nicht zum besten vonstatten. "Wollte man vielleicht am liebsten annehmen, hunc "und illum hiengen von *dimoueas* ab, so daß "Horaz dichte, weder die Vornehmen noch die Rei- "chen würden sich dazu verstehen, Seefahrer abzu- "geben: so mächte das zwar einen gewissen gram- "matischen Verstand; aber der Dichter hätte mit "Unverstand gedichtet. Ey, ist es möglich, daß die "vornehmen Römer sich nicht gerne so vielen und "so grossen Gefährlichkeiten aussetzen und dasjenige "nicht erst auf der See suchen wollen, was sie schon "zu Hause in ihren Palästen haben? Sie han- "deln gescheit. Man brauchte fürwahr nicht "bange zu seyn, daß jemand den Pompejus, den "Cäsar oder den Crassus überreden werde, alle das "ihrige

"ihrige zu verlaſſen und die Kaufmannſchaft zu trei-
"ben. Wenn freylich der Landmann, (gaudens
"patrios etc.) deſſen nach den Vornehmen und
"Reichen gedacht wird, ſich unter keiner ſchimmern-
"den Bedingung aufs Meer begeben, ſondern lieber
"ſeinen väterlichen Acker pflügen und ſeine Tage in
"Ruhe hinbringen will, ſo läßt ſich das ſehr wohl
"hören; allein jene Groſſen in Rom eben ſolche
"Geſinnungen äuſſern zu laſſen, iſt abgeſchmackt,
"wie ſolches auch ſchon Julius Skaliger und Rut-
"gerſius angemerkt haben. — Doch vielleicht will
"man das hunc und illum lieber mit *iuuat* zuſam-
"menhängen. Es würde ganz thunlich ſeyn, wenn
"nur die Geſetze eines guten Perioden nicht dadurch
"beleidiget würden. Denn da zwiſchen dem hunc und
"illum der ganze Satz zu ſtehen kömmt: *pal-*
"*maque nobilis terrarum dominos euehit ad*
"*Deos;* ſo wird man es vermittelſt keines Kunſt-
"griffes dahin bringen, daß das iuuat durch den
"Zwiſchenraum dieſes Satzes herdurch und bis zu
"dem hunc auf eine ſchickliche Art herabkomme. —
"Es iſt noch die dritte mögliche Konſtruktion übrig,
"ich meyne, nach dem *nobilis* ein Kolon oder
"Semikolon zu ſetzen, und dann zu leſen: euc-
"hit ad Deos Hunc. ſi honores conſequi-
"tur; ſi diuitias, Illum. Allein auch dieſe Kon-
"ſtruktion, ob ſie gleich bequemer iſt als die bey-
"den

„den erstern, und von Rutgersius, Pontanus und
„andern gebilliget worden, mißfällt aus mehr als
„aus einem Gesichtspunkte. Wie gewaltsam und ge-
„zwungen ist es nicht, wenn man *palma* von
„*euehit* abreissen will, da selbst die Folge der Ge-
„danken beydes mit einander verknüpft? Ferner,
„wie nüchtern, wie dürr und aller Anmuth beraubt,
„ist nicht das *palma nobilis*, wenn man das fol-
„gende davon absondert? Und wer wird auch das
„*euehit* gerne zu einem Verbum impersonale
„machen wollen? Endlich, was hat man für Grund,
„einen Menschen, dessen Scheuern voll Getrayde
„sind, deswegen sogleich unter die Klasse der un-
„sterblichen Götter zu setzen? Sollte der Weg zu
„ihnen so leicht seyn, und sollte der Dichter Leuten,
„die weiter nichts als Geld und Korn besitzen, und
„denen er in den Satiren kaum einen Platz unter
„den Menschen zugestehet, hier geradezu eine Stelle
„unter den Göttern anweisen? Nein, so aberwitzig
„war Flakkus nimmer; das *palma nobilis* muß
„nothwendig mit dem *euehit ad Deos* verbunden
„werden. — Was ist zu thun? Man muß eine
„Aenderung im Text wagen, und ich schmeichle
„mir, nicht zu irren, wenn ich glaube, der Dich-
„ter habe die Stelle, von der wir reden, folgen-
„dergestalt niedergeschrieben:

„Sunt

”Sunt quos curriculo puluerem Olympicum
”Collegiſſe iuuat, metaque feruidis
”Euitata rotis, palmaque nobilis
”Terrarum dominos euehere ad Deos:
”Hunc, ſi mobilium etc.
”Illum, ſi proprio etc.

”Bey dieſer Lage des Perioden geht die Meynung
”des Dichters dahin: Sunt quos iuuat palma
”Olympiaca, quae nobilis eſt vel ad Deos
”immortales victorem euehere: hunc iuuat,
”ſi honores conſequitur; illum, ſi diuitias. —
”Da der Sinn dieſer Stelle auſſer Zweifel geſetzt
”iſt, ſo müſſen wir noch ein paar einzelne Ausdrücke
”in Erwägung ziehen. Erſtlich: das *ſunt quos*
”iſt gleichſam als ein einziges Wort anzuſehen, und
”bedeutet eben ſo viel als *quoſdam* oder *aliquos.*
”Dieſes vorausgeſetzt und aus der Analogie mit
”andern Stellen der Autoren erweislich, ſo wird
”man ſich an dem hunc und illum in der Ver-
”bindung mit iuuat deſtoweniger ſtoſſen. Zwey-
”tens: *iuuat collegiſſe, iuuat meta,* iuuat
”palma. Das Wort iuuat wird hier in einem
”und ebendemſelben Perioden itzt als ein Verbum
”imperſonale und itzt als ein perſonale gebraucht.
”Aber das hat Horaz mehr gethan, z. E. in der
”erſten Ode des 4ten Buchs:

”Me

" Me nec femina, nec puer
" Iam, nec ſpes animi credula mutui,
" Nec certare iuuat mero.

"Dieſe Art zu reden iſt nicht eben allzugewöhn-
"lich, und ich vermuthe daher, daß ſie den Abſchrei-
"bern Staub in die Augen geſtreut hat. Vorzüglich
"aber ſind ſie durch das *nobilis euehere* betrogen
"worden, als welche Konſtrüction ihnen gänzlich un-
"bekannt geweſen. Inzwiſchen kommen dergleichen
"Redensarten bey den Schriftſtellern häufig vor. Un-
"ſer Horaz ſagt ſelbſt andermärts: *impotens ſpera-*
"*re, celer excipere* u. ſ. w. Ja in der 12te Ode des
"erſten Buchs bedienet er ſich auf die nämliche Wei-
"ſe gerade deſſelben Worts, das wir vor Augen
"haben:

„Dicam et Alciden, pueroſque Ledae,
„Hunc equis, illum *ſuperare* pugnis
„*Nobilem.*

"Und ſo hätte denn der Leſer eine untrügliche Ver-
"beſſerung, ꝛc."

Meinetwegen! wer ſie für untrüglich halten will,
mag es thun: übelerfunden iſt ſie nicht. Aber was
ſagen Dacier, Sanadon, Baxter und Geſner dazu?
Man ſollte, wenn man dieſe Ausleger lieſt, in der
That glauben, es habe dem groſſen Bentley am all-

M   gemeinen

gemeinen Menschenverstande gemangelt: denn sie
spielen nur mit ihm. Freylich, er war kein Dich=
ter, eben so wenig, als ein jeder anderer, der noch
über den Horaz glossirt hat, (nur etwa den Sana=
don ausgenommen,) und er ist deswegen nicht sel=
ten irre gegangen; allein er hatte doch, nebst seiner
erstaunlichen Belesenheit, ungemein viel Witz und
Scharfsinn. Nichtsdestoweniger scheinen sich Da=
cier und Sanadon um die Wette zu beeifern, ihm
oder seinen Lesern faßlich zu machen, was Horaz ei=
gentlich, sowohl in der ganzen Ode als in ihren
einzelnen Theilen, habe sagen wollen. Das mußte
er, denke ich, vorher schon. Der Innhalt der Ode
ist ihm sonnenhell; er will den Perioden, den er
vor Augen hat, keinesweges logisch, sondern gram=
matisch berichtigen, weil er blos in Absicht auf die
Regeln der Konstruktion einen Stein des Anstoßes
darinnen zu finden meynet, und daher entsteht sein
euehere. Wären die erwähnten Männer nicht
schuldig gewesen zu sagen, aus welchem Grunde sie
lieber das *euehit* beybehalten wollten? Aber an=
statt dessen schreiben sie nur zu dem *euchere*, der
eine: *outre que cela est dur, et gâte le vers
d'Horace, il est sans aucune necessité;* und
der andere: *ce changement est sans fonde-
ment, comme sans necessité.* Baxter thut ein
gleiches, und spricht: *duriusculum nobis vide-
tur.* Gesner füget dem Hunc die kalte Anmer=
kung

kung bey: intellige *innat*, vel *ad Deos euehit*. Zu viel kritische Gleichgültigkeit!

Ich bin, nachdem ich alles reiflich überdacht habe, der Meynung, *dimoueas* regiere *gaudentem*, und weiter nichts; *hunc* und *illum* aber
beziehe sich auf *innat*.   Ich kette die Worte:
*metaque feruidis euitata rotis, palmaque
nobilis terrarum dominos euehit ad Deos;*
zusammen, so daß sie insgesammt durch *euehit*
konnektirt werden, und halte diesen ganzen Satz
für eine Parenthese. Nun sind ja die Parenthe-
sen in allen Sprachen so bekannt, daß man gar
keines Kunstgriffes bedarf, um das, was vor einer
Parenthese vorhergeht und was darauf folgt, mit
einander zu verbinden. Wem ist diese Konstruktion
zuwider? Einigen behagt es, sich Staub auf
der olympischen Bahn zu sammeln; — und
o! sie bekommen, wenn sie mit glühenden Rädern geschickt ums Ziel herum lenken, die Eh-
renpalme, und Götterrang! — diesem behagt
es, wenn ihn endlich die wankelmüthigen Römer einstimmig zu hohen Ehrenstellen berufen; jenem, wenn er in eigenen Scheuern
grosse Haufen von lybischem Getrayde aufbe-
wahren kann. Man wird vielleicht nichts dagegen einzuwenden wissen, als daß Horaz sein *innat*
bey dem *hunc* nicht wiederholt habe. Allein der

sparsame

sparsame Dichter, der mit seinen Wörtern so gut
hauszuhalten wußte, fand mit Beystimmung des
Genius seiner Sprache, diese Wiederholung über-
flüßig, und glaubte, es werde ihn ein jeder verstehen? Man versteht ihn auch in der That, wenn
man die Parenthese einklammert, den Augenblick,
und ohne alle Mühe. Im Deutschen ist es etwas
anders; da erfordert die Eigenthümlichkeit der Sprache oft Wiederholungen, die im lateinischen nicht
nur keinesweges nöthig sind, sondern auch zuweilen
Mißklang verursachen würden.

7. *Mobilium*) Einige lesen nobilium, welches ältern Ausgaben des Dichters und hauptsächlich der
horazischen Sparsamkeit, von der wir eben geredet
haben, entgegen ist, indem dieses Wort nur zwo
Zeilen vorher vorkömmt. Eine so schnelle Wiederholung desselben würde sehr unangenehm seyn.

7. *Quiritium*) Ein Beyname der Römer von Quirinus. Romulus, der Stifter Roms wurde nach seinem Tode unter die Götter gezählt, da er denn der
Gewohnheit nach einen neuen Namen, den Namen
Quirinus erhielt.

8. *tergeminis etc.*) Es schmeckt, wenn man hierunter die sechs Ehrenstellen der Römer, Questor, Tribunus Plebis, Aedilis, Prätor, Konsul und Censor
versteht, nach Künsteleyen, wovon die horazische
Muse keine Freundinn war. Tergeminus heißt
also

alſo hier überhaupt ſo viel als groß oder vielfäl-
tig, vielerley.

10. *Libycis*) Libyen war ein Land in Afrika, wo viel
guter Waizen und andres Getrayde wuchs.

12. *Attalicis*) von Attalus, dem letztern Könige von
Pergamus, einer Stadt in Myſien; er war auſſer-
ordentlich reich, hatte keine Kinder, und ſetzte die
Republik Rom zur Erbinn ein.

13. *trabe Cypria*) Trabs ein Theil fürs Ganze, weil ein Schiff aus vielen Balken beſtebt. Cypria, nicht ein Schiff, das in Cypern oder von
cypriſchem Holze gebauet worden, wie es einige
erklären, ſondern der Dichter nennt es ſo wegen
der Handlung, die in Cypern florirte; ein Kauf-
fartheyſchiff, das nach Cypern gehet. Es iſt aber
hier eine Synekdoche, wo man die Gattung fürs
Geſchlecht, ein cypriſches Schiff für ein jedes anderes Schiff ſetzet. Eine gleiche Bewandtniß hat
es mit den vorhergehenden und nachfolgenden Wörtern, *Libycis, Attalicis, Myrtoum, Icariis,
Africum, Maſſici* und *Marſus.* Alle Dichter
lieben dieſe Art zu reden, beſonders Horaz. Cypern,
von den Italiänern Cypro, und von den Türken,
die es itzt beſitzen, Cupron genannt, iſt eine Inſel
in der mittelländiſchen See, die zwiſchen Syrien
und Cilicien liegt, und ſo fruchtbar, daß man ſie
ehemals nur unter dem Namen der glücklichen Inſel

sel kannte. Ueberfluß gebiert Wollust: daher wurde die ganze Insel der Venus gewidmet. Sie hatte zwo berühmte Städte, Salamis und Paphos.

14. *Myrtoum mare*) Ein Theil des ägäischen Meeres, welches an Karien, einer Landschaft Kleinasi-
ens, zwischen Afrika und dem Peloponnes liegt,
und itzt mare di Mandria genennet wird. Nach
einigen heißt es das myrtoische Meer von einem
gewissen Myrtilus, welchen Pelops in dasselbe gestürzt haben soll, und nach andern von einer daran
gränzenden Insel Namens Myrtos. Die erstere
Ableitung ist poetischer als die letztere, obgleich diese vielleicht die wahre ist, und darum setzte ich im
Deutschen: Myrtilus Meer. Eben so verhält
sichs auch mit dem folgenden *Icariis.* Der Grund
davon liegt in den angenehmen Eindrücken, die das
Wunderbare in unsre Seele macht. Was leicht,
ordentlich und alt ist, mißfällt; was aber schwer,
fremd und ungewöhnlich ist, was Augen und Ohren füllt, was die Einbildungskraft erhitzt, das
dünket uns vortrefflich zu seyn. Dichter sorgen für
unsre sinnlichen Vergnügungen. Je mehr Wun-
derbares also, desto mehr Dichtkunst. Zum Beyspiel: die wahre Entstehung der rothen Rosen ist
in der allgemeinen schöpfrischen Anlage der Natur
zu suchen. Allein diese wahre Entstehung gefällt
nicht so sehr als die erdichtete, da man sagt, Venus
habe einst ihren Liebling, den Adon, in einem Wal-

de

de aufgesucht, bey welcher Gelegenheit sie sich an
einem Rosenstocke geritzt, da denn die Rosen, die
zuvor insgesammt weiß geblühet, von dem schönen
Götterblute beträufelt, roth zu wachsen angefangen hätten.

15. *Icariis*) Die ikarische See liegt nahe bey der
Insel Samos, wo vormals die Göttin Juno ange-
bethet wurde. Diese Insel hieß auch Parthenia,
Dryusa und Cypariffa. Itzt wird sie von den Türken
Figena genennet. Die Hauptstadt derselben hieß
ebenfalls Samos, und war der Geburthsort des
berühmten Pythagoras, der sich hernach zu Kroton
aufhielt. Die Insel Delos, die von den Türken
Soüle und von den Einwohnern Fermen» genennet wird, liegt in eben diesem Meere. Auf derselben wurde Latona vom Apoll und der Diana
entbunden. Das ikarische Meer hat seinen Namen
entweder von Dädals Sohne, dem Jkarus, der
in dasselbe fiel, als er mit seinen wächsernen Flügeln sich der Sonne zu sehr näherte, so daß die
Flügel schmolzen, oder von der Insel Jkaria, die
auch in diesem Meere lag. Man sehe die nächst-
vorhergehende Anmerkung.

17. *rura*) Einige lesen *tuta*. Ich würde unstreitig
in meinem lateinischen Text *tuta* haben drucken lassen, wenn nicht in allen geschriebenen und gedruck-
ten Exemplaren *rura* stünde: Denn die Muth-

M 4   maßung

maſſung des Acidalius, daß es *tuta* heiſſen müſſe, hat viele Wahrſcheinlichkeit. Bentley weiß die Gründe dieſer Wahrſcheinlichkeit nach ſeiner Manier meiſterlich ans Licht zu ſetzen. "Man kann, "ſagt er, die gewöhnliche Lesart erdulden: aber "bequemer und ſchöner iſt der Kontraſt der Worte "*metuens* und *tuta.* Und es iſt nicht ungewöhn= "lich, das *tuta* in abſoluter Bedeutung, oder "ſtatt eines Subſtantivs, zu gebrauchen, wie "aus Ovids Triſt. II. 201. imgleichen aus Ta= "citus Annal. I. 2. und XV. 29. erhellet. So= "gar findet man das *tuta oppidi* beyeinander, "wie bey Virgil, XI. 882. Ferner ſchicken ſich "*otium* und *tuta* wohl zuſammen, wie man es "beym Martial XII. 5. und III. 67. zuſam= "men antrifft. Endlich iſt auch das *Laudat tuta* "bey Horaz ſelbſt anderwärts befindlich, nämlich Ep. "I. 15. *Rura oppidi,* oder ſo etwas, irgend= "wo geleſen zu haben, kann ich mich nicht erinnern."

19. *Maſſici*) nämlich *vini,* der auf dem Berge Maſ= ſikus in Kampanien wuchs. Itzt heißt dieſer Berg Maſſo.

20. *Nec partem etc.*) Pars iſt hier ſo viel als *bona pars* oder *dimidium.* Demere partem de die ſolido, einen groſſen Theil des Tages an= wenden. Non ſpernere aliquid, kein Veräch= ter, d. i. ein groſſer Liebhaber von etwas ſeyn.

23. *et*

23. *et lituo*) et sonitus tubae permistus lituo.
Die *tuba*, sagt der Scholiast Akron, war gerade,
und tönte tief; sie wurde geblasen, wenn das Fuß-
volk marschirte. Der lituus aber war krumm,
hatte einen scharfen oder hellen Ton, und wurde
geblasen, wenn die Reuterey marschirte.

28. *Marsus*) Die Marser waren ein lazisches Volk
am lacus Fucinus, welcher itzt in Italien lago
di Celano, lago di Marso und di Tagliacozzo
genennet wird. Bey diesem See war ein grosser
Wald.

29. *Me doctarum etc.*) Der Bischoff von Chiche-
ster, D. Hare ist der erste gewesen, der hier *Te*
anstatt *Me* gelesen hat, in der Meynung, wenn
Horaz in diesem und dem folgenden halben Verse
von sich selbst rede, so würde er in den übrigen Versen vergebliche Dinge sagen. "Denn, spricht er,
"war Horaz schon seiner Dichtkunst halber unter
"den Göttern, so durfte er nicht erst durch die Ge-
"sellschaft der Nymphen und Satyrn zu ihrem Ran-
"ge erhoben werden, und der Wunsch, daß ihn das
"Urtheil Mäcens in die Klasse der lyrischen Dichter
"setzen möchte, war ganz überflüssig. Horaz redet
"also nicht von sich selbst, sondern von seinem Gön-
"ner Mäcen, dem er damit ein Kompliment ma-
"chen will." Den Freunden dieser Lesart und Erklärung hat man geantwortet, erstlich, daß dem
Te, alle Ausgaben des Horaz widersprechen; zwey-

tens, daß Mäcen bey allen seinen grossen Talen=
ten doch nur ein sehr mittelmässiger Poet gewesen,
und daß ihm also, wenn der gedachte Vers auf ihn
gehen sollte, Horaz eine übertriebene Schmeicheley
gesagt hätte, die Mäcen selbst nicht würde gebilliget
haben. — Ich füge noch hinzu: Die edle Sim=
plicität der Ode würde bey dieser Lesart verlohren
gehen. Nachdem uns der Dichter die verschiede=
nen Beschäftigungen der Menschen und ihren auf=
serordentlichen Hang dazu geschildert hat, so bleibt
uns natürlicher Weise nichts übrig, als daß wir
erwarten — Die Beschäftigung des Cajus oder
Titius zu erfahren? — und hernach, als eine
Zugabe, auch noch des Dichters seine? — nein,
nichts weiter, als zu hören, woran er selbst sich ver=
gnüge. Für Niemanden als für ihn ist man interes=
sirt, und dieses Interesse würde leiden, wenn der
Dichter mehrere individuelle Personen eingeführt
hätte. Ueberdieß, welch eine dürre Vorstellung,
wenn von Mäcen und Horaz einerley gesagt wür=
de! "Der eine liebt dieß, der andere das; du, Mä=
"cen, liebst die Poesie, und ich, ich liebe auch die
"Poesie." Erbärmlich! — Um aber dem Ein=
wurf des D. Hare zu begegnen, darf ich nur an=
merken, was ein jeder sehen und empfinden wird,
daß nämlich die Worte, *Me doctarum — su-*
peris, eigentlich den Gedanken des Dichters aus=
machen, den er zuvörderst, nach seiner Willkühr,

kurz

kurz und ungeschmückt vorträgt; und daß die folgende Worte, me gelidum — vertice, denselben Gedanken mehr entwickeln und mit Bildern
auszieren. Mich, sagt Horaz, reizt die Ehre, ein
Dichter zu seyn, oder mich vergöttert Epheu, die
Belohnung der Dichter. Der Leser fragt gleichsam:
wie geht das zu? durch welchen Anlaß, durch wessen Beyfall erhält Horaz diese Belohnung und diesen Rang der Götter? Antwort: durch die Bekannt-
schaft mit den Nymphen und Satyrn, durch die
Gunst der Musen, und durch den Beyfall Mäcens.

29. *hederae*) Die Musen und Bacchus kränzten sich
mit Epheu, und das thaten also die Freunde der
Musen und des Bacchus, die Dichter, auch.

30. *Dis miscent superis*) Die Dichter, sagt des
Cruquius Scholiast, haben deswegen eine gewisse
Aehnlichkeit mit den Göttern, weil ihre Schriften
unsterblich sind. Man kann hinzusetzen: weil sie
von einer Gottheit erfüllt sind, oder von ihr begeistert werden; weil sie die Göttersprache reden,
u. s. w.

30. *Me gelidum etc.*) Horaz weiß alles zu beleben
und ansehnlich zu machen. Im Hayne konnte er
eigentlich nichts anders als spazieren und dichten,
oder seinen Betrachtungen nachhängen, und dergleichen. Aber anstatt zu sagen, daß er im Hayne
z. E. von Mädchen singe und Satiren schreibe,

sagt

sagt er lieber, daß er daselbst den Tänzen der Nymphen und Satyrn beywohne.

31. *Nympharumque*) Göttinnen der Berge, Bäume, Flüsse u. s. w.

31. *cum satyris*) Man hielt die Satyrs für halbe
Menschen und halbe Böcke. Vom Gürtel an bis
zum Kopf waren sie Menschen, ausgenommen, daß
sie am Kopf ein paar kleine Hörner hatten; und vom
Gürtel an bis zu den Füssen waren sie Böcke. Die
Alten schrieben ihnen ungemein viel Weisheit zu,
und glaubten, daß selbst in ihren Spielen und
Scherzen gewisse Geheimnisse verborgen wären.

33. *Euterpe - Polyhymnia*) diejenigen, die in Be-
stimmung der Aemter der Musen allzugewissenhaft
sind, und z. E. der Polyhymnia absprechen, daß
sie das Lautenspiel begünstige, finden weder beym
Horaz, wie diese Stelle ausweiset, noch überhaupt
bey dem Alterthume einigen Schutz. Es sind nichts
als neuere Erfindungen, wenn die eine Muse eben
dieser, und die andere jener Gattung von Kunst vor-
stehen soll.

34. *Lesboum etc.*) Darunter werden die Lieder des
Alcäus und der Sappho verstanden, die beyde aus
der Insel Lesbos gebürtig waren, und deren Vers-
arten Horaz zuerst in der lateinischen Sprache nach-
geahmet hat.

Anmer-

Anmerkungen zur zwoten Ode.

Ad Augustum Caesarem) Die Ausleger sind
bey dieser Ode in Absicht auf die Zeit, da
sie verfertiget worden, sehr uneinig; allein wir
wollen uns bey ihren verschiedenen Meynungen
hierüber nicht aufhalten. Dieß einzige dürfen wir
nicht unangezeigt lassen, daß die meisten mit den
Scholiasten glauben, Horaz habe sie gleich nach
der Ermordung des Julius Cäsars geschrieben, welches offenbar falsch ist: denn damals befand sich
Horaz zu Athen, und hielt sich zur Parthey des
Brutus. Die Ode führt in den ältesten Handschriften den Titel: An Augustus Cäsar; und das
macht es wahrscheinlich, daß Octavianus zur Zeit
der Verfertigung der Ode schon Augustus geheissen
habe. Ein völliger Beweis davon ist es freylich
nicht. Er erhielt aber diesen Namen im Jahre nach
Roms Erbauung 727 den 17ten Jenner. Mithin
wäre die Verfertigung der Ode wenigstens nach diesem Zeitpunkte zu setzen. Eine grosse Ueberschwemmung der Stadt Rom gab unstreitig Anlaß zur
Ode, das sieht man aus den fünf ersten Strophen.
Nun fragt sichs nur, welche? die Stadt Rom
hat, auch nach demselben Zeitpunkte, mehr als eine
erlitten. Gleich die folgende Nacht auf ten
Tag, schreibt Dio Cassius, an welchem Octavianus den Zunamen Augustus bekam, ergoß sich

die

die Tiber, und machte alle Ebnen der Stadt
schiffbar. Wenige Jahre darauf, nämlich im Jahr
732, erfolgte wieder eine solche Ergiessung, von welcher Dio (B. 54.) sagt: An dem Tage konnte
man bey einer neuen Ergiessung abermals auf
Schiffen in Rom herum fahren; der Blitz zer-
schmetterte vieles, besonders die Statüen im
Pantheon, und selbst der Statüe des Augustus
schlug er den Spieß aus der Hand. Mit dieser Beschreibung des Dio kömmt die horazische in
unsrer Ode ziemlich überein. Sanadon setzt die
Zeit der Ode in das erwähnte Jahr 727. Genug,
die Ode ist vortrefflich, und enthält: ein meisterhaftes Lob des Cäsars; sie sey verfertiget worden, wenn sie wolle. Ihr Plan ist: Die Götter sind erzürnt, und Niemand als Augustus,
der vielleicht selbst ein Gott ist, und nur menschliche Gestalt angenommen hat, wird sie besänftigen können. — In Absicht auf meine
Nachahmung der horazischen Sylbenmaaße muß ich
bey dieser Ode erinnern, was bereits Rammler erinnert hat, daß man im Deutschen das sapphische
Sylbenmaaß mehr nach der Sappho selbst, die es
erfand, als nach dem Horaz, der es auch nur nach-
ahmte, einrichten müsse. "Sappho, sagt er, hatte
"keinen ordentlichen Abschnitt darinn beobachtet.
"Horaz, der diesen Vers zu allen Gattungen der
"Ode gebraucht, hat ihm, durch einen männlichen
"Abschnitt nach der fünften Sylbe, mehr Stärke
und

"und Lebhaftigkeit zu geben gesucht. Im Deutschen
"müssen wir die Art der Sappho nachahmen, weil
"wir keine reinen Pyrrhichien besitzen, womit wir
"die andere Hälfte des Verses anfangen könnten.
"Das Sylbenmaaß wird alsdann weicher, und wie-
"derum zu zärtlichen und traurigen Liedern ge-
"schickt."

1. *Iam satis terris niuis*) Heinsius und andere
haben hier, wegen des Mißklangs des dreymaligen
is, lieber *terrae* lesen wollen; Dacier aber nimmt
diesen Mißklang, am gegenwärtigen Orte, für eine
Schönheit, in der Meynung, daß derselbe als ein
lebendiger Ausdruck der widerwärtigen Sache,
die der Dichter beschreibe, zu betrachten sey. Er
vergleicht diese Stelle mit dem bekannten *procum-
bit humi bos* des Virgils, und mit andern Ausdrücken von der Art. Ich bekenne es, wenn des
Heinsius Lesart mehr als Muthmaßung wäre, und
sich z. E. nur auf einen einzigen berühmten Kodex
gründete, so hätte ich Neigung, ihm beyzustimmen.
Denn was Dacier bey dieser Stelle vom lebendigen
Ausdruck sagt, scheint mir den klopstockischen Gedanken zu bestätigen: "Die Alten haben in vie-
"len Stellen nicht daran gedacht, daß Scho-
"liasten kommen und ihnen hier eine Schön-
"heit von dieser Art schuld geben würden."

1. *niuis*) Hierunter muß man sich wohl geschmolze-
nen Schnee gedenken, als der die Ergießung der
Tiber, wovon in der 4ten und 5ten Strophe die
Rede

Rede ist, mit veranlaßte. Bloßer Schnee wäre wohl nichts fürchterliches gewesen, und man könnte auch fragen: wie kommen Hagel und Schnee zusammen? Schnee giebt es im Winter, Hagel im Sommer. Der Schnee muß also durch einen frühzeitigen Gewitterregen geschmolzen seyn.

1. *dirae*) Dieses Beywort giebt theils den Zorn des Himmels und theils die Größe des Hagels, der da fiel, zu erkennen. Ich habe im Deutschen Hagelsteine gesetzt, unter andern auch deswegen, weil die Alten dergleichen schweren Hagel gemeiniglich Steine nannten.

2. *et rubente dextera*) Die rothe Rechte des Jupiters ist Poesie; darunter wird der Himmel verstanden, der sich unter dem Blitzen röthet, oder, welches daßelbe ist, das rothe Feuer der Blitze.

6. *Saeculum Pyrrhae*) Pyrrha war die Gemahlin Deukalions, eines thessalischen Königes, unter deßen Regierung im Jahr der Welt 2437, eine Art von Sündfluth das ganze Thessalien überschwemmte. Niemand, als der König und die Königin, blieben am Leben. Es ist überlegt, daß der Dichter diesen Zeitpunkt nicht vom Deukalion, sondern von der Pyrrha, einem Frauenzimmer, benennet, da er noch nie gesehene Abentheuer will besetzen laßen. Auch das geringste Umständchen in einem Gedichte wird von unserm Horaz mit Schicklichkeit behandelt.

6. *noua*)

6. *noua*) unerhört, noch nie gesehen.

7. *Proteus*) Er war, den Poeten zufolge, eine Art von Meergott, doch geringer als Neptun, (nach einigen dessen Sohn,) und hatte die Aufsicht über die Seethiere. Man schrieb ihm auch eine Vorherwissenheit künftiger Dinge zu.

10. *columbis*) Der ältere Skaliger, Bentley und andere sagen, die Tauben säßen nicht leicht, oder vielmehr niemals, auf den Bäumen, und man läse also hier besser *palumbis*. Dieses ist eine wahre Grillenfängerey. Denn man kann, wie Gesner sehr wohl erinnert, columba überhaupt fürs Geschlecht der Tauben nehmen, wovon die Holztaube und die Turteltaube Gattungen sind. Und von diesen ist es gewiß, daß sie auf Bäumen sitzen. Gesner führt auch einen Vers aus dem Virgil an, (Aen. 6, 203.) wo die Tauben ebenfalls auf den Bäumen sitzen.

11. *superjecto*) i. e. super terras iacto, sagt der Scholiast.

13. *flauum*) ein beständiges Beywort der Tiber wegen des gelben Sandes, den sie führet. Virgil sagt von der Tiber *multa flauus arena*.

13. *retortis littore Etrusco violenter vndis*) littus Etruscum ist das jenseitige Ufer der Tiber, das nach Etrurien zu, und dem Flusse zur Rechten, liegt.

N   Von

Von diesem Ufer wurden die Waſſer der Tiber, da
ſie allzuhäufig kamen, und ſo geſchwinde ins tyrrhe-
niſche Meer nicht ablaufen konnten, gewaltſam wieder zurückgeworfen, ſo daß ſie das dieſſeitige Ufer,
oder das Ufer zur Linken, welches ohne Zweifel nie-
driger als das jenſeitige war, überſchwemmten, und
auf ſolche Weiſe herein in die Stadt Rom ſtürzten.

15. *ire deiectum*) kommen, um niederzureiſſen.

15. *monumenta regis*) Der Palaſt des Numa Pom-
pilius, welcher nach Romulus Tod römiſcher König
ward. Vielleicht iſt, wegen des Plurals, auch ſein
Mauſoleum mit darunter begriffen.

16. *Templaque Veſtae*) i. e. templum et atrium
Veſtae, in welchem letztern die veſtaliſchen Jungfrauen wohneten. Beyde lagen unter dem Kapitol,
nicht weit von des Numa Palaſt.

17. *Iliae*) Ilia, auch Rhea Silvia genannt, war die
Mutter Romulus und Remus.   Amulius, ihres
Vaters Bruder, König von Alba longa, ließ ſie, nach
andern Ungerechtigkeiten, endlich in die Tiber werfen.
Sie hatte alſo Urſache zu klagen.   So weit die hi-
ſtoriſche oder mythologiſche Ueberlieferung. Horaz
dichtet hinzu, der Fluß, der Prinzeſſinn zugethan,
(vxorius) wolle ihr erlittenes Unrecht, das ſie noch
nicht vergeſſen könne, (queritur) durch eine Ueber-
ſchwemmung rächen, welches doch Jupiter ſelbſt nicht
billige,

billige, weil nämlich die Stadt Rom an den gedachten Uebelthaten keinen Theil hatte , und weil es,
nach so vielen Jahrhunderten, einmal Zeit war, daß
sie ihre Klagen einstellte. (nimium queritur) —
Die Scholiasten und die neuern Ausleger, so viel
ihrer sind, erklären das *nimium querenti* durch
Klagen, die Ilia wegen der Ermordung Julius Cäsars, als der von ihrem Geschlechte abstammen soll,
geführt hätte. Allein fürs erste bedürfte diese Ab-
stammung noch eines guten Beweises; und zweytens würden die Klagen, die ungestümen Klagen der
Ilia wegen Cäsars ein wenig weithergeholt seyn.
Ihre eigene Geschichte ist ihr näher, als die Geschichte Cäsars. Und sind denn nicht mehrere von seiner
Familie ermordet worden und sonst unglücklich gewesen? Warum sollte sie eben seinetwegen allzusehr
wehklagen? die horazische Muse schweift niemals so
weit aus, als die Ausleger glauben; diese tragen
oft Anspielungen und Geheimnisse in die Verse des
Dichters, von denen er selbst sicherlich nichts gewußt
hat. Ich gebe es zu, daß das *patiens vocari
Caesaris ultor* im 43sten Verse ein meisterhafter
Zug an dem Gemälde unsrer Ode ist ; aber ich
leugne, daß alles Licht der Ode auf diesen Zug
falle. Ich halte ihn vielmehr blos für einen Ne-
benzug, der nicht bey Erschaffung des Plans der
Ode, sondern erst unter der Ausbildung entstand:
denn die Ode würde, wenn man auch diesen Zug

wegwisch-

wegwischte, immer noch ein schönes Ganzes aus-
machen. Aber den Auslegern zufolge hat, der erwähnten Worte halber, die ganze Anlage und ein
jeder Theil der Ode das Gepräge des julischen
Stempels; wegen des Julius klagt Ilia, zürnt
Vesta, wird des Apolls, der Venus, des Mars, des
Merkurs gedacht, u. s. w.

19. *vxorius*) dieses Wort steht im Text halb in der
einen und halb in der andern Zeile. Und dergleichen Trennungen der Wörter sind beym Horaz nichts
ungewöhnliches. Warum findet man aber kein einziges Beyspiel dieser Freyheit im Virgil? "Das
"kömmt daher, sagt Voltäre, (S. Questions sur
"l'Encyclopédie,) weil die Oden zum Singen
"gemacht waren, und weil daher bey der Musik die-
"ser Fehler verschwinden mußte. Es kann nicht an-
"ders seyn, denn man findet auch in dem Pindar
"so viele Wörter, die am Ende der Verse getheilt
"werden, und hingegen nicht eins beym Homer.
"Zwar wurde das homerische Gedicht auch gesun-
"gen; aber es war eigentlich eine musikalische De-
"klamation." Bey dem *vxorius* erinnere ich
noch, daß Ilia sich mit dem Tiberstrom gleichsam, oder gleichnißweise zu reden, vermählte, als
sie in diesen Fluß gestürzt wurde. Aus dieser figür-
lichen Vermählung haben hernach einige Schriftsteller eine eigentliche gemacht, und angenommen,
Ilia sey die Gattinn des Flusses. Hat Horaz an

eine

eine so unschickliche und auch nicht einmal einer poetischen Schönheit fähige Ehe, wie die des Flusses und
der Ilia ist, gedacht, so spielt er gewiß mit dem
uxorius nur sehr flüchtig darauf an; er dehnt
weißlich die Sache nicht aus, und nennt weder Ilien
die Gattinn des Flusses, noch den Fluß den Gatten
der Ilia. Es kann aber auch seyn, daß er an keine
Ehe gedacht hat. Der Fluß war schon dadurch
uxorius, daß er durch seine Ueberschwemmung der
Stadt Rom eine Frau rächen wollte.

21. *Audiet ciues etc.*) Der Dichter redet von den
bürgerlichen Kriegen der Republik Rom. Hier ist
im Lateinischen nur eine Realverbindung des vorhergehenden mit dem gegenwärtigen. Man muß
also die Verbalverbindung hinzudenken: Wir haben
nicht nur eine schädliche Ueberschwemmung erlitten, sondern unsre Mannschaft ist auch durch die
einheimischen Kriege dünne geworden.

24. *iuuentus*) anstatt Nachkommenschaft.

25. *Quem vocet Diuûm*) Ein vortrefflicher Ueber-
gang zum Lobe des Augustus! Horaz weiß wohl,
daß er den August zum Wiederhersteller der ver-
schwundenen römischen Glückseeligkeit, ja selbst zum
Gott machen will; aber er nennt ihn nicht sogleich,
um den Leser auf die Grösse desselben desto besser
vorzubereiten. Er thut erst, als ob er mit sich selbst
und mit dem römischen Volke zu Rathe gienge, was

für

für eine Gottheit man wohl bey gegenwärtigen Umständen um Hülfe rufen müsse.

27. *virgines sanctae*) Die vestalischen Jungfrauen.
Sie hatten das Gelübde einer beständigen Keuschheit auf sich, und dienten am Altare der Göttinn
Vesta, die sie für der Stadt Heil und Wohlfarth
fleissig anflehen mußten.

27. *minus audientem carmina Vestam*) Es kann
seyn, daß Vesta wegen des julischen Mordes, wie
die Ausleger wollen, ungnädig ist: Julius war der
Oberpriester dieser Göttinn; es kann aber auch seyn,
daß sie es wegen des vergossenen Bürgerblutes ist.

31. *nube candentes humeros*) Lambinus und andre lesen hier mit dem Scholiasten Akron: *candenti*. Allein zu geschweigen, daß alsdann der
Zusammenfluß der Vokalen Misklang verursachte,
so endigen sich auch, wie Bentley anmerket, dergleichen Participien bey unserm Dichter im Ablativ
fast niemals auf *ti*, sondern auf *te*. So sagt er
z. E. gleich in gegenwärtiger Ode *rubente, probante*. "Die Hauptsache aber ist, schreibt Bent-
"ley, daß das nube candenti dem Gedanken
"widerspricht, den der Dichter damit bezeichnen will.
"Der Gott soll sich in eine Wolke kleiden, damit
"ihn, wenn er unter den Sterblichen wandle, Nie-
"mand erkennen möge. Und so lassen mehrentheils
"alle

"alle Dichter ihre Gottheiten erscheinen. Dadurch
"aber würde sich der Gott eben recht kenntlich ma-
"chen, wenn er in einer glänzenden Wolke käme.
"Von den Schultern hingegen, selbst von mensch-
"lichen Schultern, sind die Beywörter glänzend,
"blendend, leuchtend überaus gewöhnlich: wie
"vielmehr werden sie sich für die Schulter eines
"Gottes schicken, der, so zu reden, lauter Glanz ist?
"Virgil (8, 720.) sagt:

„Ipse sedens niueo candentis limine Phoebi
„Dona recognoscit populorum.„

Man könnte auch sagen: die Hauptsache sey, weil
Phöbus der schönste unter den Göttern, und mithin das Beywort glänzend seinen Schultern ganz
angemessen wäre.

32. *Augur Apollo*) Dieser Gott heißt der Seher oder
der Weissager, wegen seiner berühmten Orakel, die
man unter allen für die untrüglichsten hielt. Certus Apollo heißt er Ode 7, V. 28.

33. *Erycina*) Ein Beyname der Venus von dem
Berge Eryx in Sicilien, wo sie einen Tempel hatte.

34. *Iocus. Cupido*) Zwo Gottheiten. Kupid ist
hier der Amor, und in unsern Zeiten gilt ohnedem
einer so viel als der andere. Die Alten aber unter-
schieden Cupido und Amor: dieser war sanft und

N 4   beschei-

beſcheiden; jener heftig und ungeſtüm. Daher das
Sprüchwort: alius eſt Amor, alius Cupido;
amant ſapientes, cupiunt caeteri.

35. *Siue neglectum etc.*) Horaz redet hier den Mars
an. Mars wurde für den Urheber der Römer gehalten, oder für denjenigen, durch welchen Ilia ihre
beyden Söhne, Romulus und Remus, gebohren
hatte. Die Ordnung der Worte iſt: Siue reſpi-
cis, (o Mars,) auctor, (tuum) neglectum genus et nepotes, ſatiate, heu, nimis longo
ludo, (o tu,) quem clamor, et lacues galeae,
et acer vultus Mauri peditis in hoſtem cruentum iuuat. Oder, blickſt du wieder in Gnaden ꝛc.

37. *nimis longo ludo*) Das zielt auf den einheimi-
ſchen oder bürgerlichen Krieg des Cäſars und Pompejus. Ludo, weil Krieg und Blutvergieſſen das
Geſchäfte und alſo gleichſam ein Spiel des Mavors
oder ſein tägliches Schauſpiel iſt. Dant alios Furiae toruo ſpectacula Marti. Hor. Ob. I, 28.
Huius ludus in praeliis eſt, ſagt der Scholiaſt.

39. *Mauri*) Die Mauren waren ein unkriegriſches
Volk, ſagen Faber und Bentley, und man muß
alſo *Marſi* leſen. Baxter aber ſpricht, der Name der Mauren habe in dem Ohre eines Römers
ohne Zweifel ſchrecklicher getönet, als der Name
der

der Marſen, die in der Nachbarſchaft Roms woh=
neten, und deſſen Bundesgenoſſen waren; zudem
wäre der Name eines fremden Volks der Würde
eines Gedichts, wie das gegenwärtige ſey, viel
angemeſſener. So viel iſt gewiß, in allen Büchern
ſteht *Mauri*. In der 22ſten Ode wird ebenfalls
der Mauren, als eines kriegeriſchen Volkes, gedacht.

41. *Siue mutata — te duce, Caeſar.*) Kein
einziger Ausleger beobachtet hier, ſo viel ich einſe=
he, die rechte Konſtruktionsordnung. Alle neh=
men das *ales* in der folgenden Zeile für den Vo=
kativ, und mithin wegen *filius*, wovon es auf
dieſe Weiſe getrennt wird, für ein Subſtantiv.
Der Scholiaſt des Cruquius z. E. ſagt, man müſſe
konſtruiren: o tu ales, Mercuri, filius almae
Maiae etc. Glarkan ſchreibt: eſt ſubobſcurus
ſenſus. Alloquitur Mercurium etc. Eſt
igitur ordo: Siue tu ales, id eſt, o Mercuri, filius almae Maiae etc. Allein da *Caeſar*
in der letzten Zeile der Ode unſtreitig der Vokativ
iſt, ſo erwächſt durch die beyden Vokative in eiñem
und demſelben Perioden, (der unſchicklichen Tren=
nung des ales von filius nicht zu gedenken,) eine
Verwirrung des poetiſchen Gedankens, und eine
Geſtalt des Perioden, die recht abentheuerlich aus=
ſieht. Der Gott Merkur und der Menſch Cäſar
werden zugleich angeredet, und ſind folglich zwo

N 5　　　　Perſonen,

Perſonen, da ſie doch nach der Abſicht des Dich=
ters eine und dieſelbe Perſon ſeyn ſollen. Zu die=
ſer Unrichtigkeit ſind die Ausleger, wo ich nicht irre,
durch die vorhergehenden Perioden verführt wor=
den, worinnen der Dichter Apoll, Venus und
Mars anruft: dieſe Anrufung, haben ſie geglaubt,
ſetze der Dichter in dem gegenwärtigen Perioden
auch bey dem Merkur fort. Das iſt es aber nicht.
Der Dichter verfolgt zwar ſeinen Gedanken von den
Göttern, die Rom zu Hülfe kommen ſollen; allein
er giebt dieſem Gedanken itzt eine ganz andere Wen=
dung. Er richtet nämlich ſeinen Blick vom Him=
mel herab zur Erde, und ſpricht: Oder machſt
du etwa, o Caſar, in veränderter Geſtalt,
hienieden den Jüngling, und biſt eigentlich
der beflügelte Sohn der holden Maja, der
ſichs gefallen läßt, Julius Cäſars Rächer zu
heiſſen: o ſo kehre ſpät in den Himmel zu=
rück ꝛc. Man muß alſo folgende Ordnung der
Worte annehmen: Siue imitaris, Caeſar, mutata figura, in terris iuuenem, ales filius
Maiae, patiens vocari Caeſaris vltor: ſerus etc.

41. *iuuenem*) Auguſtus war, als Horaz dieſe Ode
verfertigte, auſſer Streit noch jung: denn man
ſieht wohl, daß ihm der Dichter mit dem iuuenis
ſchmeicheln will. Noch ſo jung, will er ſagen, und
doch ſchon ſo glorreich! Sonſt aber konnte man bey
den

den Römern schon ziemlich alt seyn, und doch noch
iuuenis heissen. Bis ins 15te Jahr war man
puer, bis ins 30ste adolescens, und bis ins 45ste
iuuenis. Salust nennt sogar den Cajus Cäsar,
da er bereits das 36ste Jahr zurückgelegt hatte,
noch adolescentulus.

42. *ales*) ist hier ein Beywort zu filius almae Maiae; der beflügelte Sohn der holden Maja. Er
hatte Flügel am Kopfe und an den Füssen. Nach
imitaris darf also kein Komma stehen.

43. *filius almae Maiae*) Merkur, Von der Maja, der schönsten unter den Plejaden, soll der May-
monath seinen Namen haben.

43. *patiens etc.*) Der Gott Merkur läßt sich gerne
gefallen, er macht sich, ob er gleich ein Gott ist,
eine Ehre daraus, des ermordeten Julius Cäsars
Rächer zu seyn.

50. *Pater atque Princeps*) Man streitet darüber,
ob dieses willkührliche Benennungen vom Poeten,
oder besondere Ehrennamen wären, die Augustus,
schon bey Lebzeiten des Horaz, durch öffentliche
Stimmen erhalten habe. Die Ode verliehrt in
beyden Fällen nichts, und wir brauchen also die
verschiedenen Meynungen in dieser Sache nicht
anzuführen.

Anmer-

Anmerkungen zur dritten Ode.

———————

Ad nauem etc.) Innhalt der Ode. Der Dichter wünscht Virgilen Glück zu seiner Reise nach Athen. Plan. Möchte doch Virgil glücklich auf seinem Schiffe nach Athen kommen! Aber ach, daß die Menschen die Schifffarth erfunden haben! Wir unternehmen alles, und wir stürzen uns dadurch oft ins Verderben. —— Die Ode hat, wie man aus diesem Plan siehet, drey Theile. In dem erstern, von *Sic* bis *dimidium meae,* wünscht der Dichter seinem Freunde, dem Dichter Virgil, eine glückliche Schifffarth. Im zweyten, von *illi robur* bis *transiliunt vada,* eifert er wider die Erfindung der Schifffarth; und im dritten, von *audax omnia* bis ans Ende der Ode, sagt er, daß aus unsern kühnen Unternehmungen mehrentheils unser Unglück entsprünge. Diese vortrefflichen Theile machen ein vortreffliches Ganzes. Sie hängen zwar nicht durch grammatische Verbindungswörter, aber doch der Sache nach zusammen. Der Dichter geräth bey der Wärme seines Herzens, das ganz für den Virgil klopft, itzt, da er ihn in das Schiff steigen sieht, welches ihn nach Griechenland bringen soll, und da er sich alle die Gefährlichkeiten

ten vorstellt, die ihm begegnen können, natürli=
cher Weise in einen Enthusiasmus, der ihn wider
alles entrüstet, was seinem Freunde nachtheilig zu
seyn scheinet. Hätte man, denkt er, die Schiff=
farth nicht erfunden, so hätte ich itzt für meinen
Virgil nichts zu besorgen. Diese Idee drückt er
zuvörderst durch eine Verwunderung über den küh=
nen Menschen aus, der sich zuerst auf einem zer=
brechlichen Holze auf die stürmende See gewagt
habe, und sodann (von nequicquam bis vada)
durch einen Unwillen gegen alle Schifffahrer. Der
Gedanke von der Kühnheit oder vielmehr von der
Verwegenheit, etwas so gefährliches, wie die Schiff=
farth, zu unternehmen, leitet ihn hernach auf ei=
nen heftigen Tadel alles desjenigen, was der Mensch
wider die Gesetze der Natur und den Willen der
Götter thue, und was ihn mithin unglücklich ma=
che. — ''Man kann diese Ode, sagt Sanadon,
''als das letzte Lebewohl betrachten, das Horaz
''dem Virgil sagt: denn die beyden Dichter haben
''sich nachher nicht wieder gesehen.'' Virgil lande=
te zwar, wie Sueton, oder wer sonst der Verfas=
ser vom Leben Virgils ist, uns davon Nachricht
giebt, glücklich in Griechenland an; allein Augu=
stus, der eben aus dem Orient zurückkam, und
ihn in Athen fand, bewog ihn, wieder mit ihm zu=
rück nach Italien zu gehen, und bald nach seiner
Ankunft daselbst starb er zu Bruntisium im 42sten
Jahre seines Alters. Horaz verfertigte die Ode in
seinem

seinem 47ften Jahre, im Jahr nach Roms Er=
bauung 734.

1. *Sic etc.*) Der Dichter redet Virgils Schiff an und
wünscht ihm eine glückliche Reise, es versteht sich,
wegen Virgils, der sich auf dem Schiffe befand;
diese Wendung aber ist poetischer, als wenn er den
Virgil selbst angeredet hätte. Denn die Handlung
des Gedichts, oder die Abreise Virgils, bekömmt
durch das personificirte Schiff einen Anstrich von
Wunderbarem.

1. *Diua potens Cypri*) Venus oder Cypria.
Man sehe die Anmerkung zum 13ten Verse der er=
sten Ode. Es ist aber hier nicht von der Venus
selbst, sondern von dem Gestirn die Rede, welches
ihren Namen führt, und welches die Schifffahrer
begünstiget. Es geht natürlich zu. Denn wenn
man dieses Gestirn sieht, so ist die Luft rein, und
je heller es glänzet, desto weniger hat man Stürme
zu befürchten. Eben so ist es mit dem folgenden

2. *fratres Helenae*) beschaffen. Die Brüder der
berühmten Helena oder die sogenannten Zwillinge
sind Kastor und Pollux. Sie heissen auch die Tyn=
dariden, von ihrem Vater dem Tyndarus; imglei=
chen die Dioscuren, weil, nach einigen, Jupiter
selbst ihr Vater gewesen.

2. *luci-*

2. *lucida sidera*) Geht auf Venus und die Tyndariden zugleich. Hellleuchtende und mithin glückliche Gestirne.

3. *ventorum pater*) Der Gott der Winde, Namens Aeolus. Er war eigentlich ein grosser Phy-
siker und hatte viel Kenntniß von der Entstehung
und dem Lauf der Winde, so daß er vorherzusagen
wußte, was man um die und die Zeit für Wind
und Wetter haben werde. Dieß gab den Dichtern
Gelegenheit, ihm die Gewalt zuzuschreiben, die
Winde nach seinem Gefallen in einen gewissen
Schlauch entweder einzuferkern, oder daraus
loszulassen.

4. *Iapyga*) Cruquius hat weitläuftig bewiesen, daß
Japyx kein anderer Wind als Argestes, einer von
den Zephyn, sey. Alle Winde soll Aeol in seinem
Schlauche verschlossen halten, ausser den Japyx,
den Westnordwest: denn den mußte man haben,
wenn man bald und sicher von Italien nach Griechenland überschiffen wollte.

5. *creditum, debes, reddas.*) Diese Worte sind
abgewogen und stehen in dem genauesten Verhältnisse gegen einander.

8. *animae dimidium*) Ein süsser Ausdruck, (sagt
Porphyrion,) der das Gepräge einer uralten Beschreibung

schreibung der Freundschaft hat: Die Freundschaft
ist Eine Seele in zween Leibern.

9. *robur*) Hat hier seine eigentliche Bedeutung, eine
Steineiche. So hart wie Eichenholz muß das Herz
deſſen geweſen ſeyn, der ꝛc.

9. *aes triplex circa pectus*) Dieſes drückt die
Härte des Herzens, von welchem der Dichter redet, noch mehr aus als das vorige, und iſt eine
Anſpielung auf gewiſſe ſchuppigte Panzer von Erz
oder Eiſen, (denn anfänglich waren die Panzer
von Leder,) an denen die Schuppen dreyfach über
einander lagen.

12. *primus*) Anſtatt einer unnützen Unterſuchung,
wer wohl der erſte Schiffer geweſen ſey, empfehle
ich jungen Leuten die Leſung des Geßneriſchen Gedichtes: Der erſte Schiffer. Nach meinem Gefühl iſt es das ſchönſte unter Geßners Werken.

12. *Africum*) Der Südweſtwind. Man kann auch
im Deutſchen das Afrikus beybehalten: Die beſten
Ueberſetzer des Horaz haben es, bereits vor mir,
beybehalten.

13. *Aquilonibus*) Nordnordoſt.

14. *triſtes Hyadas*) Das Geſtirn der Hyaden iſt,
einer aſtrologiſchen Sage nach, immer mit regne-
riſchem

rischem Gewölke vergesellschaftet. Daher haben die
Poeten ganz artig gedichtet, diese Sterne am Haupte
des Stiers wären die Töchter des Atlas und der
Aethra; ihr Bruder Hyas, von dem sie den Namen führten, sey von einer Löwinn zerrissen worden, dessen Tod sie so sehr betrauret hätten, daß
ihnen, zu Belohnung ihrer Bruderliebe, eine Stelle am Himmel zu Theil geworden wäre; aber auch
da weinten sie noch, und der Regen, der gemeiniglich ihr Gestirn begleite, sey nichts anders als
ein Strom von Thränen, die sie um ihren Bruder
vergössen. Beyläufig empfehle ich Gerstenbergs Tän-
deleyen, worinnen des Hyas Geschichte auf eine
reizende Art erzählt wird. Die Löwinn, die ihn zer-
riß, sagt er, war ein grausames Mädchen.

14. *Noti*) Der griechische Name vom lateinischen
Auster oder dem deutschen Süd.

15. *quo non arbiter Adriae maior*) Ich weiß
nicht, was Dacier, Sanadon und andere Ausleger
dachten, als sie schrieben, man müsse wohl hier unter dem adriatischen, oder, wie ich glaube, daß
man im Deutschen sagen muß, unter dem adrischen Meere überhaupt ein stürmisches Meer verstehen, denn es sey falsch, daß der Notus oder
der Südwind auf diesem Meere herrsche; das
adrische Meer sey dem Mittagswinde im geringsten nicht ausgesetzt. Wo sagt nur Horaz?
der Notus herrsche auf dem adrischen Meere,

Quo (nämlich Noto) non arbiter Adriae maior (sc. est,) heißt, so viel ich einsehe: den selbst der Beherrscher des adrischen Meeres an Macht und Gewalt nicht übertrifft, oder, den er selbst nicht bändigen kann. Sind denn auf diese Weise der Notus und der Beherrscher des adrischen Meeres nicht zwey verschiedene Dinge? Will nicht Horaz sagen, der Notus sey der gewaltigste oder sturmreichste unter allen Winden, indem auch sogar der Beherrscher des adrischen Meeres, den er aber nicht nennt, nichts über ihn vermöge, oder seiner Wuth keine Schranken setzen könne? Nichtsdestoweniger stimmen alle Ausleger und Uebersetzer mit Sanadon und Dacier überein. Tarteron z. E. giebt die Worte von *rabiem* bis *maior*: *la fureur du vent de midi, ce maitre absolu de la Mediterranée.* Groschuff übersetzt: Die Wuth des Südwinds, der mehr als irgend ein Wind seine Gewalt auf dem adriatischen Meere ausübt. Ein vortrefflicher neuer Uebersetzer, der beste unter allen sagt: Die Wuth des Notus, der als der gewaltigste Herr der adriatischen See ꝛc. Ich übergehe die andern. Sie haben ohne Zweifel insgesammt die Scholiasten vor Augen gehabt; Akron, Porphyrion, und der Scholiast des Cruquius nehmen auch Notus und arbiter Adriae für eins. ——
Meines Erachtens ist dieser arbiter Adriae kein

Wind,

Wind, sondern ein Himmelszeichen, und zwar
der Steinbock. In der 17ten Ode des 2ten Buchs
steht sein Name deutlich: *tyrannus Hesperiae
Capricornus vndae.* Die Alten legten dem
Steinbock nicht nur die Herrschaft über den ganzen
Occident bey, sondern sie behaupteten auch infon=
derheit von ihm, daß er auf den Seeen die größ=
ten Stürme errege. Darauf bezieht sich die An=
merkung des Servius, die er über eine Stelle im
Virgil macht: Saturnus in Capricorno facit
grauissimas pluuias, praecipue in Italia.
Vnde Horatius ait: seu tyrannus etc. In=
zwischen habe ich arbiter Adriae durch Adriens
Stürme übersetzt, aus dem bereits angezeigten
Grunde, weil der Steinbock eben dadurch seine
Herrschaft auf dem Meere äussert, daß er Stürme
auf demselben erreget, und weil er hierdurch mit
dem Notus, einem Winde, ins Verhältniß oder
in Vergleichung kömmt.

16. *tollere, seu ponere etc.*) Es ist hier eine El=
lipse der Konjunktion *seu,* die nur einmal dasteht;
sie sollte auch vor dem tollere stehen, und man
muß sie also in Gedanken dahin setzen.

18. *siccis oculis*) Dieses siccis war den Kritikern
Bentley und Sanadon ein Dorn im Auge, den sie
unmöglich erdulden konnten; jener setzte also dafür:

D 2 *rectis,*

rectis, und dieser: *fixis*. Bentley sagt, "kein
furchtsamer Mensch, und selbst kein Frauenzim=
mer, ja so gar kein kleines Mädchen sey in einer
grossen Gefahr, oder bey Gegenständen des Schrek=
kens im Stande, Thränen zu vergiessen; es sey
also eine unschickliche Beschreibung von einem herz=
haften Menschen, wenn man von ihm behauptet,
er könne das und das Schreckhafte ohne Thränen
oder mit trockenen Augen betrachten, und man
müsse folglich für das *siccis* etwas anders setzen;
er seines Orts glaube, Horaz habe *rectis* geschrie=
ben; etwas gefährliches mit steifen oder unver=
wandten Blicken betrachten, das gebe einen Zug
in der Schilderung eines herzhaften Charakters."
Dieses *rectis* nun wahrscheinlich zu machen, gießt
er ganze Ströme von analogischen Phrasen aus,
die ihm Roms und Griechenlands Quellen willig
darbiethen. Man kann in der That seine Kunst,
die Leser auf seine Seite zu ziehen, nicht anders
als bewundern. Gesner ist schon halb von ihm be=
siegt, wenn er schreibt: *rectos oculos* pulcher-
rime huc conuenire, facile effecit Bentleius:
sed non perfecit, vt necesse sit Horatium
ita scripsisse. —— Meine Wenigkeit merkt hier=
bey an, daß, wenn Bentley in dieser Sache Recht,
und die Furcht keine Thränen hätte, das *queri
monstra* in der vorhergehenden Ode V. 6. auch

unschicklich

unschicklich wäre: denn queri und Thränen ver-
gieſſen ſind gewiß nicht weit von einander. Warum
beſtrit Bentley nicht auch jene Redensart? Ich vermuthe ſehr, er habe dort nicht ſo viel Gelehrſam-
keit, wie hier, anzubringen ſich getraut, ſonſt würde er es ohne Zweifel gethan haben. Gewußt aber
hat er, ſollte ich denken, daß man auch im Schrecken und in der Angſt weinen könne.

19. *turbidum*) Einige leſen *turgidum*. Es iſt eine
Kleinigkeit; man nehme an, was man wolle. Beydes hat ſeine Autorität. Eine gleiche Bewandtniß
hat es mit

20. *Acroceraunia*) wofür einige *alta Ceraunia*
leſen, welches daſſelbe iſt. Denn Ceraunia heißt,
ſeiner griechiſchen Bedeutung nach, ſo viel als Don-
nergebirge, und Acroceraunia hohes Don-
nergebirge. Es lag zwiſchen dem adriſchen und
ioniſchen Meere, und man bekam es zu ſehen, wenn
man von Italien nach Griechenland ſchiffte. Itzt
führt es den Namen *il monte della Chimera.*

22. *diſſociabili*) Bentley lieſt *diſſociabiles*, oder
nach ſeiner alten Schreibart, *diſſociabilis*, und
zieht es auf *terras*. Man muß aber dieſem *diſſociabili* in gegenwärtiger Stelle eine activiſche
Bedeutung geben: Der trennende (und mithin

feindliche) Ocean. Gesner legt uns in seinem Horaz ein ganzes Register von dergleichen Beywör-
tern vor, die eine activische Bedeutung haben, als
adiutabilis, agilis, apertibilis, delectabilis,
u. s. w.

·25. *Audax omnia perpeti*) Wer viel Grosses und
Wichtiges unternimmt, sagt Baxter, hat viele Be-
schwerden zu erdulden. Man braucht also bey diesen Worten auf keinen Gräcismus zu verfallen,
wie Heinsius und Dacier gethan haben, welche meynen, *perpeti* sey hier so viel als *agere,* indem
die Griechen oft πάσχειν für ποιεῖν setzten.

27. *Iapeti genus*) oder filius ist Prometheus, von
welchem die Alten dichten, er sey durch Minervens
Hülfe in den Himmel gestiegen, und habe da eine
Fackel an den Rädern des Sonnenwagens angezündet, mit welchem himmlischen Feuer er dann den
Menschen ein Geschenk gemacht; auf den Raub des
ätherischen Feuers wären die Menschen mit man-
cherley Seuchen heimgesucht worden, und sie stürben
itzt viel früher, als vorher. Das Wahre von dieser poetischen Erfindung soll, wie Gesner anmerket, dieses seyn: Prometheus, ein Weiser der ältern
Zeit, hat, durch Hülfe seiner vielen Kenntnisse, die
Menschen unter andern warme Speisen und Ge-
tränke zubereiten lehren, wodurch sie weichlich und
kränklich geworden, u. s. w.

30. Ma-

30. *Macies et noua febrium cohors etc.*) Die
Art, wie die Menschen, nach dem Raube des himmlischen Feuers, die Strafe der Seuchen, wovon in
vorhergehender Anmerkung schon geredet worden,
erhalten haben, erzählt die Fabel vom Prometheus
folgendergestalt. Jupiter, um den verwegenen Prometheus zu bestrafen, fertigte ein schönes Frauenzimmer, Namens Pandora, mit einer prächtigen
Büchse an ihn ab, worein er alle Arten von Krankheiten und andern Plagen gethan hatte. Prometheus, ein kluger Kopf, vermuthete nichts gutes,
und berührte weder das Frauenzimmer noch die
Büchse. Sein Bruder aber, Epimetheus, war al-
bern genug, die Pandora zu beyrathen und ihre
Büchse zu eröffnen; und da flogen denn, zu grossem Leidwesen des menschlichen Geschlechts, alle die
Seuchen und Ungemächlichkeiten, die darinn steck-
ten, heraus, so daß sie uns noch bis auf den heutigen Tag umgeben und alle Vergnügungen des Lebens vergiften.

30. *noua*) ist hier so viel als *ignota*, vorher ganz
unbekannt.

32. *femotique etc.*) Zwey sehr schöne Verse. Die
Menschen sind allezeit sterblich gewesen. (necessitas leti.) Aber ehe Prometheus seinen Frevel begieng, lebten sie sehr lange, und waren immer gesund; der Tod war immer noch weit von ihnen:

denn

denn er gieng sehr langsam. (necessitas leti semoti tarda.) Itzt kränkeln sie beständig, und sterben frühzeitig hinweg, oder, wie der Dichter redet, der Tod, der sonst weit weg war und einen so langsamen Gang hatte, hat nun schnellere Schritte thun lernen. necessitas leti, anstatt necessarium letum.

34. *Daedalus*) Nach der Fabellehre der Dichter setzte er sich und seinem Sohne, dem Ikarus, (als Minos, der König in Kreta, beyde in einem Irrgarten, den Dädalus selbst verfertiget hatte, gefangen hielt,) wächserne Flügel an, und kam damit für seine Person glücklich nach Sicilien, sein Sohn aber fiel ins Meer. Das Wahre davon ist, Dädalus war ein grosser Künstler, und erfand unter andern die Segel an den Schiffen, mit denen er gleichsam übers Meer flog. Da Horaz überhaupt über die Erfindung der Schiffarth böse ist, so muß er es von rechtswegen auch insbesondere über den Erfinder der Segel seyn.

36. *Herculeus labor*) Eine von den berühmten zwölf Arbeiten des Herkules war, den Höllenhund Cerberus aus dem Orkus zu holen.

37. *arduum*) In einigen Ausgaben steht *ardui*, welches Bentley begünstiget. Baxter aber zieht jenes vor, und sagt: *ardui* ist der genitiuus

parti-

partitionis, und faßt also weniger in sich als *ardtuum*.

38. *Coelum ipsum*) das zielt vermuthlich auf die Giganten, die einst den Himmel stürmen wollten.

Anmerkungen zur vierten Ode.

Ad L. Sestium) Es wird nicht leicht ein Dichter gelebt haben, der nicht bey irgend einer Wiederkehr des Frühlings zur Ehre der verjüngten Natur und ihrer empfindsamen Söhne, der Dichter, wäre begeistert worden, nur mit dem Unterschied, der eine war in seinem Gesange mehr Guckuck, der andere mehr Nachtigall. Horaz ist in dem Frühlingsliede, das wir vor Augen haben, ganz Nachtigall; er hat ihren reinen und durchdringenden Ton in der Beschreibung der Annehmlichkeiten des Frühlings, die Art ihrer unerwarteten Wendungen in dem anscheinenden Sprunge vom Frühling auf den Tod, ihre süssen Klagen in den Seufzern über die Kürze des menschlichen Lebens. Sehet den Innhalt und den Plan seines Stücks. **Innhalt.** Einladung zum Vergnügen bey der Wiederkehr des Frühlings. **Plan.** Der reizende Frühling hat sich wieder

der

der eingefunden: diese schöne Jahrszeit muß
man sich zu Nuße machen. Denn unser Leben ist kurz, wir sind alle dem Tod unterworfen, und wenn man einmal todt ist, kann man
die Annehmlichkeiten des Lebens nicht mehr
genießen. — Dieser Plan ist, denke ich, schon
durch sein eigenes Licht helle genug, vorausgesetzt,
daß man sich an den Lehrsaß des Epikurs erinnere,
dessen Schüler Horaz war. Inzwischen hat ihn
ein berühmter Ausleger des Dichters durch Anfüh-
rung eines Umstands, der in der That Aufmerksamkeit verdient, doch noch besser zu machen gesucht.
"Horaz, sagt der gelehrte Dacier, gedenket des
"Opfers, das man ißt, da der Frühling gekommen
"sey, dem Faun bringen müsse. Die Verehrung
"des Fauns aber war keine Privatsache, sondern
"ein öffentliches Fest, welches gleich nach dem Ein-
"tritte des Frühlings gefeyert wurde. Ehe noch
"dieses Fest völlig zu Ende gieng, machte man schon
"Anstalten zum Todtenfeste, welches die Römer
"*Feralia* nannten, da man den Seelen der Ver-
"storbenen opferte. Da nun der Dichter den Se-
"stius aufforderte, sich zu salben, sein Haar zu be-
"kränzen, und das Faunusfest mit zu feyern, so
"mußte ihm natürlicher Weise das Todtenfest ein-
"fallen, welches binnen wenig Tagen jene Feyer-
"lichkeiten ablöste. Er nahm daher von diesem Fe-
"ste Gelegenheit, den Tod als einen Bewegungs-
"grund

"grund anzusehen, die vergnügten Augenblicke des
"Lebens zu geniessen, indem das Leben sehr kurz
"sey, und der Tod nur allzugeschwind komme, so
"wie einen das traurige Fest der Todten über=
"rasche, wenn man kaum angefangen habe,
"sich den Empfindungen des Vergnügens und
"der Freude, wozu die Tage des Faums be=
"stimmt wären, zu überlassen." Diese Bemer=
kung von Dacier ist gut, und der Pater Sanadon,
der ihm sonst gerne widerspricht, kann nicht umhin,
sie mit seinem Beyfall zu beehren. Demungeach=
tet bleibe ich dabey, man würde den schönen und
hellen Zusammenhang der Ode nicht vermissen, wenn
auch die Römer kein Todtenfest gefeyert hätten.

Was die Verse in diesem Stücke anlanget, so
sind solche in andern Büchern folgendergestalt ab=
getheilt:

Soluitur acris hiems grata vice veris et Fauoni,
Trahuntque siccas machinae carinas;
Ac neque iam stabulis gaudet pecus, aut arator
igni,
Nec prata canis albicant pruinis. u. s. w.

Ich bekenne mit dû Hamel, daß ein Vers, der
aus mehr als sechs Füssen besteht, eine Art von Un=
geheuer in der lyrischen Poesie zu seyn scheinet.
Auch Verse, die in Absicht aufs Sylbenmaaß eine
verhaßte

verhaßte Größe haben, gehören meines Erachtens
unter jene verhaßten grossen Verse , von denen
Gleim sagt , daß sie auf dem Ambos geschmiedet
wurden.   Ich mache daher mit dü Hamel eine andere Abtheilung der Verse in dieser Ode, und das
zwar nicht ohne Autorität.   Cruquius hat sie auf
die nämliche Weise abgetheilt.   Cruquius aber ver-
sichert, "er habe die wahre Gestalt des Sylbenmaaſ-
"ses in dieser Ode aus einem uralten Kodex mit
"vieler Mühe (vermuthlich weil die Schrift auf
"den alten Blättern ganz unleserlich geworden,)
"wieder hergestellt." . Ich glaube ihm, und glaube ihm gerne, weil ich wünsche, und weil ein jeder,
der ein lyrisches Ohr hat, wünschen muß, daß seine
Versicherung kein Betrug, und unsere Abtheilung
wirklich horazisch seyn möge.   Sanadon giebt sich
das Ansehen, als ob er gegen diese Abtheilung etwas
einwenden wolle; allein er sagt eigentlich nichts.
Vielleicht erwecke ich in einigen ein günstiges Vorurtheil für Abtheilungen von der Art, wenn ich sie
an unsern Rammler erinnere, der auch schon den
längern Vers in der 11ten und 13ten Epode in
zweene zerlegt und dadurch diesen Gedichten mehr
lyrische Gestalt gegeben hat.   Zwar in gegenwärtiger Ode, die sich auch unter seinen Uebersetzun-
gen befindet, ist er bey der gewöhnlichen Abtheilung
geblieben, worüber ich mich wundere. — Wegen
gewisser Leser merke ich noch an, daß in dem ersten
Verse einer jeden Strophe die drey erstern Füsse im
Latei-

Lateinischen heroisch sind, und aus einer willkühr-
lichen Mischung von Daktylen und Spondäen be-
stehen; ich habe also im Deutschen auch die Freyheit gehabt, bey den gedachten drey Füssen die
Daktylen und Spondäen nach Gefallen wechseln zu
lassen. Nur der vierte oder letzte Fuß dieses Verses (nach meiner Abtheilung) ist bestimmt, und
ein unveränderlicher Daktylus.

1. *Soluitur acris hiems*) Das *acris* bezieht sich
ohne Zweifel auf den Frost oder das Eis des Winters; und das *soluitur*, imgleichen V. 15. das
terrae solutae bezeichnet die Auflösung des Fro-
stes, die nur eben geschehen ist, und zum Theil noch
geschiehet: ein höchstwahrscheinlicher Beweis, daß
Horaz diese Ode, der Behauptung des Dacier gemäß, gleich zu Anfang des Frühlings, welcher den
10ten Februar eintrat, und nicht, wie Sanadon
meynet, erst im April verfertiget habe.

2. *Fauoni*) Favonius ist der lateinische Name vom
Zephyr oder Westwinde, den man von *fauor*
ableitet, weil die Rückkehr dieses Windes den Römern angenehm war, so, wie ζέφυρος so viel
als ζωηφόρος (der das Leben bringt) seyn soll.
Nach Ovid und Columella fieng an demselben Tage, da der Frühling eintrat, auch der Favonius an
zu wehen.

3. tra-

3. *trahuntque*) Jeder dritte Vers in dieser Ode fängt sich mit einem Spondäus an, nur der gegenwärtige nicht; daher haben einige *ducunt* für den Jambus *trahunt* lesen wollen. Allein *ducunt* würde wegen der Wiederkehr dieses Worts im 7ten Verse fehlerhafter seyn als trahunt. In der 9ten Ode dieses Buchs fängt sich auch nur die erstere Strophe mit einem Jambus, und jede folgende mit einem Spondäus an. Es sind dieses Kleinigkeiten, die bey einem grossen Dichter gar nicht in Betrachtung kommen.

7. *Cytherea*) Ein Beywort der Venus von der Insel Cythera, auf welcher sie einen Tempel hatte.

7. *Choros ducit Venus etc.*) Aus dieser Stelle nimmt Sanadon seinen Beweis, daß die Ode im April geschrieben sey. Er glaubt nämlich, Horaz rede hier von den Festen der Venus, als die man beym Anfange des Aprils gefeyert hätte. Allein er widerspricht sich. Grosse Geister, sagt Pope, haben ein kurzes Gedächtniß. Er vergißt, daß er dem Dacier zugestanden hat, der Gedanke vom Tode (pallida mors etc. im 19ten V.) beziehe sich aufs Todtenfest der Römer, welches nur wenig Tage nach dem Faunusfeste gefeyert wurde: und beyde begieng man binnen der erstern Hälfte des Februars. So viel ist gewiß, von dem Faun wird V. 16. u. f. ausdrücklich gesagt, daß man ihm

izt

ist ein Opfer bringen müsse, welches also auf die
feyerliche Verehrung desselben oder auf das Faunusfest abzielen kann; da hergegen bey Erwähnung
der Venus von nichts feyerlichem oder festlichem
die Rede ist. Die Tänze der Nymphen und Grazien, die Venus veranstaltet, und denen Luna zu-
sieht, sind, wie ich dafür halte, an gegenwärtigem
Orte nichts anders als ein poetisches Spiel, oder
eine verfeinerte Vorstellung desjenigen, was im
Frühlinge, zu einer Zeit, da man wegen des vor-
gewesenen Winters lange nicht spazieren gegangen
ist, von vielen zu geschehen pfleget: sie gehen spazieren, und empfinden in und ausser sich die ver-
jüngte Natur. Denn was man bey uns andern
Erdbewohnern einen Spaziergang nennt, das nennt
man bey jungem Göttervolke Tanz, so wie ein
jedes Gespräch einer Muse Lied ist. Hiermit stimmt
der Scholiast Akron überein, wenn er unter den
Nymphen junge Frauen, und unter den Grazien
junge Mädchen versteht. Das Mondenlicht ist
diesen Spaziergängern ganz angemessen, indem
man in Italien niemals anders als des Abends
spazieren geht.

11. *dum graues — officinas.*) Dieses ist wieder
eine schöne allegorische Vorstellung von gewissen
Feuerarbeiten. Die Hammergewerke, will der Poet
sagen, die bisher zugefroren gewesen, sind nun wieder im Gange. Der Schiffer macht Anstalten zur
Schiffarth,

Schiffarth, der Hirt treibt seine Heerde, der Ackermann geht aufs Feld, das Frauenzimmer geht
spazieren, die Eisenarbeiter gehn in die Gewerke.
Einige dieser Beschäftigungen werden verblümt, einige unverblümt vorgetragen. Dadurch vermeidet
der Dichter das Eintönige in seinen Vorstellungen.
Daß er aber seine Blumen, wenn ich so reden darf,
auf olympischem Boden (auf dem Boden der Göt-
terlehre) pflückt, dadurch giebt er dem Gedichte ein
erhabneres Ansehen. Auf den Vulkan wurde er sehr
natürlich gebracht: Vulkan ist, wie man weiß,
der Venus Gatte. Dacier sagt, der Dichter mache
hier dem Frauenzimmer eine Galanterie: er schicke
die Männer an die Arbeit, und lasse mittlerweile
ihre Frauen sich vergnügen. Cruquius und Rammler legen diese Stelle von dem feuerspeyenden Aetna
aus, der sonst insbesondere als die Werkstatt Vul-
kans und seiner Gesellen, der Cyklopen, vorgestellt
wird; allein dieser Berg fängt, wie man liest, nicht
eben im Frühjahr an, sein Feuer zu speyen, sondern
so oft, als ihn seine innere Beschaffenheit dazu geschickt macht.

12. *urit*) dieses vortreffliche heisse *urit* verwandelt
der unpoetische Bentley in ein eiskaltes *visit*. Er
meynet, bey dem *urit* schiene es, als ob Vulkan
seine ganze Hütte mit allen Werkzeugen derselben
verbrennen wolle, welches sich doch wohl von ihm,
als dem Besitzer der Hütte, nicht gedenken lasse.
Er

Er begreift also nicht, daß Horaz seinen Gegenstand nicht als Philosoph, sondern als Maler behandelt.   Vulkan zündet seine Hütte an, das heißt:
es scheint, als ob seine ganze Hütte im Feuer stehe,
zumal da es Abend ist, *imminente Luna*, wie
Horaz sagt.   Mich wundert, daß Bentley nicht auch
das schöne *ardens* weggestrichen hat, in der Meynung, Vulkan könne sich doch nicht selbst verbrennen wollen.   Man darf nur eine Hammerschmiede
und die Arbeiter darinn gesehen haben, um diese
Bilder ungemein treffend zu finden.

15. *flore*) Die Blumen in diesem, und die belaubten Bäume im folgenden Verse, sagt Sanadon, geben ebenfalls zu erkennen, daß Horaz vom spätern
Frühlinge, und nicht von der Jugend desselben rede.   Allein das *flore* kann, da es in der einfachen
Zahl stehet, fürs erste anzeigen sollen, daß die
Blumen itzt noch rar wären; und zweytens, welches mehr sagen will, kömmt dieser flos e *terris
solutis*, aus einem Boden, der nur eben erst von
Eis und Schnee entlediget worden.   Bey uns aber
wachsen z. E. die Veilchen da, wo nur eben der
Schnee hinweg ist, und so wird es in Italien mit
dieser oder einer andern Art von Blumen auch seyn.
Das *vmbrosis* im folgenden Verse ist im geringsten kein Merkmal von belaubten Bäumen; dieses
gewöhnliche Beywort wird überhaupt von Hay-

P   nen

nen und zuweilen von ganz dürren Bergen gebraucht.

16. *Fauno*) Der Faun der Römer ist der Griechen
ihr Pan.

18. *agna, haedo.*) sc. sibi immolari. In einigen
Ausgaben findet man *agnam* und *haedum*. Es
braucht dieser Aenderung nicht. Man müßte, wie
Bentley anmerkt, zu dem *agnam* und *haedum*
Doch auch das *sibi immolari* hinzudenken.

21. *Sesti*) Einige schreiben *Sexti*. Hat er aber, wie
man vermuthet, *Sestius* geheissen, so ist es der
Lucius Sestius gewesen, welcher im Jahr Roms
730 Konsul wurde, als Octavianus sein damaliges
Konsulat niederlegte. Er war ein so standhafter
Freund des Brutus, daß ihn Octavianus selbst, seiner Standhaftigkeit wegen, hochschätzte.

22. *vitae — longam.*) Ein schöner Spruch! Bey
der Kürze des menschlichen Lebens ist es umsonst,
auf grosse Dinge zu denken, oder sich mit grossen
Erwartungen zu unterhalten. *Summa vitae,*
das Ganze, die völlige Summe des Lebens: eine
Redensart, die vom Rechnungswesen hergenommen ist. Wenn man alle unsre Stunden, unsre
Tage, unsre Jahre zusammenrechnet, so beträgt
das Ganze davon etwas weniges. Das *spem inchoare longam* würde im Deutschen, wörtlich
übersetzt, ein wenig matt seyn; ich sahe mich also
bey

bey der Ueberſetzung genöthiget, eine andere Re=
denſart zu wählen, und dem zufolge mußte ich auch
aus dem *vitae ſumma* etwas anders machen.
Dieſer Anmerkung belieben meine Leſer auch bey
andern Stellen meiner Ueberſetzung eingedenk zu ſeyn.

24. *fabulaeque Manes*) fabulae iſt der genitiuus
ſingularis: Die berüchtigten Manen, ſolche Ar=
ten von Weſen, von denen man viel ſeltſames und
abentheuerliches erzählt. Die Gelehrten geben uns
von dieſen Geſchöpfen der Alten eben die Charak=
teriſtik, die ſie uns von unſern Geſpenſtern geben,
das iſt, ſie ſagen etwas unvollkommenes und ver=
wirrtes darüber. Die meiſten gedenken ſich unter
beyden Seelen verſtorbener Menſchen, die den Le=
bendigen eine gewiſſe Furcht einjagen. Ich habe
daher Manes fabulae durch leidige Geſpenſter
überſetzt.

25. *exilis*) Skaliger der ältere hat dieſes Beywort
von domus Plutonia ſehr getadelt, weil die Be=
hauſung des Pluto nichts weniger als klein oder leer,
ſondern darinnen vielmehr ein Zuſammenfluß von
allen Völkern anzutreffen ſey. Barth und Heinſius
haben alſo nach Anleitung Ode 3. B. 2. *exilii*
dafür geleſen. Allein der Dichter will mit dem Bey=
worte *exilis* das Reich der Todten nicht als ein
kleines, geringes oder menſchenleeres, ſondern
als ein armſeliges und freudenleeres Reich be=

ſchreiben,

schreiben, als ein Reich, worinnen es nichts zu
schmausen und zu lieben gäbe. Das siehet man
aus dem folgenden: *quo simul meâris etc.*
Er erklärt auch anderwärts (Ep. 1, 6.) domum
exilem selbst auf die besagte Art.

Exilis domus est, vbi non et multa superſunt,
Et dominum fallunt, et profunt furibus. —

27. *talis*) von talus, der Würfel. Die Alten hatten bey ihren Schmäusen immer einen gewissen Auf-
seher, den sie den König des Gastmahls nannten,
und der durch Würfelloos gewählt wurde. Lächerlich haben einige dieses *talis* für ein Beywort von
vini angesehen und geglaubt, Horaz wolle sagen,
in Plutons Reiche werde Sestius keinen solchen,
nämlich vortrefflichen Wein mehr trinken, als
er etwa itzt trinke. In Plutons Reiche giebt es
weder guten noch schlechten Wein.

28. *Nec tenerum etc.*) Ich bin hier aus guten
Gründen vom Lateinischen ein wenig abgegangen,
als welches ich künftig bey ähnlichen Gelegenheiten
auch thun werde. Herr Rammler hat diese Stelle, im
Zusammenhange mit dem vorhergehenden Gedanken, also: "wo du nicht mehr loosest, wer Gast-
"mahlskönig seyn soll; noch die muntre Lyde
"bewirthest, die jüngst muthwilliger Spiel-
"gefähr-

"gefährten Lust war, und bald die Furcht der
"jungen Frauen seyn wird."

Anmerkungen zur fünften Ode.

Ad Pyrrham.) Ein sehr schönes Stück!
Innhalt. Die Liebe der Pyrrha ist
unbeständig. Plan. Pyrrha hat izt einen
neuen Liebhaber, welcher sich viel auf ihre
Liebe und Treue zu gute thut. Er wird sich
aber oft veranlaßt sehen, ihre Wankelmüthig=
keit zu beklagen. Denn einen jeden andern
wird das Loos treffen, das mich traf: ich ha=
be die Unbeständigkeit ihrer Liebe erfahren.
Diesen Plan führt der Dichter in einer artigen Al=
legorie aus. Sich mit Pyrrha in ein Liebesver=
ständniß einlassen, und sein Glück auf der See ver=
suchen, scheinet ihm eine gleichmißliche Sache zu
seyn. Man hat, sagt er, bey der Schifffarth et=
wa einmal die Gunst der Seegötter und des Win=
des, und daher glaubt man, eine jede Fahrt werde
glücklich ablaufen. Aber plötzlich ändern sich die
Götter und die Winde, und man ist der Gefahr aus=
gesetzt, Schiffbruch zu leiden. So mit der Liebe
der Pyrrha. Wer sich auf dieses glänzende Gewäs=
ser begiebt, kann leicht unglücklich werden. Ich
Horaz weiß es aus der Erfahrung. Meine triefen=

den

den Kleider im Tempel Neptuns und mein Name
an einer geheiligten Tafel desselben sind Beweises
genug von der Gefahr, in der ich auf diesem Meere geschwebt habe, und daß ich dem Schiffbruche
nur eben oder mit genauer Noth noch glücklich ent-
gangen bin. — Das künstlichste in dieser Allegorie ist, daß der Dichter die allegorischen Blumen
größtentheils versteckt oder so fein in das Gewebe
der eigentlichen Redensarten einflicht, daß sie ein
gemeines Auge gar nicht bemerkt. Zum wenigsten
sind die mehresten Uebersetzer und Ausleger über
das *Deos*, das *aurea*, das *vacuam* und das
nites hingeschlüpft, ohne das Allegorische in diesen
Worten zu bemerken.

1. *gracilis*) Heißt hier, wie Dacier anmerkt, nicht
schlank, sondern galant, fein, süß.

1. *puer*) Die Römer waren eigentlich, wie ich schon
bey der zwoten Ode erinnert habe, nur bis ins 15te
Jahr *pueri;* man nahm es aber mit dieser Benennung nicht so genau, sondern bezeichnete damit zuweilen auch höhere Stufen des männlichen
Alters. Hier hat *gracilis puer* eine ironische
Bedeutung.

4. *cui — munditiis*) Dacier und andere Ausleger
sind der Meynung, Horaz frage die Pyrrha, wem
zu Gefallen sie diesen ungekünstelten Kopfputz trage,
der sie so wohl kleide? Sie setzen also voraus,

Pyrrha

Pyrrha habe vorher mehr an demselben gekünstelt. Das scheinet mir unnatürlich zu seyn. Vorher war sie simplex munditiis, lässig im Putz; itzt aber, da sie einen neuen Liebhaber hat, comam religat, sucht sie ihre Schönheit durch den Putz ihrer Haare zu erheben.

6. *Deos*) Nicht die Liebesgötter, wie die Ausleger wollen, sondern die Meergötter, Neptun, die Tritonen, Aeol ꝛc. welches der Zusammenhang der Allegorie erfordert. Wenn Venus darunter ist, so ist sie es nur wie im ersten Verse der 3ten Ode.

7. *nigris ventis*) Eine Metonymie: die Winde heissen schwarz, weil sie schwarzes Gewölk zusammen treiben und Luft und Meer schwärzen. Auster nigerrimus, sagt Virgil.

8. *emirabitur*) er wird sich höchlich oder von ganzem Herzen verwundern. Bentley ist mit diesem Worte nicht zufrieden, weil man es vielleicht nirgends als am gegenwärtigen Orte liest. Er möchte gerne *vt mirabitur* dafür lesen.

9. *aurea*) glänzend, heiter, sonnigt, im Gegensatz auf das vorhergehende *aspera nigris etc.*

10. *vacuam*) Die See ist offen, wenn keine Stürme darauf wüthen, wenn man sie ohne Gefahr beschiffen kann.

10. *amabilem*) ist hier, wie Ode 3, V. 22. das *dissociabili,* in activischer Bedeutung zu nehmen.

13. *nites*) bezeichnet, wie das obige *aurea,* die heitre Luft, oder das helle ruhige Gewässer des Meers. Bey der Auflösung der Metapher würde man das schöne glatte Gesicht der Pyrrha darunter verstehen müssen.

13. *Me tabula etc.*) Paries sacer tabula votiua indicat, me suspendisse vestimenta vuida Deo potenti maris. *Paries sacer* für *templum sacrum* sc. *Neptuno,* eine Synekdoche. *Tabulae votiuae,* Gelobungstafeln, oder Tafeln der Gelübde, waren kleine Tafeln von Holz, Metall oder Marmor, die entweder schon in den Tempeln hiengen, oder von demjenigen, der ihrer bedurfte, darinnen aufgehängt wurden. Man bediente sich derselben auf verschiedene Art. Hatte Jemand in Krankheit oder sonst in grosser Gefahr den Göttern etwas gelobt, so entledigte er sich nach überstandener Gefahr des Gelübbes, und stattete sodann auf einem solchen Täfelchen den Göttern seinen Dank ab. Daher der Name *tabula votiua.* Man schrieb aber auch zuweilen seine Unglücksfälle und seinen Namen auf diese Tafeln, um die Verehrer des Gottes, dem der Tempel gewidmet war, zum Mitleiden und zu einem Almosen zu bewegen.

Einige

Einige trugen gar, in dieser Absicht, dergleichen Täfelchen an ihrem Halse. Diejenigen, die aus einem Schiffbruche oder aus einer Gefangenschaft errettet wurden, hiengen auch oft, nebst dem Täfelchen, ihre nasse Kleidung, ihre Ketten u. s. w. dem Gotte zu Ehren, der ihnen half, an einer Wand seines Tempels mit auf, als welchen Gebrauch unser Dichter hier vor Augen hat.

14. *vuida*) In einigen Ausgaben liest man *humida*. Der Scholiast sagt, *vuida* heisse eigentlich durch und durch naß, und mithin steht es hier an der rechten Stelle.

15. *potenti*) Dieses *potenti* ist überaus schön. Ohne den mächtigen Schutz des Neptuns hätte Horaz der grossen Gefahr, in der er sich bey der Pyrrha befand, unterliegen müssen. Es drückt zugleich den Dank aus, den er diesem Gott für seine geleistete Hülfe abstattete.

Anmerkungen zur sechsten Ode.

Ad *Agrippam.*) Innhalt. Ich bin nicht im Stande, des Agrippa Thaten zu besingen. Plan. Nur Varius wird die Thaten des Agrippa beschreiben können. Denn

sich

sich an eine solche Beschreibung wagen, heißt,
einen homerischen Flug unternehmen; es heißt,
die grossen Gegenstände der Iliade noch einmal oder auf eine andere Art singen wollen:
und dazu sind meine Kräfte zu schwach. Ich
würde des Cäsars und des Agrippa Lob durch
meinen geringen Witz mehr verdunkeln als
aufklaren. Könnte ich wohl einen zweyten
Mars, einen zweyten Merion und einen zweyten Diomed würdig genug schildern? Schmän-
se, lustige Mädchenkämpfe, oder einen kleinen Roman in ein Lied zu bringen, darinnen
besteht meine ganze Stärke. — Wahrscheinlicher Weise machte Agrippa dem Dichter bey Gelegenheit den Vorwurf, daß er gleichwohl seiner
noch mit keinem Worte in seinen Versen gedacht
habe. Der Dichter entschuldigt sich also in dieser
Ode mit seinem geringen poetischen Talent, welches ihm zwar lyrische, aber keine heroische Gedichte zu verfertigen erlaube. Inzwischen faßt diese
beynahe zu bescheidene Entschuldigung das feinste
Lob in sich, das nur Agrippa erhalten konnte.
Denn dadurch, daß er ihn und seine Helden mit
den Helden der Iliade vergleicht, sagt er ihm
etwas sehr schmeichelhaftes, ja er erhebt ihn und Cäsarn durch die Vergleichung mit den Gegenständen
der vierten Strophe bis zur Ehre der Götter. Sanadon glaubt, er habe bey den alten Namen lauter einzelne römische Personen vor Augen gehabt,
und ist kühn gnug, zu bestimmen, welche es ge-

wesen

wesen wären. Unter dem Achill versteht er den Pol-
lio, unter dem duplex Vlisses den Agrippa und
Messala, unter Pelops verhaßtem Geschlechte den
Antonius in Rücksicht auf seine verhaßte Leidenschaft
für Kleopatra, unter Mars, Merion und Diomed
den Statilius Taurus, den Markus Titius und
den Mäcen.

1. *Scriberis - gesserit*) Diese Strophe, sagt Dacier,
ist schwerer, als man wohl glauben sollte. Ich bin
seiner Meynung. Sie wird aber in andern Ausgaben, bis auf das *alite*, wofür einige *aliti* sezen,
und bis auf das *quam rem cunque*, wofür Bentley *qua rem cunque* liest, folgendergestalt gelesen:

Scriberis Vario fortis et hostium
Victor, Maeonii carminis alite,
Quam rem cunque ferox nauibus aut equis
    Miles te duce gesserit.

Ich muß es bekennen, keiner von den Auslegern hat
mir bey dieser Strophe Genüge gethan. Es sind der
Schwierigkeiten etliche. Erstlich fragt sichs: ist
Vario der Dativ oder der Ablativ? Zweytens:
bezieht sich *alite* auf *Vario*, oder nicht? imgleichen: wird mit alite ein Hahn oder ein Schwan,
oder was wird sonst damit bezeichnet? Zum dritten:

ten: was soll das heissen: *scriberis, quam rem
cunque miles gesserit?* Ueberflüssige Dinge, z.
E. das *qua rem cunque* des Bentley, und die
Frage, ob *fortis* und *victor* der Nominativ oder
der Vokativ wären, will ich nicht einmal berühren.
1) Vario. Baxter hält es für den Ablativ, bey dem
die Präposition weggelassen sey, nach dem Beyspiele des Ovids: *Atque sua caesum matre queruntur Ityn.* Gesner aber verwirft diese Konstruktion, und sagt, selbst bey dem vorgebrachten
ovidischen Verse sey die ächte Lesart: Aque sua
caesum matre *queruntur Ityn;* man müsse
also Vario für den Dativ nehmen, und das nach
einer bekannten Konstruktion. Horaz z. E. sage
anderwärts: *bella tibi pugnata;* und Virgil:
nulla tuarum audita mihi neque visa sororum.
Bis hieher stimme ich Gesnern bey. Wenn er aber
in dem folgenden aus *alite aliti* macht, solches
auf *Vario* beziehet, und einen Schwan darunter
verstehet, so bin ich nicht seiner Meynung. Denn
2) es ist zwar andem, was er behauptet, daß man
die Poeten Schwäne zu nennen pflegt, und daß
Schwäne Vögel sind; allein nicht alle Vögel sind
Schwäne, und kein Schriftsteller hat noch jemals
unter dem allgemeinen Namen Vogel von einem
Poeten geredet. Hätte also Horaz insbesondere
einen Schwan im Sinne gehabt, so würde er gewiß
Schwan

Schwan gesagt haben, so wie er es beym Lobe des
Pindars (Ode 2. B. 4.) thut: *multa Dircaeum
leuat aura cycnum.* — Dacier zieht dieses
alite auch auf *Vario*, und versteht, welches fast
lustig ist, einen Hahn darunter. "Ales, sagt er,
"bedeutet, wenn es allein oder ohne Beywort ste=
"het, einen Hahn; und was in gegenwärtiger Stelle
"Aufmerksamkeit verdient, so hat dieses Wort hier
"eben den Verstand, den es im gemeinen Leben hat,
"wenn wir sagen: er ist Hahn im Korbe; anstatt:
"er ist der angesehenste bey dieser Sache; er
"hat vor andern den Vorzug. Horaz nennt also
"hier den Varius den vornehmsten epischen Dichter.
"Bey uns freylich wäre eine Redensart, worinne
"das Wort Hahn die gedachte Bedeutung hätte, nir=
"gends als im Komischen und im ganz niedern Styl
"erträglich; aber bey den Lateinern sind dergleichen
"Ausdrücke edel und erhaben." Das letztere sollte
"Dacier beweisen. Nach meiner Einsicht hat der
Scholiast des Cruquius den Sinn von dem *alite
Maeonii carminis* am besten getroffen, als der
es gar nicht auf Vario zurückführt, sondern solches
durch *Homerici carminis sublimitate* erklärt.
Im Flug, oder im Schwunge werden im Deutschen die rechten Worte seyn, um dieses *alite* aus=
zudrücken. Gesner schreibt zwar: *alitem* ponere
pro sublimitate et maiestate carminis nisi

fallor,

fallor, inauditum; allein ales soll auch nicht
sublimitatem et maiestatem *carminis*, sondern
nur *sublimitatem* et *maiestatem* anzeigen: das
carminis muß man, wenn ales den Schwung
eines Liedes bedeuten soll, erst! noch hinzusetzen,
und das hat Horaz gethan. Mit einem Worte,
ales heißt hier nicht sowohl Vogel, als Flug.
Man findet aber von dieser Bedeutung der Worte
ales und *auis* in allen den Stellen Beyspiele,
worinnen der Flug der Vögel so viel als Glück oder
Unglück ist. Dieser Stellen kommen im Horaz
allein eine Menge vor. Und das wird doch wohl
Jedermann eingestehen, daß in diesen Stellen
ales und *auis* nicht Vogel, sondern durch eine
gewöhnliche Figur Vogelflug bezeichnet? Erasmus
von Rotterdam schreibt bey Gelegenheit einer solchen
Stelle ausdrücklich "Vogel bedeutet hier nicht das
"Thier, sondern den Flug des Thieres, wie Ode
"6. B. I. *Carminis alite.*" 3) *Scriberis-*
gesserit. Mir scheint es, als ob dieses *scriberis*
die beträchtlichste Schwierigkeit am gegenwärtigen
Orte sey, und dennoch laufen die Ausleger wie mit
Götterfüssen darüber weg. Es ist leicht gesagt,
scriberis Vario wäre so viel als *Varius de te*
scribet, und man könne wider die Gültigkeit der
Redensart: *Varius de te scribet, quamcunque*
rem miles te duce gesserit; nichts einwenden.
Allein

Allein das kömmt mir eben so vor, als wenn in einem Autor, vermöge eines Druckfehlers stünde: nullam tuarum sororum mihi audita est; und man wollte solches vertheidigen und glossiren: mihi audita est ist so viel als audiui, und man wird gegen die Redensart: nullam tuarum sororum audiui; nichts einzuwenden haben. *Scriberis Vario, quam rem cunque miles te duce gesserit*, ist meines Erachtens kein Latein. Es müßte nothwendig heissen: Scribetur Vario, quam rem cunque etc. Ich wage daher in dieser Stelle eine andere Interpunktion, die kleinste Aenderung, die bey einer solchen Stelle nur möglich ist, und die einem jeden freystehet: denn die Alten interpunktirten gar nicht, oder wir haben wenigstens von ihrer Interpunktion keine Kenntniß. Ich setze nämlich nach *victor* ein Punkt oder ein Ausrufungszeichen, nach *gesserit* aber ein Komma, und ziehe also das, was nach victor folgt, hinüber in die zwote Strophe des Gedichts, so daß das *quam rem cunque miles gesserit* von dem *dicere* regiert wird. Bey dieser Lage der Worte bleibt nicht die geringste Undeutlichkeit übrig. Der Gang der Konstruktion ist: O fortis et hostium victor, scriberis Vario. Will man fortis und victor für den Nominativ ansehen, so habe ich nichts dagegen; eins sagt so

viel

viel als das andre.)　Nos tenues, o Agrippa,
neque conamur dicere alite carminis Maeonii
quamcunque rem miles ferox gesserit te duce
nauibus aut equis, neque haec (inquam)
conamur dicere, neque stomachum grauem
etc. (quae sunt) grandia.

1. *Vario*) Dieser Varius war ein grosser Dichter; seine
Werke sind aber bis auf einige Fragmente verlohren
gegangen.　Horaz gedenkt seiner etlichemale aufs
rühmlichste in den Satiren, und Virgil sagt im
neunten Hirtengedichte, daß ein Gedicht, welches
Varius noch nicht mit seinem Beyfall beehrt habe,
von keiner Bedeutung sey.

2. *Maeonii carminis*) Des Homers Heldengedicht,
die Iliade.　Horaz nennt den Homer anderwärts
den mäonischen Homer, und Martial nennt ihn
Mäonides; entweder hieß also sein Vater Mäon,
oder er war aus Mäonien gebürtig.

3. *Quam rem cunque*) Ich muß doch mit einigen
Worten erinnern, daß Bentley die Redensart:
quamcunque rem gerere; für zweydeutig und
für ungeschickt hält, des Agrippa Lob damit zu bezeichnen. *Rem gerere*, sagt er, ist etwas rühm-
liches, aber nicht *quamcunque rem gerere*.
Er setzt also statt *quam rem cunque, qua rem
cunque*, und *quacunque* heißt ihm: entweder

zu Waſſer oder zu Land, als welchen Begriff der Ausdruck *nauibus aut equis* in ſich faſſe. Eine überaus gezwungene Lesart! denn auf die Ellipſe *quacunque*, wobey ich ohnedem erſt *regione* hinzudenken muß, kann das *nauibus aut equis* nicht anders als durch eine hinzuzudenkende rhetoriſche Figur gezogen werden.

5. *Agrippa*) Ein groſſer Kriegsmann, beſonders zur See. Er leiſtete dem Octavianus wichtige Dienſte, wofür ihm derſelbe ſeine einzige Tochter, die Julia, eine Wittbe des jungen Marcellus, zur Gemahlin gab. Er verwaltete dreymal das Amt eines römiſchen Konſuls.

6. *Pelidae etc.*) Achill, ein Sohn des Peleus. Er war überaus heftig, und gieng von ſeinen Entſchlieſſungen niemals ab.

7. *duplicis*) Einige leſen *duplices*, und ziehen es auf *curſus*. Liſt und Betrüglichkeit war des Uliſſes Charakter. Ich nehme alſo *duplex* hier für zwey herzig, zweyzüngig oder trugvoll, und habe den größten Haufen der Ausleger auf meiner Seite.

8. *ſaeuam Pelopis domum*) Die mehreſten von der Familie des Pelops ſind böſe und unglückliche Leute geweſen, und haben den Dichtern des Alterthums Stoff zu Trauerſpielen gegeben. Einige dieſer Trauerſpiele, ſagen die Scholiaſten, waren von Varius.

Q   13. *Quis*

13. *Quis Martem etc.*) Es ist sehr wahrscheinlich, daß der Dichter unter Mars, Merion und Diomed besondere einzelne Helden seiner Zeit vor Augen hat. Mars bezeichnet den August, das versteht sich; die Deutungen der übrigen Namen sind schwerer. Einer davon wird ohne Zweifel den Agrippa charakterisiren sollen.

13. *Adamantina*) Jedermann weiß, daß die Panzer nicht von Diamant sind; nur Glanz und Härte werden also hier mit diesem Ausdruck bezeichnet. Inzwischen hindert das nicht, das Wort Diamant auch in der Uebersetzung beyzubehalten, oder vielmehr, man muß es behalten, so wie man diamantene Ketten, diamantene Thore, u. s. w. sagen muß. Eine Anmerkung für die Afterkritik!

15. *Ope — parem*) Diomed, der Sohn Tideus, verwundete einst, nach der Dichtersage, durch den Beystand der Minerva die Venus, ja sogar den Mars, und wurde also dadurch gleichsam selbst als ein Gott betrachtet. Das Wahre davon mag etwa seyn, daß er die Reize der Wissenschaften den Reizen der Liebe vorzog, und durch Hülfe der erstern seine Kenntniß vom Kriegswesen sehr vermehrte, oder solchem eine ganz neue Gestalt gab.

17. *Praelia virginum — acrium*) Diese Stelle wird auf verschiedene Art ausgelegt. Einige nehmen das *sectis* und *acrium* so, als ob die Mädchen ihre

ihre Fingernägel erst geschärft hätten, um die Jünglinge recht kratzen zu können. *Vngues secare* soll
also hier heissen: die Nägel schärfen oder so schnei-
den, daß man damit kratzen könne. Müßten das
nicht saubere Mädchen gewesen seyn? Inzwischen
begünstigt Bentley den Gedanken dieser Erklärung;
weil er aber dabey einsieht, daß *vngues secare*
nichts anders heißt, als sich die Nägel beschnei-
den, so setzt er, statt *sessis vnguibus*, *strictis*
vnguibus. Allein wem fällt es nicht in die Augen,
daß Erklärungen von der Art unsers Dichters ganz
unwürdig sind? die ganze Anlage der Ode giebt zu
erkennen daß hier von scherzhaften Kämpfen die
Rede sey. Eigentliche oder ernsthafte Kriege, sagt
Horaz, könne er nicht beschreiben, wohl aber lustige
Mädchenkämpfe. Daher ist Cruquius, welchem hernach Dacier und Gesner gefolgt sind, auf einem
bessern Wege, wenn er diese Stelle als ein lachen-
des Gemälde von dem Zorne des Frauenzimmers
betrachtet. Die Mädchen wehren sich gegen ihre
verwegenen Liebhaber, aber so, daß die Liebhaber
damit zufrieden seyn können; sie sind *acres*,
grausam böse, und fallen die Jünglinge — *sectis*
vnguibus, mit wohlbeschnittenen Nägeln an, das
ist, mit sanfter zärtlicher Hand. Ihr Betragen ist
male pertinax, wie Ode 9 im letzten Verse. Der
unangenehmen Idee, die das Nägelbeschneiden bey
uns hat, bin ich in der Uebersetzung ausgewichen.

Q 2	19. va-

19. *vacui. fiue.*) *vacui* heißt hier meines Erachtens nicht, wie Gesner will, liebeleer, sondern bey Muße, frey von Geschäften; und *fiue* bezieht sich nicht auf *vacui*, sondern auf *conuiuia* und *praelia*. Nos vacui cantamus conuiuia, praelia virginum, fiue quid vrimur.

Anmerkungen zur siebenten Ode.

Ad Munatium Plancum) Die mehresten Ausleger finden bey dieser Ode große Schwierigkeiten. Unbekannt mit dem Geiste und der Schreibart des Dichters sehen sie da, wo keine Verbalverbindung ist, keinen Zusammenhang, und behaupten also, es sey zwischen dem 14ten und 15ten Verse dieser Ode eine Lücke. Sie betrachten daher die ganze Ode als einen Torso, dessen verlohrne Theile man beklagen müsse. "Vieles, sagt "einer derselben, ist von diesem schönen Fragmen= "te verlohren gegangen. Eigentlich sind es zwo "verschiedene Oden gewesen, die aber in Ansehung "des Innhalts nicht das geringste Gemeinschaftli= "che haben. In der einen zieht der Poet eine ge= "wisse italiänische Gegend allen Annehmlichkeiten "Griechenlands vor; in der andern giebt er einem "Freunde den Rath, sich die Ungnade, worein er "gefallen,

"gefallen, als ein vernünftiger Epikurer zu Nutze
"zu machen." Ich bin der Meynung, die Ode
hänge recht gut zusammen; nur muß man bey dem
Plane derselben ein paar wahrscheinliche Umstände
vor Augen haben. Der Konsular Plankus hielt es,
nach seiner unbeständigen Gemüthsart, anfänglich
mit der Parthey des Brutus, wo ihn vielleicht Horaz kennen lernte; hernach schlug er sich zum Antonius, und endlich zum Octavianus, der ihm eine
vornehme Kriegsbedienung gab und ihm noch andere Gunstbezeigungen erwies. Einst aber ließ
Octavianus Merkmale seiner Ungnade gegen ihn blik-
ken, und es ist wahrscheinlich, daß die Ode um diese
Zeit geschrieben wurde. Ferner ist es wahrscheinlich, daß Plankus bey seinem damaligen Mißvergnü-
gen vorgehabt habe, sich in eine von den griechischen
Städten zu begeben, die der Dichter im Anfange der
Ode schildert: denn in den Briefen des Cicero liest
man, die vornehmen Mißvergnügten in Rom hätten
ihren Aufenthalt mehrentheils in Rhodos und Mytilene genommen. Er hatte aber ein Gut in der Gegend
von Tibur, vermutlich nicht weit von des Horaz seinem. Horaz suchte ihn also zu bewegen, Italien nicht
zu verlassen, sondern, wenn ihn allenfalls Octavianus
nicht in Diensten behielte, so möchte er sich lieber
auf sein Gut, in die schöne Gegend von Tibur,
begeben. Allein sowohl dort, sagt Horaz, bey der
Armee, als hier auf dem Lande müsse er seinen
Verdruß durch guten Wein zu ertränken suchen.

Q 3 Diesem

Diesem zufolge ist der Innhalt der Ode: Ers
mahnung an Plankus, Italien nicht zu vers
lassen, sondern, wenn er verdrüßlich wäre,
seinen Verdruß mit einem Becher Wein zu vers
treiben, er möge nun im Feldlager, oder in
der schönen Gegend von Tibur sich aufhalten.
Plan. Man mag einen Aufenthalt loben,
was für einen man wolle, nach meiner Mey=
nung giebt es in der Welt keinen schönern Ort
als die Gegend um Tibur. Es ist wahr, Plans
kus befindet sich in einer verdrußlichen Lage;
allein (deswegen hat er nicht Ursache, Ita=
lien zu verlassen:) er kann seinen Verdruß
mit Wein tödten, es sey nun, daß er bey der
Armee bleibe, (teneat) oder, welches noch
besser wäre, daß er auf seinem Gute bey Ti=
bur sich niederlassen wolle. (tenebit) So
machte es Teucer von Salamis: in seiner
größten Widerwärtigkeit trank er Wein, ver=
gaß darüber geschehene Dinge, und ward
beruhigt.

1. *Rhodon. Mytilenen.*) Rhodos, eine Stadt
auf der Insel von gleichem Namen; der Koloß, ein
Wunder der alten Welt, verschiedene prächtige
Tempel, und eine blühende Schule der Wissen=
schaften machte sie berühmt: Die ganze Insel war
der Sonne heilig: niemals soll der Himmel so be=
wölkt

wölkt seyn, daß auf dieser Insel kein Sonnenschein
wäre. Mytilene war die Hauptstadt auf der Insel
Lesbos, ebenfalls berühmt durch den dasigen Flor
der Wissenschaften.

2. *Ephesum bimarisue Corinthi)* Die erstere
von diesen Städten ist besonders wegen ihres Dia-
nentempels bekannt, woran viele Könige unermeß-
liche Kosten verschwendeten, und den endlich He-
rostrat, um sich einen berühmten Namen zu machen, verbrannte. Die andere lag zwischen dem
ägäischen und ionischen Meere, und diese Lage brachte ihr grosse Reichthümer zuwege; sie hatte eine
Menge von Künstlern an Malern, Bildhauern ꝛc.
aufzuweisen.

3. *Thebas. Delphos.)* Der Stadt Theben in
Böotien hatten Bacchus, Herkules und der Dichter Pindar ihren Ursprung zu verdanken. Dieses
Theben hatte sieben Thore, und unterschied sich dadurch von einem ägyptischen Theben, welches deren
hundert hatte. In Delphi, einer Stadt am Fusse
des Parnasses, waren die Orakel des Apollo berühmt.

4. *Thessala Tempe)* Anmuthige Thäler in Thessalien zwischen den beyden Bergen Olympus und
Ossa. Wer eine weitläuftige Beschreibung von denselben lesen will, kann sie beym Aelian B. 3. Kap.
1. finden. Man hat von jeher mit dem Worte Tempe
auch andere angenehme Gegenden bezeichnet.

5. Pal-

5. *Palladis arces*) In vielen Ausgaben lieſt man *Palladis vrbem.* Unter dieſem wird Athen, die Königinn unter den Städten Griechenlands und der Sammelplatz aller Künſte und Wiſſenſchaften, verſtanden, und unter jenem die vortreffliche Burg in Athen. Dieſe Stadt war nach Livius Berichte (31, 30.) mehrern Gottheiten gewidmet, die Burg aber ſtand einzig und allein unter dem Schutz der Pallas, und das macht mich glauben, daß Palladis arces die beſſere Lesart ſey. Sie iſt auch poetiſcher als die andere, und gründet ſich auf mehr als einen berühmten Kodex.

7. *vndique — oliuam*) Eine neuere Lesart dieſes Verſes iſt: *vndique decerptae frondi praeponere oliuam.* Beyde Lesarten erwecken einen und denſelben Gedanken, daß nämlich die Verehrer der Pallas den Oelzweig hochſchätzen, es ſey nun, man nehme an, ſie zögen ihn allen übrigen Zweigen vor, oder ſie kränzten ſich damit. Jede Gottheit hatte, wie bekannt, einen gewiſſen Baum in ihrer Obhut, und der Oelbaum war der Minerva heilig. Das *decerptae frondi* ſoll Eraſmus erfunden haben. Torrenz, Baxter und Bentley ſind für die ältere Lesart; Lambin, Heinſius und Dacier für die neuere. Geſner ſagt witzig: fateor, me malle ſcripſiſſe vt dedit Eraſmus, quam vt credere
dere

dere oportet libris, fcripfiffe Horatium. Indeſſen ſehe ich nicht ein, was der ältern Lesart nachtheilig ſeyn ſoll.

8.	*Plurimus*) anſtatt plurimi, eine Synekdoche.

9.	*Aptum dicit equis Argos*) Dieſe Worte ſind folgender Misdeutung fähig: dicit Argos eſſe equis aptum. Sie haben aber dieſen Sinn: Argos equis aptum *laudat;* equis aptum iſt hier nur das Beywort von Argos, ſo wie die Griechen dieſer Stadt die Beywörter ἵππιον und ἱππόβοτον geben, weil die grasreichen Auen derſelben ſehr bequem zur Pferdezucht waren.

9.	*Mycenas*) Eine Stadt auf dem Peloponnes und die Reſidenz des Königs Agamemnons. Horaz nennet ſie reich, nach dem homeriſchen Beyworte dieſer Stadt πολύχρυσος·

10.	*patiens Lacedaemon*) vorher Sparta genannt, war auch eine Stadt auf dem Peloponnes am Fluſſe Eurotas. Der Dichter giebt ihr das Beywort duldend, das iſt, arbeitſam, unternehmend. Qui ardua et difficilia adgrediuntur, ſagt Baxter bey Erklärung des *perpeti* im 25ſten Verſe der erſten Ode, multa *perpetiuntur.* Wer viel unternimmt, muß viel erdulden. Die Spar-

taner wurden von Jugend auf zu harter Arbeit und
zu beschwerlichen Unternehmungen gewöhnt, damit
sie im Nothfall alle Mühe und Gefahr zu verach=
ten wüßten.

11. *Larissae etc.*) Eine Stadt in Thessalien, be=
rühmt durch ihre schönen Fruchtfelder; Griechen=
land hatte noch drey andere Städte von gleichem
Namen.

12. *Albuneae*) Die Nymphe einer Felsenquelle, die
auf dem Gebirge von Tibur in einem anmuthigen
Gehölz entsprang.

13. *Anio*) dieser Fluß strömte durch die Thäler der
tiburnischen Berge, machte an einigen Orten ein
grosses Geräusch, und ergoß sich nicht weit von Rom
in die Tiber.

15. *Albus Notus*) der helle Notus, (Südwest) weil
ihn zwar oft trübe, aber doch noch öfterer helle
Witterung begleitet.

15. *deterget*) Einige lesen es nach der dritten Kon=
jugation.

17. *perpetuos*) Bentley will *perpetuo* gelesen ha=
ben; das erstere scheint Baxtern horazischer zu
klingen.

17. *sapiens*

17. *sapiens — mero*) die Weisen aus der Schule Epiturs suchten alle Unannehmlichkeiten des Lebens, strenge Winter, schmerzhafte Krankheiten und selbst die Schrecken des Todes durch sinnliche Vergnügungen von sich zu entfernen.

19. *fulgentia signis castra*) die Lager der Römer glänzten von den goldnen Adlern, die sie als ihr Panier aufsteckten, oder die bey ihnen das waren, was bey uns die Fahnen und Standarten sind.

21. *Teucer*) Teucer und Ajax waren Söhne Telamons, des Königs zu Salamis, welche mit in den trojanischen Krieg giengen und sich sehr tapfer hielten. Unvermuthet entleibte, aus einem gewissen Vorurtheil, Ajax sich selbst. Als hernach Teucer nach Hause kam und seinen Bruder nicht mitbrachte, verbannete ihn Telamon. Er gieng darauf nach Cypern, erbauete da eine Stadt und nannte sie nach seiner Vaterstadt Salamis. — "Horaz, sagt Herr "Rammler, verweist den Plankus vielleicht aus "mehr als Einer Ursache auf das Beyspiel Teucers. "Dergleichen feine Anspielungen sind oft nur den "Zeitverwandten merklich, für die Nachwelt aber ge- "hen sie verlohren, und lassen ihr nichts als ungewisse "Muthmassungen übrig."

23. *populea etc.*) die Pappel ist dem Herkules heilig: ihm, dem größten Bogenschützen, dem alten Eroberer von Troja, dem Schutzgotte der herumschweifenden

fenden Helden, bringt Teucer bey seiner Flucht ein Opfer. Rammler.

25. *melior fortuna parente*) das Glück war Teucern allerdings günstiger als sein Vater: denn es glückte ihm in Cyppern; die Stadt Salamis, die er daselbst bauete, ward die Hauptstadt eines Königreichs, welches seine Nachkommen viele Jahrhunderte in ungestörter Ruhe beherrscht haben.

26. *socii comitesque*) drücken nicht einerley aus: *socii* bezieht sich aufs Glück, *comites* auf die Reise.

27. *auspice Teucro*) Für diese beyden Worte wünscht Bentley, daß man *auspice Phoebo*, und Cuningam, daß man *obside Teucro* lesen möchte, und in den ältesten Handschriften steht doch *auspice Teucro.* Man soll nämlich nach dem Genius der lateinischen Sprache zwar *auspiciis Teucri*, aber nicht *auspice Teucro* sagen können. "Denn, "schreibt Sanadon, *auspice* hat hier entweder sei= "ne eigentliche, oder eine verblümte Bedeutung; "im eigentlichen Verstande aber hat das Wort "*auspex* niemals etwas anders als einen Men= "schen bezeichnet, dessen Amt es war, aus dem "Vogelflug zu weissagen, und im verblümten Ver= "stande hat man es niemals von einem Menschen, "sondern nur von den Göttern gebraucht." Hier=
wider

wider behaupten Baxter und Gesner, man könne
gar wohl, statt *auspiciis Teucri*, *auspice Teucro* sagen; es sey dieses eine gewöhnliche horazische Hypallage; selbst aus unserm Dichter und zwar
aus der 27sten Ode des dritten Buchs erhelle, daß
unter *auspex* zuweilen ein jeder Beobachter des
Vogelfluges, und nicht eben ein römischer Priester
verstanden werde.

28. *Certus enim promisit Apollo*) certus:
denn die Orakel des Apolls wurden für die untrüglichsten gehalten. Teucer hatte also gut weiß-
sagen, da er dieselben zu Rathe gezogen hatte.
Promisit enim. Ich weissage euch Glück: denn
Apollo selbst hat mir Glück verheissen. Ist es nicht
wunderlich, daß Bentley sagt, das *enim* in diesem
Verse lasse sich nicht erklären, wenn man nicht im
vorhergehenden Verse *auspice Phoebo* für auspice Teucro läse, und es könne sich auf nichts
als auf dieses von ihm erfundene Phoebo beziehen?

29. *ambiguam Salamina*) Apoll, sagt Dacier, habe
dem Teucer ein solches zweytes Salamis verheissen, welches dem erstern so ähnlich seyn soll, daß
man beyde kaum wird von einander unterscheiden
können.

Anmer=

Anmerkungen zur achten Ode.

Ad Lydiam) Diese Ode ist die Frucht eines poetischen Muthwillens, oder vielleicht der Rache eines Dichters, die er unter der Larve des Muthwillens zu verbergen sucht. Denn wenn die gegenwärtige Lydia, wie man glaubt, dieselbe ist, an welche Horaz noch verschiedene Oden richtete, so sieht man wohl, daß er selbst gerne etwas bey ihr gelten wollte, daß ihn andere Liebhaber bey ihr ausgestochen hatten, und daß diese Liebhaber sowohl als Lydia seinen Zorn darüber empfinden mußten. Dießmal wurde Lydia von Sybaris geliebt. Beyde sind von Liebe gegen einander trunken. Der Dichter stört sie in dem Taumel ihres Vergnügens durch eine beissende Ironie, die desto beissender ist, da sie aus einem lachenden Munde kömmt. Er beschwört Lydia bey allen Göttern, sie möchte ihm sagen, warum sie so eile, ihren Liebhaber Sybaris hinzurichten; warum er izt nicht mehr auf den Marsplaß erscheine, u. s. w. Mit einem Strom von solchen boshaften Fragen — denn die ganze Ode besteht aus Fragen — schildert er also Lydien als eine Person, welche junge Leute von allen rühmlichen Geschäften abhalte, und weibisch mache. Der Verweis, den auf die Art Lydia bekömmt, gilt auch dem Sybaris, weil er sich so

willig

willig in ihre schimpflichen Fesseln schmiegt und sich
von ihr ganz umbilden lässet.   Sybaris hat zwar
nicht die Ehre, von dem Dichter angeredet zu werden: die Streiche der Satire treffen ihn gleichsam
nur von der Seite; allein eben damit wird er als
ein verächtlicher kleiner Geck behandelt.   Am Ende
sagt der Dichter, Sybaris Aufenthalt bey Lydien
sey für diesen jungen Ritter eine eben so schimpfliche Lage, als jene des Achills, da er sich in Frau-
enzimmerkleidung in den Schutz gewisser Prin-
zessinnen begeben, damit er nicht mit in den
trojanischen Krieg gehen dürfe.   Dacier ist der
Meynung, dieser letzte Zug in dem Gemälde der
Ode sey der Schlüssel des Ganzen: Sybaris habe
sich in weiblicher Kleidung bey Lydia aufgehalten,
und die ganze Ode wäre in keiner andern Absicht
verfertiget worden, als um dieses Geheimniß zu
entdecken.   Indessen ist dieses eine Sache, die man
nicht beweisen kann, und die also unter diejenige
Gattung von Feinheiten gehöret, wovon oft nur
die Ausleger die Erfinder sind, und woran die Schriftsteller selbst vielleicht nimmer gedacht hatten.   Zum
wenigsten läßt sich die Ode erklären, ohne daß man
den erwähnten Umstand voraussetzen darf.   Nicht
alles, was in einem Gleichnisse enthalten ist, braucht,
wie bekannt, mit der verglichenen Sache überein-
zustimmen: das gegenwärtige Gleichniß kann also
nur das Unrühmliche und Weibische in dem beständigen Aufenthalte des Sybaris bey Lydien bezeich-

nen

nen sollen, ohne daß eben dieser Weichling, wie
Achill, Mädchenkleidung getragen zu haben brau-
chet. Wir wollen Innhalt und Plan, so viel möglich, aufs Einfache zurückführen. **Innhalt.**
Die Liebe der Lydia ist gefährlich und schimpflich. **Plan.** Lydia liebt itzt den Sybaris,
und sie wird ihn frühzeitig genug aufopfern.
(In dem *properas* und *perdere* liegen viel
boshafte Vorwürfe.) Wenigstens bringt sie ihn
um alle seine Ehre: denn sie leidet nicht, daß
er noch einer einzigen von seinen vormaligen
edlen Uebungen obliege; sie macht ihn also
ganz weibisch, so daß er bey ihr ohngefähr
die Rolle spielt, die ehemals Achill unter des
Lykomeds Töchtern spielte. — Unter die
Hauptschönheiten dieser Ode rechne ich die kleinen
malerischen Beschreibungen, von denen alle Theile
derselben glänzen. Das Sylbenmaaß, das der
Dichter gebrauchet, und das man sonst nirgends
findet, hat denselben weichlichen Charakter, den
Sybaris hat, und zugleich dieselbe muthwillige Laune, die in den Ausdrücken des Dichters herrschet.
Man könnte sagen, Horaz, der Dichter, Horaz,
der Maler, und Horaz, der Versificateur hätten
sich bey diesem Stück einander zu übertreffen gesucht. In Ansehung der äußerlichen Gestalt des
Sylbenmaasses bin ich der bequemern und mehr
lyrischen Abtheilung desselben, die Sanadon und
dü

dů Hamel eingeführt haben, gefolgt, aus eben
den Gründen, die mich zu einer Aenderung des Un-
geheuers von Verse in der vierten Ode veranlaßten.

1. *Lydia*) Lydia und Sybaris sind unstreitig eben
sowohl erdichtete Namen, als Pyrrha, Lalage, u.
d. gl. Ich wundere mich, wie Dacier daran zwei-
feln mechte. Die Dichter aller Völker haben in diesem Stücke einerley Gewohnheit, nämlich die Namen solcher Personen, die man nicht gerne nennen
will, unter erdichteten zu verstecken.

3. *properas*) "Horaz, sagt Dacier, will mit diesem
"Worte die grosse Jugend des Sybaris bemerken." — Das *oderit* im 5ten Verse hat einige
verführt, allhier *properes*, und so auch hernach
V. 8. und 10. *equitet, temperet* zu lesen. Da
sie aber bey dem *timet* im 11ten Verse, dem Syl-
benmaasse zufolge, doch anfangen müssen, die Fragen des Dichters im Indikativ zu lesen, so thut
man am besten, man liest die obigen Wörter gleich
Anfangs in diesem Modus. Zudem ist, selbst nach
dem Priscian, *oderit* sowohl das futurum in-
dicatiui als coniunctiui. Bey dieser Lesart hat
man auch die ältesten Handschriften auf seiner Seite, zu geschweigen, daß es poetischer ist, wenn der
Dichter fragt: warum thust du das, oder warum
thut er das; als: warum magst du wohl das
thun, u. s. w.

R   3. *aman-*

3. *amando*) Es fragt sich, ob dieses Wort hier in aktivischer oder passivischer Bedeutung zu nehmen sey, das ist, ob Lydia liebe, oder geliebt werde. Die mehresten Ausleger haben sich fürs letztere erklärt. Allein das wäre meines Erachtens, sowohl nach der Grammatik als nach der Sache, sehr unnatürlich. Wie unnatürlich: Lydia stürzt den Sybaris durch die Liebe, die er für sie hat, ins Verderben! nein, sie thut es durch ihre Liebe gegen ihn; sie eilt recht, ihn mit ihrer Liebe unglücklich zu machen.

5. *campum*) nämlich Martium: ein grosser freyer Platz bey Rom, auf welchem unter andern die Kriegs-übungen gehalten wurden.

9. *Gallica ora*) anstatt equorum Gallicorum ora, eine Synekdoche.

9. *lupatis fraenis*) eine Gattung scharfer Gebisse oder Mundstücke an den Zäumen, die Virgil blos *lupata* und Ovid blos *lupos* nennet. Jener sagt: *duris parere lupatis;* dieser: *et placido duros accipit ore lupos.* Man nahm anfänglich wirkliche Wolfszähne dazu; nachher wurden sie von Eisen, nach Art der Wolfszähne, verfertiget.

11. *Tiberim tangere*) der Marsplatz lag an der Tiber, worinnen sich die jungen Römer, wenn ihre

Kampf-

Kampfübungen vorbey waren, auch im Schwim-
men zu uben pflegten.

12. *oliuum*) Kämpfersalbe, die aus Wachs und Oel
bestand, und womit sich diejenigen bestrichen, welche
nackt kämpften.

14. *neque iam — brachia*) Siehet man wohl gegenwärtig braune oder blaue Flecken, oder Schwie-
len an seinen Armen, die er von der Last der Waffen (des Diskus, des Wurfspiesses u. d. gl.) bekömmt? Einige haben in dieser Redensart vergebens
viel Schwierigkeit gesucht.

16. *disco*) eine Art Scheibe von Holz, Stein oder
Metall, welche mittelst eines härenen Bandes nach
einem gewissen Ziele geschleudert wurde. Von dem
folgenden *iaculo*, einer Art kleiner Spiesse, kann
man beynahe dasselbe sagen.

19. *vt marinae — cateruas*) Achill, der Sohn
der Meergöttin Thetis, wurde von dieser zärtlichen
Mutter, als sich der trojanische Krieg entspann, in
weiblicher Kleidung auf die Insel Scyros zum Könige Lykomed gebracht, damit er in dieser Gestalt
unter den Töchtern desselben vor der Gefahr des
Krieges sicher seyn möchte.

20. *dicunt*) nämlich latuisse.

21. *sub*) heißt hier, sagt Cruquius, nicht sowohl vor,
als gegen, um die Zeit.

R 2   23. *Ly-*

23. *Lycias*) die Lycier waren Bundesgenoſſen oder Hülfsvölker der Trojaner.

Anmerkungen zur neunten Ode.

Ad *Thaliarchum*) Abermals eine von denjenigen Oden, die unter dem Stempel der epikuriſchen Sittenlehre geprägt ſind: allen verdrüßlichen Vorfällen im menſchlichen Leben muß man vermittelſt ſinnlicher Vergnügungen ausweichen; iſt es Winter, ſo trotzt man der Kälte am Kamin mit vollen Bechern. — Dem erſten Anſehen nach geht die Ode von der gewöhnlichen horaziſchen Simplicität ab. Statt einer ſchönen lyriſchen Unordnung, die eigentlich nur den Schein der Unordnung hat, und die ein ſanfter Bach iſt, welcher von ſeiner kleinen Ausſchweifung in ein benachbartes Blumengefilde bald wieder zurück in die rechte Bahn kömmt, glaubt man eine wirkliche Unordnung wahrzunehmen: dieſe aber gleicht einem Strom, den wilde Regengüſſe aufſchwellen und aus ſeinen Ufern treiben, ſo daß er einen ungewöhnlichen Lauf nimmt, und ſeine alten Grenzen ſofort vergißt. Horaz ſchildert anfänglich den Winter, und ſagt, man müſſe bey dieſer rauhen Jahrszeit die Wärme der Zimmer genieſſen und Wein trinken. Das läßt man hingehen. Er ſagt ferner,

man

man müsse die Sorge für das übrige, oder für das, was man sonst nöthig habe, den Göttern überlassen; es werde auch nicht immer Winter seyn: so bald die Götter geböthen, so bald legten sich die stürmenden Winde; (man brauche also nicht immer so viel Holz zum Einheizen.) Dawider hat man auch nichts. Allein nun sagt er, man müsse die Annehmlichkeiten der Liebe geniessen, und zwar müsse man auf dem Marsplatz und in den Tempelhöfen sich mit Spazierengehen erlustigen; man müsse des Abends geheime Zusammenkünfte mit Mädchen veranstalten, u. s. w. Wie hängt das mit dem Winter und mit dem Weintrinken im warmen Zimmer zusammen? Hat nicht der Dichter alle Einheiten des Gedichts gänzlich vernachlässiget? — Dieser Anschein von Fehler wird jedoch alsbald verschwinden, wenn man den Hauptinnhalt der Ode wohl erwägt; (es ist nicht der Winter, es ist der Lieblingsgedanke des Dichters: man muß sich etwas zu gute thun; zu welchem der Winter nur Anlaß giebt!) wenn man ferner die Schreibart des Dichters nicht aus den Augen läßt, nach der er gewohnt ist, unnöthige Zwischensätze, unnöthige Wortverbindungen und dergleichen, die ein jeder Denker an die gehörige Stelle hindenken kann, zu übergehen; und wenn man sich erinnert, daß das *nunc* im 18ten und 21sten Verse blos auf das *puer* im 16ten und auf das *donec etc.* im 17ten Verse, keineswegs aber auf die Zeit des Winters, wovon

　　　　　　　　　　　　　　im

im Anfange der Ode geredet wird, sich beziehet. Ueber
das letztere können unaufmerksame Leser leicht hinweg sehen. In der Jugend, will Horaz sagen, muß
man sich alle Arten von Ergötzungen zu Nutze machen; Thaliarch und ich, wir sind jung: wir wollen uns bey aller Gelegenheit vergnügen. ——
Innhalt. Das Unangenehme des Winters
fordert uns zu irgend einer Art von Vergnügen auf. **Plan.** Kleines Gemälde einer win-
trichten Gegend. Thaliarch wird ermahnet,
sich durch den Anblick des Winters und durch
die Empfindung der Kälte bewegen zu lassen,
sich und dem Dichter gütlich zu thun, und
mithin vor allen Dingen weder Holz noch
Wein zu sparen. Noch einige Bewegungs-
gründe zum Gütlichthun. Erstlich, die Götter werden die Sorge für die Befriedigung
unsrer übrigen Bedürfnisse auf sich nehmen.
Zweytens, es wird auch nicht immer Winter
seyn. (Thaliarch braucht also mit Holz und
Wein nicht so sehr an sich zu halten.) Zum
dritten, itzt sind wir noch jung: kein Zeitpunkt
von unsrer Jugend darf ungenützt oder ohne
irgend eine Art von Vergnügen verstreichen;
wir wollen vielmehr bey Gelegenheit alle
Arten von Vergnügen (die Freuden der Liebe, Tänze, Spaziergänge, verabredete abend-
liche Zusammenkünfte, Pfänderspiele, die Spie-

le

le des Versteckens, Lachen und Muthwillen,) in unſern Jugendjahren zu genieſſen ſuchen.

1. *Vides, vt alta etc.*) Nicht ſieheſt du ꝛc. ſon= dern ohne Frage, du ſieheſt. Bentley.

2. *Soracte*) Ein hoher Berg in Etrurien, dem Apoll gewidmet. Es iſt merkwürdig, daß man in unſern Zeiten keinen Schnee auf dem Sorakte ſieht, und daß die Tiber nicht mehr zufriert. S. Flögels Geſchichte des menſchlichen Verſtandes, S. 100.

6. *benignius*) Die Ausleger ſowohl als die Ueber= ſetzer ſcheinen ſich bey dieſem Worte ſamt und ſon= ders zu irren, da ſie es hier für ein Adverbium von *deprome* halten, und mit dem vorhergehenden *large* zuſammenhängen. Thaliarch, meynen ſie, werde ermahnet, reichlich Holz, noch reichlicher aber Wein beyzuſchaffen. Luſtig iſt es, daß Da= cier den Dichter, mit einer ſtolzen Erhebung, eines Fehlers beſchuldiget und ihm den Vorwurf macht, man ſähe wohl, daß ihm das Sylbenmaaß gebiethe, *benignius* zu ſetzen, ein Wort, das ſich nicht ſchicke, nachdem er vorher *large* geſetzt habe; wäre ihm das Sylbenmaaß nicht hinderlich geweſen, ſo hätte er allen Regeln zufolge *largius* ſchreiben müſſen. Sanadon will zwar den Autor gegen Dacier verthei= digen; allein er hält doch das *benignius* auch für ein Adverbium, und trifft alſo, nach meinem Be= dünken, den Sinn des Dichters im geringſten

R 4   nicht. ―

nicht. — Ich sehe dieses *benignius* für ein Bey=
wort von *merum* an, das seine Beziehung auf
ligna hat, und brauche auf die Art Horazen kei=
nes Fehlers zu bezüchtigen. Deprome merum
quadrimum benignius sc. *lignis.* Warme
Zimmer, sagt Horaz, werden uns wohl beha=
gen, und alter feuernder Wein noch besser.
Das Wort *benignus* wird aber, wie bekannt,
eben sowohl von Sachen, als von Personen, ge=
braucht. S. unter andern Hor. Od. I. 17. V.
15. *benigno cornu.* II. 18. V. 10. *benigna*
vena.

7. *Sabina diota)* ein Weingefäß von einem gewissen
Maaßgehalte mit doppelten Griffen, dergleichen in
Sabinien verfertiget wurden. Weder Flasche noch
Krug bezeichnen bey uns Deutschen ein Gefäß,
worein ein bestimmtes Maaß gehet, wohl aber Kanne,
und darum habe ich dieses sonst ungewöhnliche und
vielleicht nicht sehr poetische Wort in der Uebersetzung
gebraucht. Diejenigen, die etwa Flasche für schöner
halten und das schönere dem richtigern vorziehen,
mögen Flasche dafür lesen.

8. *o Thaliarche)* dieses Wort scheinet nach seinem
griechischen Ursprunge einen König des Gastmahls
zu bezeichnen; es ist aber hier vermutblich der eigene
Name eines Freundes von Horaz, der ohne Zwei=
fel nicht weit von dem Berge Sorakte ein Land=
gut hatte, und den der Dichter daselbst besuchte.

9. *qui*

9. *qui simul — orni*) Man hat angemerkt, daß der Dichter hier kein lebhafteres Bild, und nicht mehr Stärke und Wohllaut des Ausdrucks hätte anbringen können. (stravere von sterno.)

16. *tu*) Julius Skaliger hat dieses Wort für ein überflüssiges Füllwort erklärt, welches der Zwang des Silbenmaaßes herbeygezogen habe: Bentley führt aber zu Horazens Rechtfertigung Stellen aus andern berühmten Dichtern, dem Homer, Virgil u. an, worinne dergleichen Arten zu reden auch vorkommen.

18. *nunc*) bezieht sich auf das vorhergehende *donec*.

18. *areae*) darunter verstehe ich hier die Tempelhöfe in der Stadt Rom.

21 *latentis puellae proditor risus*) bey dieser Stelle wird einem jeden der virgilische Vers (Ekl. 3. V. 65) einfallen, welcher ein Mädchen malt, das sich verstecken will, und doch wünscht, man möge bemerken, wohin sie sich versteckt:

Et fugit ad salices et se cupit ante videri.

22. *risus*) nämlich repetatur, in Beziehung auf den 20ten Vers.

24 *male pertinaci*) dieses male pertinaci ist überaus schön; es malt lose Mädchen, welche die Armbänder, die Ringe und dergleichen, die ihnen die Jünglinge

R 5   linge

linge abziehen wollen, zwar gerne hingeben, aber sich
doch ein wenig dabey wehren, um den Liebhabern
etwas zu schaffen zu machen, mit einem Worte,
welche sich vertheidigen, um überwunden zu werden.
Das *male pertinax* hat seiner buchstäblichen Zu-
sammensetzung nach, eine Aehnlichkeit mit den französischen Wörtern *mal-content*, *mal-honnêt*
u. s. w.

Anmerkungen zur zehnten Ode.

Laudes Mercurii) die Entstehung dieser Ode
ist wahrscheinlich einem Feste des Merkurs
zuzuschreiben. Innhalt. Lob des Merkurs.
Plan. Ich will den Merkur loben, und zwar
wegen seiner Abkunft, (*nepos Atlantis*) wegen
der Wohlthaten, die er den Menschen vormals
erwies, (*qui feros — palaestrae*) wegen seiner Aemter, (*nuntius Deorum*, imgleichen
pias — imis) wegen seiner Erfindungen
(*parens lyrae*) und wegen seiner Geschicklich-
keiten. (*facundus, callidus etc.*)

1. *Mercuri*) Merkur ist ohne Zweifel einer der wür-
digsten grossen Geister der ersten Jahrhunderte gewesen, dergleichen Menschen man hernach vergöttert
hat;

hat; indessen beruhet alles, was uns die Schriftsteller von ihm sagen, auf Muthmassungen. Die
Aegyptier verehrten ihn schon unter ihrem Anubis.

1. *nepos Atlantis*) Atlas, ein mauritanischer König;
Maja, dessen Tochter, war Merkurs Mutter.

2. *Qui — palaestrae*) das *recentum* macht mich
glauben, daß man unter *voce* nicht sowohl Beredt-
samkeit oder Gesang wie die Ausleger meynen,
als blos Sprache, verstehen müsse. Der Ursprung der menschlichen Sprache, wenn man sich
anders mehr als wilde unregelmässige Töne darunter gedenkt, bleibt für die Philosophen immer ein
Räthsel, und ist würdig, der Unterweisung eines
Gottes zugeschrieben zu werden. *Feros cultus etc.*
er bildete die rohen Menschen aus, er verfeinerte
ihre thierischen Sitten. *Mos palaestrae* sind
überhaupt die Gesetze und Einrichtungen einer Schule
der Künste. Das *decorae* zeigt insbesondere solche
Künste an, welche die natürlichen Fähigkeiten des
Körpers vervollkommnen, nämlich Tanzen, Fechten
u. s. w. Man muß aber, meines Erachtens, auch
hier, wie bey dem *voce*, nicht zu viel annehmen:
es war schon gnug, wenn Merkur die ersten wilden
Menschen aufrecht gehen, die Faustkämpfe meiden,
und nur etwas von dem lehrte, was man Anstand
nennet. Mit diesen Anmerkungen stimmt die Sage
der Dichter und selbst die Meynung unsers Horaz
von

von der elenden Beschaffenheit der ersten Menschen
überein. Von Virgil werden sie *terrea progenies*
genannt; und beym Horaz heissen sie *mutum et
turpe pecus.* Die ganze Stelle unsers Dichters
verdient hier angeführt zu werden. (Sat. 1. 3.
V. 99 u. f.)

Cum prorepserunt primis animalia terris,
Mutum et turpe pecus, glandem atque cubilia
propter,
Vnguibus et pugnis, dein fustibus, atque ita
porro
Pugnabant armis, quaepost fabricauerat vsus;
Donec verba, quibus voces sensusque notarent,
Nominaque inuenere.

3. *catus*) ist nach dem Varro ein sabinisches Wort und
so viel als *acutus,* fein, schlau.

5. *Deorum nuntium*) Merkur gab sich entweder bey
den Wilden, die er unterrichten wollte, selbst für
einen Bothen der Götter aus, um sie desto bereit-
williger zu machen, seine guten Lehren, die alsdann
Lehren des Himmels waren, anzunehmen; oder die
Wilden hielten ihn für einen, den die Götter zu ihnen
gesandt hätten, weil sie viel ausserordentliches an
ihm fanden, und er machte sich ihren Irrthum zu
Nutze: daher, wie mich dünkt, der Name eines
Bothen der Götter.

6. *lyrae*

6. *lyrae parentem*) Merkur heißt der Vater oder der Erfinder der Leyer, weil die Leyer das älteste Musikinstrument ist, und man vor seiner Zeit, wenigstens in der Weltgegend, wo er lebte, noch nichts von Musik gehört hatte. — Alle unsre Erkenntniß fängt sich von unserm Körper an. Je nachdem unsre Sinnen mehr oder weniger gerührt werden, je nachdem wird unser Geist mehr oder weniger aufmerksam. Das wußte Merkur: durch Hülfe der sinnlichen Empfindungen, die er seinen Wilden durch die Harmonie der Leyer einflößte, fand er den Weg zu ihrem Verstande.

7. *callidum — furto.*) Merkur machte die Menschen gesitteter und folglich auch gesellschaftlicher. Er lehrte sie mit ihren Nachbarn friedlich leben, und führte nützliche Gewerbe und die Handlung unter ihnen ein. Beym Kaufen und Verkaufen geht es nicht ohne Betrug ab, und daher mag es gekommen seyn, daß man ihn als den ersten Kaufmann auch für den ersten Betrüger, oder, nach einem andern Ausdruck, für den Gott der Diebe erklärt hat. Horaz fühlt das Verhaßte in diesem Begriff, und geht, weil solcher doch einmal zu Merkurs Charakteristik gehört, wenigstens ganz säuberlich mit dem göttlichen Diebe um, indem er ihn nur zum Scherz rauben läßet. Ich halte diese Wendung für ein meisterhaftes Kunststück des Dichters.

9. te

9. *te boues — Apollo*) Diese beyden Geschichtchen, die sich eigentlich zu ganz verschiedenen Zeiten zutrugen, vereiniget hier der Dichter, um der Sache mehr Witz und Lebhaftigkeit zu geben. Denn es ist artiger, wenn Merkur schlau genug gewesen ist, den Köcher seines Bruders gerade zu der Zeit bey Seite zu bringen, da ihn derselbe wegen des Rinderraubes scharf zu Rede setzte, als wenn er ihm blos zu einer gewissen Zeit die Rinder und zu einer gewissen andern Zeit den Köcher entwendet hätte.

13. *Atridas*) Agamemnon und Menelaus, des Atreus Enkel.

14. *diues Priamus*) hier deswegen *diues* genannt, weil Horaz in dieser Stelle auf die Begebenheit zielet, da Priamus mit einem ganzen Wagen voll kostbarer Geschenke seines Sohnes, des Hektors, Leichnam, dessen Achill habhaft geworden war, wieder an sich brachte. Virgil sagt hiervon: exanimumque auro corpus vendebat Achilles.

15. *Thessalosque ignes*) die Wachtfeuer des Achills.

17. *Tu pias — imis*) Ich ziehe das, was hier gesagt wird, auf Merkurs Amt eines Gesandten, oder Bothen der Götter. Als ein solcher hatte er vermuthlich denen, die sich seinen Gesetzen, das ist, den Gesetzen der Götter, unterwürfen, die Freuden des Himmels versprochen, und hergegen denen, die sie verachteten, die ewigen Strafen des Orkus zuerkannt.

Dieses

Dieses gab hernach Anlaß, von ihm zu sagen, er bringe die Frommen nach Elysium, und die Bösen in den Orkus.

18. *virgaque aurea*) Alle Götter hatten ihre äusserlichen Unterscheidungszeichen, Jupiter den Blitz, Mars den Helm oder Spieß, Neptun den Dreyzack, Apoll den Köcher, Bacchus den Epheukranz oder den Thyrsus, Merkur den goldenen Stab. Dieser Stab scheinet eine Art von Zepter gewesen zu seyn: denn die Alten eigneten den Zeptern eine gewisse göttliche Kraft zu, und sowohl in der Stelle, die wir vor Augen haben, als anderwärts wird dem Stabe des Merkurs eine besondre Kraft zugeschrieben. So sagt z. E. Virgil: (Aen. 4. 242.)

Tum virgam capit: hac animas ille euocat Orco
Pallentes, alias sub Tartara tristia mittit.

Anmerkungen zur eilften Ode.

Ad Leuconoën) Die Menschen haben zu allen Zeiten einen Hang für Vorherwissenheit ihrer Schicksale gehabt. Horaz sagt hier der Leukonoë, welche dieser Schwachheit ebenfalls unterworfen war, daß es verwegen sey, die Geheimnisse der Zukunft durch Hülfe der Wahrsagerkunst erforschen

schen zu wollen. und daß man besser thue, wenn
man, mit seinem Schicksale zufrieden, sich jede
Stunde seiner Lebenszeit zu versüssen suche, als
wenn man ängstlich frage, wie lange diese Lebenszeit dauern werde. —' Innhalt. Man muß
sein Schicksal nicht vorherwissen wollen. Plan.
Es ist unerlaubter Vorwitz, seines künftigen
Schicksals wegen die chaldäischen Wahrsager
zu Rathe zu ziehen. Man muß die Schicksale
so annehmen, wie sie von Jupiters Hand kommen, sie seyen gut oder böse. Wer weise ist,
vergnügt sich, so gut er kann, hofft nicht zu
viel, und geniesset den Tag, den er hat, ohne auf den folgenden Rechnung zu machen.
Die Zueignung ist, wie wir schon gehört haben,
an Leukonoe. — Eine Menge vortrefflicher Gedanken in einer kleinen Anzahl von vortrefflichen
Versen!

1. *quaesieris, scire nefas!*) Einige verbinden
scire mit *quaesieris*: (quaesieris scire, nefas!)
Beyde Lesarten kommen in der Hauptsache überein. — Im übrigen weiß ich nicht, warum Dacier und Sanadon von der gewöhnlichen Bedeutung
des *nefas* abgehen, und *scire nefas* durch: es
ist eine trügliche Wissenschaft, oder, es ist uns
möglich, solches zu erforschen; erklären. Die
Sache selbst, nämlich wahrsagen und sich wahrsagen lassen, verträgt zwar diesen Gedanken; allein
sie

sie verträgt jenen noch viel mehr, daß es unerlaubt und eine Art von Frevel sey, wenn man zukünftige Dinge, Dinge, welche die Götter bestimmt haben, (*quem finem Di dederint*) erforschen wolle. Die Sache wird hier aus dem Gesichtspunkte der Religion betrachtet.

2. *Leuconoë*) wofür einige *Leucothoë* lesen. Wieder eine Kleinigkeit! Es ist in beyden Lesarten doch vermuthlich nur ein erdichteter Name.

2. *Babylonios numeros*) die Chaldäer, deren Hauptstadt Babylon war, hatten einige Kenntniß in der Astrologie, gaben aber fälschlich vor, sie verstünden auch die Kunst, die Schicksale der Menschen zu berechnen; diese Kunst auszuüben und sich Geld damit zu verdienen, durchwanderten sie, nach Art der heutigen Zigeuner, fremde Länder. Horaz erfuhr, daß sich auch Leukonoe von dergleichen Leuten wahrsagen ließ.

3. *vt melius*) anstatt *quanto melius*, nämlich *est!* Eine sehr gewöhnliche Ellipse. Es ist also hier nichts von Schwierigkeit anzutreffen, wie doch einige glauben.

5. *quae.—mare*) Alle Erklärungen von diesem Verse, die ich noch gesehen habe, sind unnatürlich und zum Theil weithergeholt. Zudem, man mag aus dem *pumicibus* Steinklippen oder steinerne Gebäude machen, so muß man dem *debilitat* eine Be-

S   deutung

deutung andichten, die es nicht hat, und dabey
sticht die Idee des Winters nicht im mindesten
hervor, worauf doch, meines Erachtens, alles an-
kömmt. Ich verstehe hier unter *pumicibus*, nach
einer leichten Figur, das Eis auf dem tyrrhenischen
(oder toscanischen) Meere. Es war vermuthlich damals, als Horaz diese Ode schrieb, ein sehr kalter
Winter, da die Seen zufroren. Der Vers will also
nichts weiter sagen, als das tyrrhenische Meer sey
izt zugefroren, oder poetisch, der gegenwärtige Winter setze dem tyrrhenischen Meere Eisfelsen entgegen und entkräfte auf die Art seine stolzen Wellen.

6. *sapias*) nicht anstatt *si sapias*, wie die Scholiasten und einige Neuere wollen, sondern, nach Erasmus Erklärung, anstatt *sape*.

6. *vina liques*) Der Dichter setzt hier die Gattung
fürs Geschlecht: er empfiehlt der Leukonoe überhaupt Vergnügungen. — Die Römer liessen ihren
alten und oft ganz dick gewordenen Wein vermittelst
etwas Wasser durch ein zartes Tuch laufen, damit
er flüssig und trinkbar wurde, und das nannten sie
liquare oder *saccare vinum*.

8. *carpe diem*) eine Schönheit, die sich im Deutschen
nicht ausdrücken läßt: den Tag (wie Blumen und
Früchte) pflücken, würde bey uns zu kühn seyn.
Freuden pflücken, wie Martial sagt: *fugitiua-
que gaudia carpe;* möchte unser Ohr vielleicht
noch eher vertragen.

—————

Anmer-

Anmerkungen zur zwölften Ode.

In laudes etc.) Die Veranlassung zu dieser Ode mag wohl nichts anders als der Gedanke gewesen seyn, den man am Schluß derselben liest: Jupiter soll den Himmel, Augustus Cäsar soll die Erde beherrschen. Um aber diesen Gedanken nicht so geradezu hinzuschreiben und dem Lobe seines Cäsars destomehr Aufmerksamkeit zu verschaffen, unternahm der Dichter, überhaupt ein Lob der Götter, der Halbgötter und der Helden zu verfertigen. Die besten Ausleger halten dafür, daß dieses Stück einige Zeit nach der Schlacht bey Aktium und zwar ohngefähr im Jahr nach Roms Erbauung 731 zur Wirklichkeit gekommen sey. Denn zu der Zeit hatte der Senat bereits die Verfügung getroffen, daß man den August, gleich den Göttern, durch Hymnen verehren sollte, und der lobsprechende Gedanke des Dichters war also nicht übertrieben; zu der Zeit lebte noch der junge Marzell, von dem im 45sten und f. B. wenigstens in so ferne gehandelt wird, in wie ferne der Ruhm dieses jungen Helden den Ruhm des ältern Marzells verklärte oder unvergeßlich machte; zu der Zeit hatte August mit den Parthern, von denen B. 53. die Rede ist, noch keinen Vergleich geschlossen, sondern das geschahe erst im Jahr 733. — Innhalt. Lob der Götter, der Halbgötter und der Helden. Plan. An-

rufung

rufung der Muse und allgemeine Benennung
der Gegenstände des Gedichts, nämlich der
Götter ꝛc. Das Lob Jupiters. Das Lob der
Kinder Jupiters. Das Lob der Heroen.
Das Lob der ehemaligen römischen Könige und der übrigen römischen Helden, sowohl der verstorbenen als des einen lebenden,
des Cäsars. Diesem dürren methodischen Plan
hat der Dichter durch Redeblumen, Fragen, Ver-
gleichungen, Beschreibungen, Gemälde und dergleichen so viel poetischen Schmuck zu geben gewußt,
daß man unterm Lesen des Gedichts den Faden der
Methode gänzlich aus der Acht läßt.

1. *Heroa*) Mittelwesen zwischen Göttern und Menschen, Halbgötter, nämlich Menschen, die entweder
von väterlicher oder von mütterlicher Seite von einer Gottheit abstammten.

2. *sumis celebrare*) Einige lesen *sumes etc.* Man
hat aber mit Recht angemerkt, daß schon in dem
sumis celebrare die Bedeutung der zukünftigen
Zeit liegt, und daß es eben so viel ist als *celebra-
bis*, womit hernach *recinet* im 3ten V. überein-
stimmt, statt dessen wieder einige unrecht *recinit*
lesen.

4. *imago*) Eine Ellipse. So oft imago den Wiederhall oder das Echo bedeutet, muß man in Gedanken *vocis* hinzusetzen: denn das Echo bildet
oder

oder ahmet die Stimme nach. In der Mythologie
ist Echo diejenige geschwätzige Nymphe, welche mit
ihren Plaudereyen die Juno immer aufhielt, wenn
sie den Jupiter in seinen Liebeshändeln überraschen
wollte, worüber die Göttin einmal so verdrüßlich
wurde, daß sie die Nymphe in einen Stein verwan-
delte und ihr nichts als die Stimme ließ.

5. *aut in vmbrosis — Haemo*) der Helikon und
der Pind waren zween den Musen gewidmete Berge: der letztere schied Thessalien und den Epirus
von einander, und bestand in einer ganzen Reihe
von Gebirgen; der erstere lag in Böozien gegen
Phocis zu. Horaz vergesellschaftet mit diesen Mu-
senbergen den Hämus in Thrazien, weil dieses Land
die grossen Dichter Orpheus, Linus und Musäus
hervorgebracht hatte.

7. *vocalem. temere.*) vocalem: denn Orpheus
sang zugleich, wenn er die Leyer spielte. temere
heißt hier, meines Erachtens, nicht verwirrt oder
pêle-mêle, wie die Ausleger wollen, sondern leicht.

8. *siluae*) Sanadon hätte mich beynahe verführt,
rupes, statt *siluae*, mit ihm zu lesen, weil das
siluae und das gleich darauf folgende *quercus*
(B. 12.) einerley zu sagen scheint, und das *rupes*
sich für Orpheus sehr wohl schickt, *qui saxa cantu
mouit*. (Phädrus.) Allein bey mehr Ueberle-

S 3 gung

gung bin ich davon abgegangen. Denn fürs erste
sind alle Horaze mit dem *filuae* übereinstimmend,
und es ist in diesem Fall immer verwegen, irgend
eine Aenderung vorzunehmen; zweytens will auch,
deucht mir, das *quercus* viel mehr sagen, als
filuae. Silua heißt sowohl nach seiner ursprüng=
lichen Ableitung (von *salio*, dessen *deriuata*
das a in i verändern, ausgenommen *saltus*, der
Wald,) als auch nach der Bedeutung, welche die=
ses Wort bey den Schriftstellern hat, wenn sie es
ohne Zusatz gebrauchen, mehrentheils junger An=
flug oder Buschwerk, und *quercus* steht also
dem *filuae* gerade entgegen. Die Eichen haben,
wie bekannt, ein hartes Holz, das dem Stein am
nächsten kömmt und im Wasser beynahe versteinert
wird. Man bezeichnet daher mit Eichen immer
eine harte oder bejahrte Sache: z. E. oben Ode 3
ist *robur*, eine Gattung von Eichen, so viel als
ein Felsenherz; B. IIII. 13. sind *aridae quercus*
so viel als abgelebte Weiber. Nun weiß man ja,
daß durch die Bäume, Flüsse, Steine, Tieger
u. s. w. die Orpheus vermittelst seiner Musik und
Poesie beseelte oder zahm machte, die rohen Thra=
zier selbst verstanden werden, deren unschlachtige
Sitten Orpheus durch Hülfe der Kunst verfeinerte.
Horaz will also mit dem *filuae* und *quercus*
sagen, nicht nur die thrazischen Jünglinge und
Jungfrauen, die noch biegsame Herzen hatten,
sondern

ſondern auch die harten Herzen der Greiſe wären
durch Orpheus Lieder empfindſam geworden.

2. *arte materna*) Kalliope wurde für Orpheus Mutter gehalten. Allein da die Muſen Jungfrauen
ſind, ſo führte ſie wohl den Namen einer Mutter
von Orpheus nur im verblümten Verſtande, und
deswegen, weil Orpheus werth geweſen wäre, der
Sohn einer Muſe zu ſeyn.

13. *Parentis*) Vater Jupiter. In vielen guten Ausgaben lieſt man *parentum*. Was ſoll ich eher
beſingen, als den, den unſre Väter prieſen?
Allein die Lesart Parentis hat eben ſo viel gute
Autorität, und iſt an ſich ſelbſt bequemer als jene,
weil man bey der unſrigen gleich weiß, worauf
ſich das *qui* im folgenden, und das *vnde* im
17ten Verſe beziehen ſoll, bey jener aber dieſe Wörter erſt durch Hülfe einer Figur auf Jupiter deu-
ten kann.

14. *qui res*) Einige leſen *rex*. Auf unſrer Seite
iſt der größte Theil der Handſchriften und der Ausleger, wie auch die Analogie mit andern poetiſchen
Beſchreibungen von Jupiter. z. E. Virgil ſagt:
(Aen. I. 233.)

— o qui res hominumque Deûmque
Aeternis regis imperiis, et fulmine terres.

17. *vnde — ſecundum*) Andere Dichter würden
mit vielen prächtigen Worten nichts erhabners von
einem

einem Jupiter sagen können, als was Horaz mit
diesen zween vortrefflichen Versen sagt. Man hat
die Stelle im Jesaias: (40, 18.) Wem wollt
ihr Gott nachbilden? oder was für ein Gleichniß wollt ihr ihm zurichten? immer für sehr erhaben gehalten, und die gegenwärtige des Horaz
ist es, deucht mir, eben so sehr. Wer da weiß,
daß ich ein geistliches Amt bekleide, wird leicht ein-
sehen, daß ich dieses nicht zum Nachtheil der heiligen Schrift, sondern nur zur Erläuterung meines
Autors, und um dessen Schönheiten zu zeigen, gesagt haben will. — *vnde* ist, wie der Scholiast
erinnert, so viel als *a quo*.

19. *proximos — honores*) Dieser Gedanke hat die
Ausleger in grosse Verlegenheit gesetzt: sie wissen
nämlich keine Ursache ausfindig zu machen, warum
der Dichter hier Minerven als die vornehmste Gottheit nach Jupiter vorstelle, da doch unstreitig Neptun und Juno von höherm Range, als Minerva,
wären. Einige, worunter Heinsius und andere Ausleger von der ersten Grösse sind, haben deswegen
occupabit für *occupauit* lesen und hierdurch
die Meynung des Dichters dahin erklären wollen,
Minerva solle in gegenwärtiger Ode den Vorzug
vor den übrigen Gottheiten haben. Bentley verwirft aber mit Recht dieses gekünstelte Wesen und
zeigt, daß ja in dem ganzen Gedichte von keiner Juno und von keinem Neptun die Rede sey; die Stelle,
die

die wir vor Augen haben, beziehe sich blos auf das
vorhergehende *unde nil maius generatur ipso;*
Horaz rede also nur von den Kindern Jupiters, und
behaupte von ihnen, daß zwar keins derselben mit
dem Jupiter in Vergleichung käme, daß aber doch
unter allen seinen Kindern die Pallas von der meis
sten Bedeutung wäre.

21. *praeliis audax*) Bentley zieht dieses praeliis
audax noch zu dem vorhergehenden, und interpunktirt folgendergestalt:

Pallas honores,

Praeliis audax. Neque te silebo, etc.

allein auf die Art wäre das Lob des Dichters gar
ungleich ausgetheilt: Pallas bekäme alles, und Bacchus nichts. Man kann aber diesem Gott das
praeliis audax so gut beylegen als der Pallas,
indem er seine *audaciam* nicht nur im Kriege
mit den Giganten, sondern auch durch seine Thaten
in Indien, genugsam an den Tag gelegt hat. Nicht
zu gedenken, daß die bentleyische Interpunktion den
Vers *Proeliis etc.* zum Krüppel macht.

22. *saevis inimica virgo beluis*) Diana, wegen ihrer grossen Lust zur Jagd so benannt.

23. *certa*) unfehlbar.

25. *Alciden*) Der Name, den Herkules in seiner Jugend führte. Er bedeutet so viel als der Starke, weil
Herkules schon in der Wiege mit Schlangen kämpfte
und sie erlegte.

 25. pue-

25. *puerosque Ledae*) Kastor und Pollux; dieser war ein grosser Fechter, jener ein grosser Reuter. Man hielt sie von väterlicher Seite für des Tyndars Söhne, des Gemahls der Leda, weswegen sie auch die Tyndariden hiessen; allein sie waren eigentlich von Jupiter, und wurden daher nach ihrem Tode unter die Sterne versetzt. Als von einem Gestirn ist von ihnen im folgenden 27sten Verse die Rede.

27. *quorum — vnda recumbit.*) das glänzende Gestirn der Dioskuren (und der Venus) begünstiget die Schiffarth. Man sehe die Anmerkungen zum 1 und 2ten Verse der dritten Ode. Es ist also hier gar an keinen Frühling und an kein Schneezergehen zu gedenken, wie doch der Scholiast will; sondern der Dichter beschreibt das Ende eines jeden Sturms auf der See, als welches allemal da ist, wenn sich die Dioskuren sehen lassen. Nichts ist malerischer als diese Beschreibung, und besonders ist darinnen die Bemerkung des Umstandes scharfsinnig, daß man bey einem sich endigenden Sturme sieht, wie allmählig der Schaum von dem Wasser, welches der Sturm auf die Klippen getrieben hatte, wieder herabfliesset. "Grosse Dichter, sagt einer von denen, die unserm Jahrhunderte Ehre "machen, sind mit der Natur bis auf die kleinsten "Umstände bekannt, da hergegen die andern nur "die bekanntesten und auch dem Unachtsamen in die "Augen fallenden Gegenstände schildern." Vielleicht hat unser Dichter, in Absicht aufs Ganze dieses

ses schönen Gemäldes, des Theokrits 22stes Idyll
vor Augen gehabt, aus welchem ich nur einige Verse
anführen will.

(V. 17 — 20.)

Ἀλλ' ἔμπης ὑμεῖς τε καὶ εκ βυθ ῦ ἔλκε]ε ναας
Ἀ ὐ]οῖσι αὐ]αισιν οιομένοις θανέεεθαι·
Ἀ ιψὰ δ' ἀπολήγοντ' ἄνεμοι λιπαρὰ δὲ γα-
λάνα
Ἀμπέλαγος· νεφέλαι δὲ διέδ[ρ]αμον ἄλλυ-
δις ἄλλαι·

Aber ihr (Kastor und Pollux) ziehet so gar selbst
aus dem Abgrund die Schiffe
Sammt den Schiffern hervor, die schon zu sterben vermeynten:
Alsbald schweiget der Wind, und sanfte Stille
des Meeres
Herrscht; die Wolken des Sturms verlaufen
sich dahin und dorthin.

31. *quod sic voluere*) Man hat hier noch eine Menge Lesarten: *quia* (wider das Sylbenmaaß) *sic
voluere; quod Di voluere; sic Di voluere;
sic ii voluere; quod si voluere; nam sic voluere.* Keine dieser Lesarten hat viel vor der andern voraus.

34. *superbos Tarquini fasces*) das *superbos*
hat einige verleitet zu glauben, Horaz rede hier von
Tarquin, dem Stolzen, dem siebenten römischen Könige; allein diesen verhaßten König konnte wohl der
Dichter

Dichter nicht im Andenken erhalten wollen, und er
hat mithin unfehlbar den ältern Tarquin, oder den
fünften König der Römer, gemeynet, der die Fasces,
den elfenbeinernen Sitz, die Toga mit dem Purpur-
schweif und dergleichen äufferliche Zeichen der Ho-
heit und Pracht in Rom einführte.   Superbus
heißt also hier so viel als magnificus.

35. *anne Curti nobile letum*) Ich bin hier, wider
meine Gewohnheit, von der allgemeinen Lesart abgegangen, welche diese ist: *an Catonis nobile
letum.*

    —   —   oder des edlen Kato
          rühmliches Ende.

Indessen höre man Bentley, welcher das *anne Curti*
vorschlägt. "Es ist nicht zu begreifen, sagt er, wie
Horaz hier, nachdem er Romulus, Numa und Tar-
"quinius Priskus genannt hat, auf einmal auf den
"Kato kömmt, der erst so viele Jahrhunderte nach
"denselben gebohren wurde, und wie er alsdann wie-
"der zurück zu den Alten gehet, zum Regulus, zu
"den Skauren, zum Paullus, u. s. w. In der ganzen
"Ode herrscht eine gewisse chronologische Ordnung:
"nur der einzige Kato, der wenig Jahre vor Verfer-
"tigung der Ode noch unter den Lebendigen war,
"erhält da einen Platz, wo ihn Niemand suchen
"wird. Allein was das schlimmste ist, der Dichter
"läßt auch einen Mangel der Klugheit zu Schulden
"kommen. Denn es ist offenbar, daß er sich mit
             "diesem

"diesem Gedicht beym August beliebt machen will.
"Wo bleibt, bey dieser Absicht, die Beurtheilungs»
"kraft? Wie kann er da dem hartnäckigen Feind des
"cäsarischen Hauses, wie kann er einem Kato Lob»
"sprüche ertheilen wollen? Und zwar lobt'er den
"Selbstmord des Kato: Kato entleibte sich aber,
"weil er den Tod für weniger bitter hielt, als das
"Leben unter einem Befehlshaber, wie Cäsar wä»
"re, u. s. w. Mit einem Worte, ich kann mir nicht
"einbilden, daß das *an Catonis nobile letum*
"von Horaz herrühre, und ich halte es vielmehr
"gänzlich für einen Frevel der Abschreiber, welche
"den Tod des Kato noch in frischem Andenken hat»
"ten, und ihn zu verewigen suchten. Nach meinem
"Urtheile muß man *anne Curti nobile letum*
"dafür lesen. Ich verstehe unter diesem Kurtius,
"den bekannten Markus Kurtius, der wahrhaftig ei»
"nen recht edlen Tod, den Tod fürs Vaterland
"starb, als er sich auf Veranlassung des Orakels in
"einen giftigen Pful stürzte, um dadurch die Römer
"von den schädlichen Ausdünstungen desselben zu be»
"freyen. Auch Virgil, da er die Vornehmsten des
"römischen Volks namhaft macht, zählt, wegen die»
"ser edelmüthigen That, den Kurtius unter die er»
"sten derselben.

(Culex V. 360.)

"*Hic Fabii, Deciique, hic est et Horatia virtus:*
"*Hic et fama vetus nunquam moritura Camilli:*
      "*Cur-*

"*Curtius et mediis quem quondam sedibus Vrbis*
"*Deuotum bellis consumsit gurgitis haustus.*"

Ich muß es bekennen, ich habe dieser Aufforderung, anne *Curti* für an *Catonis* zu setzen, nicht wiederstehen können. Baxters und Gesners Vertheidigungen der gewöhnlichen Lesart sind nicht fähig gewesen, mich auf andere Gedanken zu bringen.

37. *Regulum et Scauros*) Markus Atilius Regulus gehört als Konsul und als Heerführer unter die größten Männer, die Rom jemals hervorgebracht hat. Nachdem er ausserordentliche Heldenthaten, besonders wider die Karthaginenser, verrichtet hatte, wäre er seiner Dienste gerne entledigt gewesen, um seiner Familie nützlich zu seyn; allein die Römer bestanden darauf, daß er an der Spitze ihrer Kriegsvölker bliebe, und er hatte alsdann in einer unglücklichen Schlacht das Schicksal, gefangen zu werden. Er legte als Gefangener grosse Proben eines ehrlichen Mannes an den Tag, wankte in seiner Treue gegen sein Vaterland nicht, und ward endlich das Spiel der Grausamkeit seiner Feinde. — Markus Aemilius Skaurus besiegte die Ligurier, und sein Sohn von gleichem Namen machte sich durch ein prächtiges Theater, das er erbauen ließ, berühmt.

37. *animaeque — Poeno*) Paullus Aemilius blieb in derselben unglücklichen Schlacht mit den Karthaginensern, in welcher Regulus gefangen wurde. Er hätte sich retten können; allein er wollte die Schmach der gänzlichen Niederlage so vieler Truppen nicht über-

überleben: denn der Verlust war über vierzigtau-
send Mann. Horaz nennet ihn aus dieser Ursache
animae prodigum. Anstatt *prodigum Paul-*
lum, superante Poeno, lesen einige: *prodi-*
gum, Poeno superante, Paullum, welches
zierlicher seyn soll; das erstere aber ist einfacher oder
natürlicher, und folglich horazischer.

40. *Fabriciumque*) Kajus Fabricius Luscinus, ein
grosser Kriegsheld, freygebig gegen die Soldaten,
unbestechlich, großmüthig. Er bekriegte den Pyrrhus, der ihm den vierten Theil seines Königreichs
anboth, wenn er sich zu seiner Parthey schlagen
wollte; aber vergeblich. Des Pyrrhus untreuen
Leibarzt, der sich bey ihm anheischig machte, seinen Herrn durch Gift aus dem Wege zu räumen,
ließ er binden und dem Pyrrhus zuschicken.

41. *incomtis Curium capillis*) Vor dieses Kurius
Dentatus Zeiten wußten die Römer nichts vom Haar-
kräuseln und Bartabnehmen. Die Barbierer, welche anfänglich diese beyden Verrichtungen zusammen
hatten, kamen erst im Jahr Roms 454 von Sicilien nach Italien; Kurius aber verachtete ihre Kunst,
und trug sich nach der alten Art. Er half ebenfalls
den Pyrrhus bekriegen.

42. *Camillum*) M. Furius Kamillus vergaß das
Unrecht, welches ihm Rom angethan hatte, und
befreyete solches von den Galliern, die er oft schlug
und

und noch als ein Mann von 80 Jahren gänzlich zu
Grunde richtete.

43. *auitus — fundus*) Das geringe Vermögen
des Fabriz, des Kurius und des Kamills entsprach
ihrem geringen Herkommen. Auch die gemeinsten
Leute hatten ihre Lares oder Hausgötter, und deswegen wurden die Häuser selbst öfters mit diesem
Namen bezeichnet.

45. *Crescit — minores*) Einige haben den Gegenstand dieser vier Verse bloß in dem jungen Marzell, Augusts Schwestersohne, gesucht. Allein die
Verse gehen wohl nicht geradezu auf ihn, sondern
sie berühren sein Lob gleichsam nur von der Seite.
Es ist nicht wahrscheinlich, daß der Dichter einen
noch lebenden Jüngling von 17 Jahren unter eine
Reihe von längst verstorbenen Helden, die bereits
einen gewissen bestätigten Ruhm hatten, gesetzt habe. Mit dem Augustus Cäsar, der auch noch lebte, ist es etwas anders: der sahe sich, wie ich oben
angemerkt habe, damals schon durch öffentliche
Stimmen zum Götterrange erhoben. Horaz redet
also eigentlich von dem ältern oder grossen Marzell,
der fünfmal Konsul gewesen war, der den Hanni-
bal bekriegt, und Syrakus erobert hatte, und so
weiter; doch erwähnt er desselben so, daß er zugleich mit vieler Klugheit sein Augenmerk auf den
jüngern Marzell richtet, ich will sagen, daß sein
Gedanke ohngefähr dieser ist: Die Ehre des ältern
Marzells wird durch die des jüngern immer grösser.

Denn

Denn der julische Stern soll ohne Zweifel den jungen Marzell bezeichnen, als welcher von mütterlicher Seite von der Familie der Julier stammte. Solchergestalt bleibt der ältere Marzell immer der Hauptgedanke der Verse, der jüngere eine Nebenidee; jener ist, nach dem horazischen Gleichnisse, der Baum, dieser der Zweig. Wollte man diese Verse durch ein anderes Gleichniß erläutern, so könnte man sagen, der ältere und jüngere Marzell hätten darinnen das Verhältniß der Venus und der Grazien: Venus, von den Grazien begleitet, ist immer die Hauptperson dieser Gesellschaft; doch würde sie ohne Grazien weniger entzücken.

49. *Gentis humanae etc.*) Dieser Schluß der Ode, der ohne Zweifel den vornehmsten Endzweck derselben ausmacht, hat ungemein viel Erhabenes. Kein geringerer als Jupiter ist der Schutzgott Cäsars; Jupiter soll herrschen, aber Cäsar mit ihm; Cäsar soll alle Welt besiegen, aller Welt mit Gerechtigkeit gebiethen, ihm Niemand als Jupiter; im Olymp zwar mag Jupiter herrschen, den Olymp mag er mit seinem Donnerwagen erschüttern, vom Olymp mag er strafende Blitze auf sündige Hayne herabschleudern. *Diuisum imperium cum Ioue Caesar habet.*

53. *Parthos*) Augustus besiegte die Parther nicht, sondern verglich sich mit ihnen; aber der Vergleich

T   war

war für ihn so vortheilhaft, daß er solchen dem größten Siege gleich achtete.

55. *orae*) Einige lesen *oris.*

57 *latum*) Eine andere Lesart ist *laetum.*

Anmerkungen zur dreyzehnten Ode.

A^d *Lydiam*) Lydia, von Horaz geliebt, giebt sich mit einem andern ab, und Horaz wird eifersüchtig. Vermuthlich ist es dieselbe Lydia, die wir schon aus der achten Ode haben kennen lernen, und die also bald diesen, bald jenen liebte. Der Dichter hat ohne Zweifel den Endzweck, sich bey Lydien wieder einzuschmeicheln. Er malt ihr daher die Leiden vor, die ihm ihre Liebe zu Telephus verursache; er sucht ihr seinen Rival verhaßt zu machen, und sagt, sie dürfe eben nicht stolz auf einen Liebhaber seyn, der so ungestüm wie Telephus wäre und der sie in der Trunkenheit oft übel behandle, so daß noch gegenwärtig ihre Lippen und ihre Schultern Merkmale davon aufweisen könnten; hiernächst giebt er ihr den Rath, sich von Telephus loszumachen, weil sie sich von einem Mann, der grausam genug wäre, ein so schönes Gesicht zu verletzen, unmöglich viel gutes, an wenigsten aber Beständigkeit, versprechen könne; und endlich preist er dasjenige Paar von Jüngling und Mädchen glücklich, dessen Tage ruhig und bis

an

an den letzten Augenblick des Lebens ohne Gezänk
verflössen. — Die Leser wissen nun schon Innhalt
und Plan der Ode; ich will aber doch, der einmal
angenommenen Ordnung wegen, beydes einfach
wiederholen. **Innhalt.** Des Dichters Eifersucht über Telephus, den seine geliebte Lydia
ihm vorzieht. **Plan.** Horaz äussert seine
Eifersucht 1) durch ein Gemälde seines Ver-
drusses über das Lob, das Lydia dem Telephus
giebt; (*cum tu — ignibus.*) 2) durch Erwähnung gewisser Begebenheiten zwischen
Lydia und Telephus, von denen die Schöne
keine Ehre hat; (*vror — notam*) 3) durch
Warnung vor der Liebe zu einem Ungestümen
und Grausamen, weil ein Grausamer unbeständig zu seyn pflegt; (*non si — imbuit*)
4) durch das Lob solcher zärtlich verbundenen
Herzen, unter welchen niemals Zwistigkeiten
vorfallen. (*felices — die*)

1. *Telephi — Telephi*) Horaz nennt den Namen
   seines Rivals in zween auf einander folgenden Versen zweymal, vermuthlich aus Jronie, und um anzuzeigen, daß Lydia diesen allerliebsten Namen nur
   gar zu gerne im Munde führe. Diese Art zu reden, da man gewisse Worte eines andern spottwei-
   se anführet, wird in der Rhetorik Mimesis genannt.

Hann-

Hannchen! Hannchen! erscholl der Gräfin lieb-
liche Stimme;

Hannchen rufte die Wand, und Hannchen rufte
das Echo. Zachariä

2. *ceruicem roseam, cerea brachia)* diese Worte
haben den Auslegern viel zu schaffen gemacht. Sie
bezeichnen, nach meiner Meynung, einen weissen
Nacken und weisse Arme unter den verschiedenen
Bildern der weissen Rosen und des weissen Wachs-
ses. Warum will man eben an rothe Rosen und
an gelbes Wachs denken? — *Ceruicem roseam.*
Vielleicht gab es zu des Dichters Zeiten mehr weisse
als rothe Rosen in Italien; oder vielleicht hielten
auch die Römer die weissen für die schönsten, daß also bey *ceruix rosea* einem jeden sogleich ein weisser
Nacken einfiel. Es hatte folglich, wie es mir vorkömmt, mit ihren Rosen dieselbe Bewandtniß, die
es bey uns mit den Lilien hat: unsre Lilien sind
nicht alle weiß; allein wenn unsre Dichter z. E.
von den Lilienfüssen einer Venus reden, so wissen
wir, daß es weisse Füsse seyn sollen. Einen rothen
Nacken konnte Horaz unmöglich malen wollen.
Denn wenn auch ein rother Nacken an einem Jünglinge erträglich wäre, so könnte er doch keine Ma-
terie des Lobes seyn: Lydia thut sich aber auf den
schönen Nacken ihres Liebhabers etwas zu gute.
Zudem legt Virgil der Venus selbst einen Rosennacken bey, und da läßt sich wohl ein rother am
wenigsten gedenken.

(Aeneide

(Aeneide I. 406.)

— *et auertens rosea ceruice refulsit.*

Dacier und andre sagen, *roseus* sey hier überhaupt
so viel als schön, weil die Rose eine der schönsten
Blumen wäre. Gesagt ist das freylich bald. Allein
das Schöne ist immer nur am rechten Orte schön,
am unrechten häßlich. Würden wir wohl in unsern
Zeiten dem Frauenzimmer ein goldenes Haar geben,
weil das Gold eine schöne Sache ist? Eben so wenig
konnte, deucht mir, Horaz das Bild der rothen
Rosen deswegen, weil es schöne Blumen sind,
als ein allgemeines Bild der Schönheit betrachten
und einen schönen d. i. einen weissen Nacken damit
bezeichnen. Wir müssen uns also bey dem *ceruicem roseam* weisse Rosen gedenken. Im Deutschen
erweckt Rosennacken die Idee der Weisse nicht,
und darum habe ich ein anderes Bild gewählt und
Marmornacken dafür gesetzt. Auch Virgil, Horaz,
Marzial und andere Dichter geben den Schönheiten
oft einen Marmornacken. — *Cerea brachia.*
Weiß, sagt Bentley, ist von jeher das Prädikat eines schönen Arms gewesen; das Wachs aber ist
gelb, mithin steht *cerea* hier am unrechten Orte:
man muß *lactea* dafür lesen. Bentley würde also, da er nur gelbes Wachs kannte, an jener flin-
ken Hanne nicht viel schönes gefunden haben, von
der es heißt:

T 3   Und

Und dafür sah ich auch ein Knie,

Das war so weiß als Wachs. Hagedorn.

Um aber doch dem Vorurtheil eines jeden andern, dem etwa bey dem Wachs die gelbe Farbe einfallen möchte, auszuweichen, habe ich dafür ebenfalls ein anderes, bey uns nicht ungewöhnliches Bild genommen und *cereum brachium* durch Liljenarm übersetzt. Ich will aber nicht hoffen, daß hierbey jemand an gelbe Lilien gedenken werde.

4. *iecur*) die Alten hielten die Leber für den Sitz der Leidenschaften; bey uns sagt man Herz.

7. *furtim*) unvermuthet, ohne daß ich es verhindern kann.

10. *turparunt — rixae*) die Rede ist hier, nach dem Scholiasten des Cruquius, von einer Verwundung, welche Lydiens Schultern davon trugen, als ihr Liebhaber sich betrunken hatte.

15. *quas Venus — imbuit*) diese Redensart hat eine Menge Auslegungen erhalten. Die Scholiasten geben von dem *quinta parte sui nectaris* diejenige Erklärung, die der bekannte Vers an die Hand giebt: *visus, colloquium etc.* Nach dem Baxter wird unter quinta parte nectaris nichts anders als himmlischer Nektar verstanden, weil, dem Aristoteles zufolge, der Himmel oder der Aether das fünfte Element wäre. Dacier hat hierbey an die Quintessenz des Paracelsus gedacht. Die

Quint-

Quinteſſenz einer Sache, ſchreibt er, iſt das reinſte, das vortrefflichſte in ſeiner Art: quinta pars ſui nectaris bedeutet alſo den feinſten oder den beſten Theil ihres Nektars. Einige, die vermuthlich das Gekünſtelte und Unnatürliche in dieſen Erklärungen des horaziſchen Ausdrucks bemerkt und ſich erinnert haben, daß Horaz nichts weniger als Künſteleyen in ſeinen Ausdrücken liebt, ſchlagen vor, *quanta* für *quinta* zu leſen. Ich hätte groſſe Luſt ihren Vorſchlag zu befolgen, wenn nicht alle Handſchriften ſowohl, als alle gedruckte Ausgaben in dem *quinta* übereinſtimmten. Bentley führt zu Begünſtigung des *quanta pars* folgende Verſe aus des Perſius Satiren (5, 21.) an:

— *Tibi nunc, hortante Camoena,*
Excutienda damus praecordia, quantaque
noſtrae
Pars tua ſit, Cornute, animae.

18. *nec malis. etc.*) die Konſtruktion iſt: et quos non amor, diuulſus malis querimoniis, ſoluet citius ſuprema die.

Anmerkungen zur vierzehnten Ode.

Ad rempublicam etc.) Ich begreife nicht, wie es möglich geweſen iſt, daß Muretus, Faber,

Dacier

Dacier und Bentley haben glauben können, der
Sinn dieser Ode sey kein anderer als ein buchstäb=
licher, und Horaz rede darinnen wirklich von nichts
als von einem elenden Schiffe, dem es an allem
gefehlt habe, was zu einem brauchbaren Schiffe er=
fordert wird. Könnte man sich wohl einen dürrern
und geschmacklosern Gegenstand des Dichters vor=
stellen? Ich weiß wohl, daß die Kunst eine Schöpfe=
rinn ist, die auch Wüsten blühend zu machen oder
ihnen gewisse Reize zu geben vermag; allein durch
das gegenwärtige Gemälde eines wüsten und bau=
fälligen Schiffes hätte sich Horaz im geringsten
nicht als einen schöpfrischen Kopf gezeigt, gesetzt,
daß sein Endzweck in der That nur gewesen wäre,
ein baufälliges Schiff zu beschreiben: seine Freun=
de würden in dieser Beschreibung nicht viel inter=
essantes gefunden haben. Man sagt nämlich,
Horaz und seine Freunde, das heißt, die Officiere,
die mit ihm unter dem Brutus dienten, wären nach
der Schlacht bey Philippis auf einem und demsel=
ben Schiffe nach Italien gekommen; Horaz hätte
daselbst sein Glück gemacht, seine Freunde aber nicht;
sie wären daher auf gedachtem Schiff wieder ins
Meer und nach Sicilien zum jungen Pompejus ge=
gangen, und bey dieser Gelegenheit sey die gegen=
wärtige Ode an das Schiff verfertiget worden.
Das schlimmste ist, daß sich keiner von denen, wel=
che diese Meynung begünstigen, in die eigentliche
Absicht einläßt, die Horaz bey Verfertigung der Ode
wahrschein=

wahrscheinlicher Weise gehabt haben möchte. Wollte er vielleicht den Offizieren einen guten Rath geben? Worinnen bestand der Rath? War er nicht etwa in der einen Absicht schlechterdings verwerflich, und in der andern schlechterdings überflüssig? Würden wir wohl Freunden, die von entlegenen Orten zu uns kämen und deren Wagen auf der Reise schadhaft und unbrauchbar geworden wäre, den Rath geben, sie möchten sich ja dieses Fahrzeuges in diesem Zustande auf ihrer Rückreise nicht bedienen? Verstünde sichs nicht von selbst, daß man den Wagen vor der Abreise ausbessern oder andere Anstalten dazu vorkehren müsse? Noch weniger aber könnte sichs Jemand, ausser im Scherz, einfallen lassen, den zerbrochenen Wagen in einer Ode zu besingen. Scherzhaft aber, das sieht man wohl, ist die horazische Ode nicht.   Wir bleiben also billig bey der uralten Auslegung, die Quintilian und andere von diesem kleinen Gedichte machen, daß es eine Allegorie sey, worinnen der Dichter die römische Republik unter dem Bild eines Schiffes anrede und sie vor neuen bürgerlichen Unruhen warne. Und Quintilian, dieser berühmte Kenner des Schönen, giebt, wie Sanadon anmerkt, die Allegorie in dieser Ode nicht etwa für eine Muthmassung aus, sondern er führt sie als ein Beyspiel und Muster einer guten Allegorie an.   Sein Ausspruch ist hier von einem grossen Gewichte.   Er lebte zu Rom und zu einer Zeit, die nahe an des Horaz seine gränzte; er konnte also

das beste Zeugniß von dem wahren Sinn der Ode
geben, weil er am besten wissen konnte, wie damals
Jedermann sie verstand, und wie kurz vor ihm, das
ist, zu des Dichters Lebzeiten, Jedermann sie ver=
standen hatte. Die Sache selbst faßt auch gar nichts
sonderbares und ungewöhnliches in sich. Einen
Staat mit einem Schiffe zu vergleichen, die Unru=
hen des Staats mit Stürmen und Meereswellen,
Ruhe und Sicherheit im Staate mit einem Ha=
fen, u. s. w. das sind Bilder, deren sich Redner und
Dichter von jeher bedient haben. Man wendet
dagegen ein, Gleichnisse dürften nicht bis auf alle
Kleinigkeiten, die sich in der verglichenen Sache
fänden, ausgedehnt werden, so wie die verglichene
Sache nicht bis auf alle Kleinigkeiten, die in den
Gleichnissen lägen; man sähe hier nicht blos die ge=
wöhnlichen Bilder eines Staats, man sähe z. E. kein
blosses Schiff, sondern alles, was zum Schiffe gehö=
re, die Ruderbänke, die Segel, die Segelstangen,
den Mast, den Schiffskiel, das Hintertheil des Schif=
fes, die Götter, die Gemälde desselben, die Mate=
rie, woraus das Schiff bestünde, und so ferner;
wollte man behaupten, alle diese Dinge wären Bil=
der von gewissen Sachen im Staat, so wäre das
eine kindische Allegorie. Allein Sanadon antwor=
tet vernünftig, daß Kleinigkeiten unter besondern
Umständen aufhören, Kleinigkeiten zu seyn. Es
giebt, sagt er, Gelegenheiten, wo es gefährlich ist,
dasjenige allzufrey zu sagen, was man denkt; un=

unterdessen

terdeſſen muß man ſich doch zu verſtehen geben:
man drückt ſich alſo durch Bilder aus, und um-
ſtändliche Beſchreibungen ſind alsdann nützlich, weil
ſie die Anwendung des bildlichen Verſtandes auf den
natürlichen erleichtern.   Um dieſen Gedanken helle
zu machen, muß ich erinnern, daß Sanadon angenommen hat, die Ode ſey im Jahr Roms 726 und
folglich in einem überaus kritiſchen Zeitpunkte verfertiget worden, und daß ſein Urtheil in dieſem
Stücke alle Achtung verdienet. "Gegen das Ende
"des Jahrs 725, ſchreibt dieſer Ausleger, berath-
"ſchlagte ſich Octavianus mit ſeinen zween Vertrau-
"ten, dem Agrippa und Mäcen, ob es rathſam
"ſey, daß er die Regierung der Republik nieder-
"lege, und vermuthlich war man ſchon vor der Be-
"rathſchlagung einig darüber, daß Octavianus im
"Beſitz der höchſten Gewalt bleiben müſſe. Drey-
"zehn oder vierzehn Monathe darauf, ich will ſagen,
"in der erſtern Hälfte des Jenners 727, fieng er ſein
"ſiebentes Konſulat mit der Erklärung gegen den
"Senat an, er bäthe, man möchte ihm eine Laſt ab-
"nehmen, die ihm ſeine Schwächlichkeiten nicht län-
"ger zu tragen erlaubten. Der Senat merkte ſeinen
"Kunſtgriff; allein es ſey, daß es aus Furcht oder
"aus Schmeicheley geſchahe, man bewilligte ihm
"alles, was er verlangen würde, nur nicht ſeinen
"gethanen Vorſchlag. Auf dieſe Weiſe ſah ſich der
"Prinz auf eine angenehme Art gezwungen, das-
"jenige zu behalten, was er zu verliehren fürchtete,
"und

"und fand das Mittel, die Republik auf ewig zu
"feſſeln, indem er ihr die Freyheit anboth. Zwi-
"ſchen dieſen beyden Begebenheiten nun, das iſt,
"zwiſchen der Berathſchlagung, die Octavianus die-
"ſer Sache wegen veranſtaltete, und zwiſchen ſeiner
"Erklärung gegen den Senat faßte Horaz die gegen-
"wärtige Ode ab, worinnen er durch eine ſinn-
"reiche Allegorie, die er in den damaligen verwickel-
"ten Umſtänden ſo gut zu gebrauchen wußte, den
"Römern ihren Vortheil vor Augen legte, wenn ſie
"durchaus nicht zugäben, daß Octavianus der Re-
"gierung des Staats entſagte. Nicht Jedermann
"war von dieſem Vortheil überzeugt, ſondern auf
"das Gerücht einer vorgegangenen Berathſchlagung
"des Prinzen mit Agrippa und Mäcen ſchienen die
"meiſten Glieder des Senats zu Wiederaufrich-
"tung einer freyen Regierungsform geneigt zu ſeyn ꝛc.
"Indem alſo der Dichter die Allegorie ausdehnte
"und das wandelbare Schiff, welches ihm die Bil-
"der dazu an die Hand gab, bis auf die kleinſten
"Theile deſſelben beſchrieb, malte er dadurch den
"Römern die verſchiedenen Unglücksfälle vor Au-
"gen, die bisher die Republik betroffen hatten; er
"ſchilderte ihnen dadurch deſto lebhafter eine jede
"Gefahr, die ihnen bevorſtünde, wofern ſie Gele-
"genheit zu einem neuen bürgerlichen Krieg gäben;
"er führte ihnen endlich durch eine ſo pünktliche
"Beſchreibung zu Gemüthe, was ein jeder einzelner
"Theil des Staats entweder ſchon gelitten habe,

oder

"oder noch leiden werde ꝛc.   Vorzüglich kömmt
"hierbey in Betrachtung, daß in der kurzen Rede,
"welche Mäcen damals hielt, als Octavianus sich mit
"ihm wegen Niederlegung des Regiments berath-
"schlagte, und welche man beym Dio nachsehen kann,
"die Republik ebenfalls mit einem Schiffe verglis
"chen wird; ja, diese Vergleichung ist ebenfalls um-
"ständlich, und sie hat so viel Aehnlichkeit mit unsrer
"Ode, daß sie Horaz Bild für Bild nachgeahmt und
"damit bey Mäcen seinen Hof gemacht zu haben schei-
"net." Der letztere Umstand ist, meines Erachtens, ungemein beträchtlich; er setzt nicht nur den allegorischen
Verstand der Ode ausser Zweifel, er erhebt auch die
Muthmassung des Sanadons von der Zeit und der Absicht derselben bis zur höchsten Stufe der Wahrscheinlichkeit. — Innhalt. Unter dem Bild eines
Schiffes wird die Republik Rom vor einem
neuen bürgerlichen Krieg gewarnet. Plan.
Die Republik Rom wird wohl thun, wenn
sie ihre gegenwärtige Sicherheit (unter
dem Schutz ihres Octavianus) zu erhalten
sucht und sich vor neuen bürgerlichen Unruhen hüthet, so wie ein Schiff, bey anscheinenden Stürmen, im Hafen am sichersten ist.
(o nauis — portum) Besonders hat sie
dazu Ursache, weil es ihr gänzlich an guter
Mannschaft fehlet: sie ist ein Schiff ohne Ru-
der. (nonne — latus) Auch fehlt ihr (wenn
es

es Octavianus nicht seyn soll) ein muthiger
Heerführer: das Schiff hat einen verwunde=
ten Mast. (*et malus — Africo*) Die Groß=
sen in der Republik sind nicht besser als der
Heerführer; das Schiff hat schadhafte Segel=
stangen. (*antennaeque gemant*) Es mangelt
in der Republik am Gelde, an dem vornehm=
sten Bande einer Gesellschaft, insonderheit einer
Armee: ohne Tauwerk kann sich kein Schiff
aufs Meer wagen. (*ac sine — aequor*) Die
Armee ist geschwächt: die Segel sind nicht
mehr ganz. (*non tibi — lintea*) Die Götter
sind nicht auf der Seite der Republik: (son=
dern auf der Seite des Octavianus) das Schiff
hat seine Hausgötter eingebüßt. (*non Di —
malo*) Die Republik würde vergeblich auf ih=
ren Adel oder auf den Ruhm ihrer grossen Vor=
fahren stolz seyn: es hilft dem Schiffe nichts,
daß sein Gebälke aus einem berühmten Walde
stammet. (*quamvis — inutile*) Auch der äuß=
serliche Pracht, der in Rom herrschet, würde
die Republik nicht von dem Verderben, worein
sie sich muthwillig stürzte, befreyen: die schön=
sten Gemälde in einem Schiffe sind unfähig,
solches vor einem Spiel der Winde und vor
dem Schiffbruche zu verwahren. (*nil pictis —
caue*) Niemand sey so thörigt, Krieg zu wün=
schen,

ſchen, weil er etwa auf glänzende Ehrenſtellen oder andere glänzende Vortheile hoffet: das Schiff mag ſich vor den Sandbänken und Klippen der glänzenden Cykladen hüthen. (nuper — Cycladas)

1. referent) Niemand als Cuningam lieſt referunt.

3. nonne vides) Einige, unter denen ſich Bentley befindet, haben in dieſem vides etwas anſtöſſiges gefunden, weil es noch das gemant im 6ten Verſe beherrſchet. "Kann man, fragt Bentley, mittelſt "der Augen gemitus empfinden? ich hätte gedacht, "mittelſt der Ohren." Wer weiß aber nicht, daß der Sinn des Sehens in allen Sprachen für jeden andern Sinn genommen wird? Im Lateiniſchen iſt es auch in Proſe nicht ungewöhnlich. Cicero ſelbſt ſagt: in clamando quidem video eum eſſe bene robuſtum atque exercitatum etc.

7. carinae) Sollte man wohl glauben, daß aus dieſem carinae der buchſtäbelnde Bentley die Folge gezogen habe, der Verſtand der Ode könne fein figürlicher ſeyn? Ein einiges Schiff, ſagt er, hat nur einen einzigen Kiel: das Schiff in dieſer Ode kann alſo nicht die Republik bedeuten, ſondern es bedeutet das natürliche Schiff der horaziſchen Freunde, und durch carinae ſind die andern Schiffe zu verſtehen, die mit jenem zugleich ſich im Hafen befanden. Man hat hierbey mit Recht gefragt, ſeit

wenn

wenn man den Dichtern die Freyheit genommen habe, den Pluralis für den Singularis und diesen für
jenen zu setzen, und ob sie nicht willkührlich und in
einerley Verstand z. E. *tectum* und *tecta*, *limen*
und *limina* gebrauchten? — Ich füge noch hinzu: man kann dem Kritiker einräumen, *carinae*
lasse sich von einem einzigen Schiff nicht sagen.
Was gewinnt er damit für seine Sache? Nichts.
Er selbst behauptet, durch *carinae* würden andere
Schiffe verstanden. Dabey wollen wir bleiben, und
diese andern Schiffe müssen sich doch auf das einzige
Schiff beziehen, von welchem die Rede ist. Denn die
Worte des Dichters erlauben alsdann gar füglich
folgenden Verstand: Weißt du nicht, Schiff, daß
Schiffe ohne Tauwerk die Wuth des Meeres
nicht aushalten? Im Grunde heißt dieses: Weißt
du nicht, Schiff, daß du u. s. w.   Ich bin sehr
geneigt, diese Stelle in der That so zu erklären; ich
übersetzte sie auch schon vorlängst in Rücksicht auf
diesen Verstand, ehe ich noch die Kritik des Englän-
ders gelesen hatte.

10. (*non Di*) In jedem Schiff hatte man Bildnisse
von Göttern.   Im verblümten Verstande bezeichnen sie die Schutzgötter Roms, welche itzt, nach
Horazens Meynung, auf der Seite des Octavianus
waren. Man sehe den Schluß der 2ten und 12ten
Ode.

11. *Pon-*

11. *Pontica pinus*) In der Landschaft Pontus in Kleinasien gab es gute Waldungen, deren Holz zum Schiffbau bequem war.

14. *pictis puppibus*) Die Alten hatten, außer den Statüen ihrer Götter, auch noch Gemälde und andere Zierrathen in ihren Schiffen.

15. *nisi ventis debes ludibrium*) si tu ne veux être le jouet des vents, giebt es Dacier. Ich habe geglaubt, man könne die lateinische Redensart im Deutschen wörtlich übersetzen, ohne daß unser Sprachgenius darunter leide.

17. *nuper — leuis*) die kleinen Ellipsen in dieser Konstruktion sind so zu ergänzen: o nauis, quae mihi eras nuper sollicitum taedium, et nunc es desiderium et cura non leuis, consulo tibi, vt vites etc. *Sollicitum taedium* ist vermuthlich so viel als sollicitudo et taedium, und steht dem folgenden *desiderium etc.* so wie das *nuper* dem folgenden *nunc*, entgegen. Bey der Parthey des Brutus, will Horaz sagen, verursachte mir die Republik Unruhe und Ueberdruß, indem ich nicht wußte, wie der Krieg ablaufen würde, und bey der Armee viele Unordnung obwaltete; itzt, da ich zu der Parthey des Octavianus gehöre und die Süßigkeit seiner Regierung schmecke, wünsche ich nichts mehr als eine lange Dauer dieser Regierung und des Glückes, das man unter derselben

U   genießet,

genieſſet, und bin nur beſorgt, daß vielleicht die Republik ihr Glück verkennen, und ſich von neuem den Gefahren des bürgerlichen Krieges ausſetzen werde.

19. *nitentes — Cycladas*) die Menge der Sandbänke und Klippen, welche in dem Gewäſſer zwiſchen den cykladiſchen Inſeln anzutreffen ſind, machen dieſes Meer ſehr gefährlich, und man kann nirgends landen als durch viele Umwege und Krümmen, wodurch ſie den Namen der Cykladen oder der Zirkelinſeln erhalten haben. Sie heiſſen *nitentes*, weil ſie mit weiſſen Felſen umgeben ſind, deren Glanz verurſachet, daß man ſie von weitem ſieht. *Nitentes*, ſagt Sanadon, iſt hier ſo viel als *quamuis nitentes*; man muß ihr ſturmreiches Gewäſſer vermeiden, ob ſie gleich noch ſo ſchön glänzen. Dadurch werden die ſchmeichelnden Hoffnungen vortrefflich abgebildet, von denen ſich die Groſſen in Rom leicht könnten blenden laſſen.

Anmerkungen zur funfzehnten Ode.

Nerei vaticinium etc.) Die Allegorie in der vorigen Ode hat ohne Zweifel Gelegenheit gegeben, daß einige auch in der gegenwärtigen einen allegoriſchen Verſtand geſucht und geglaubt haben,

ſie

sie sey damals verfertiget worden, als Antonius und
deſſen Geliebte, Kleopatra, dem Octavianus den
Krieg, den hernach die Schlacht bey Actium ent-
ſchied, ankündigten, und Horaz führe darinnen dem
Antonius das Beyſpiel des Paris zu Gemüthe, als
welcher ebenfalls aus einer unglücklichen Leidenſchaft
einen unglücklichen Krieg veranlaſſet habe; Antonius und Paris wären einander in ihren Charakte-
ren und Handlungen ſehr ähnlich, und ſo auch Kleopatra und Helena, u. ſ. w. Allein es iſt dieſes wohl
eine weithergeholte Sache, bey der die Einbildungskraft überaus wirkſam ſeyn muß, wenn man ſie ſchick-
lich oder auch nur erträglich finden ſoll. Antonius
und Paris ſind verliebt: die einzige Aehnlichkeit,
die man zwiſchen beyden bemerkt! Und doch war
Paris lange nicht ſo niederträchtig verliebt, als Antonius. Das unanſtändige und mehr als kindiſche
Betragen des letztern in ſeinen Händeln mit Kleopatra iſt bekannt. Kleopatra und Helena haben
noch weniger Aehnliches. Man hat in den neuern
Zeiten der griechiſchen Schöne einen Anſtrich von
Koketterie gegeben, den ihr das Alterthum nicht
giebt. Vermuthlich iſt das gottſchediſche Wörter-
buch der freyen Künſte die unreine Quelle der Kennt-
niſſe, woraus einige der Unſern den ſchlimmen
Begriff ſowohl von der Helena als von deren Gemahl, dem Menelaus, geſchöpft haben. Der letztere
heißt in demſelben ein einfältiger Kerl, und die
erſtere ein liederliches Weibebild.

Man

Man erlaube, daß ich hier, auch noch um einer andern Ursache willen, etwas weniges zur Vertheidigung
dieses königlichen Paares beybringe. (Ich schrieb
einmal einen Vermählungsgesang unter dem Namen
Menelaus und Helena, welchen ich einem vornehmen Brautpaare zueignete, da sich denn gelehrte Spaßmacher fanden, die ihre Laune an diesem
Gedichte zu üben und die Vergleichung zwischen
dem alten und neuen Paare seltsam zu machen suchten, blos weil sie den Charakter einer Helena und
eines Menelaus für übelberüchtigt hielten.) Bey
den alten Schriftstellern sind die Charaktere dieser
Personen so schwarz nicht, als man sie gegenwärtig
zu schildern pfleget. Theokrit gedenkt derselben an
verschiedenen Orten aufs rühmlichste, und Euripides hat Helenens Unschuld in einem besondern mit
ihrem Namen bezeichneten Trauerspiele herauszu-
setzen gewußt. Dieser uns uralte Dichter, der aber,
nach Quintilians Berichte, auch diejenigen Schriftsteller gelesen hatte, welche zu seiner Zeit schon die
Alten hiessen, will nicht einmal zugeben, daß Helena
jemals von ihrem Räuber berührt worden sey, geschweige denn, daß sie sich aus Neigung hätte berühren lassen. Hiervon redet er nun zwar in einer
Erdichtung; allein er konnte, meines Erachtens,
diese Erdichtung wider den Vorwurf, etwas abge-
schmacktes geschrieben zu haben, nicht schützen, wenn
der Charakter, den er darinnen entwickelte, und den
er aus der Geschichte, nicht aus seinem Kopf nahm,

keiner

keiner poetischen Verfeinerung fähig war, ich will sa=
gen, Helena mußte an sich selbst schon eben so sehr we=
gen ihrer Sittsamkeit als wegen ihrer Schönheit be=
kannt seyn. Paris, sagt er, hat Helenen niemals wirk=
lich im Besitze gehabt; er entführte nur eine ihr ähnli=
che Gestalt, welche Juno, die wider den Räuber aufge=
bracht war, an der Helena Stelle untergeschoben hat=
te. Dieses Bild aber war dem Original so vollkommen
ähnlich, daß es Jedermann für die leibhafte Helena
hielt, und daß der Krieg, der sich ihrer Entführung hal=
ber entspann, mit der größten Heftigkeit geführt wur=
de. Indessen hatte Merkur die wahre Helena unter der
Bedeckung einer Wolke in des ägyptischen Königes
Proteus Palast gebracht, um dieselbe unter dem
Schutze dieses seiner Keuschheit wegen berühmten
Prinzen ihrem Gemahle Menelaus unbefleckt auf=
zubehalten. Dieses alles erzählt sie zu Anfang des
Schauspiels selber:

(V. 29 — 36. und 44 — 48.)

— Ἰδαῖος Παρις

Σπαρτην ἀφικετ᾽, ὡς ἐμȣ σχησων λεχος·
Ἡρα δὲ μεμφθεισ᾽ ὁυνεκ᾽ ὁυ νικα θεας,
Ἐξηνεμωσε τ᾽ αμ Ἀλεξανδρου λεχη·
Διδωσι δ᾽ ὁυκ ἐμ᾽, ἀλλ᾽ ὁμοιωσασ᾽ ἐμοι
Ἐιδωλον ἐμπνουν, ὁυρανȣ ξυνθεισ᾽ ὑπο,
Πριαμȣ τυραννȣ παιδι· και δοκει μ᾽ ἐχειν,

Κενην

Κενην δοκησιν, ουκ εχων· —
Λαβων δε μ' Ἑρμης ἐν πλυχαισιν αἰθερος
Νεφελη καλυψας, ου γαρ ἡμελησε μου
Ζευς, τον δ' ἐς οἰκον Πρωτεως ἱδρυσατο,
Παντων προκρινας σωφρονεσατον βροτων,
Ακεραιον ὡς σωσαιμι Μενελεῳ λεχος·

Als aber Menelaus, nach Zerstörung der Stadt Troja, mit der erbeuteten Scheinhelena nach Griechenland zurückkehren wollte und unterwegs von einem
Sturme an die ägyptische Küste verschlagen ward,
traf er die wahrhafte Helena in dem königlichen
Palast an: doch konnte er sich in das Geheimniß
der zwo Helenen, ungeachtet der Erläuterung, die
ihm deßfalls die ächte gab, nicht finden. Aus dieser Verwirrung riß ihn endlich die Ankunft eines
von seinem Gefolge, der ihm die Nachricht hinter-
brachte, daß seine Gemahlinn, die vermeynte Helena, in der Luft verschwunden sey, nachdem sie den
Irrthum der Phrygier und Griechen, die um ih-
rentwillen am Ufer des Skamanders umgekommen
wären, bedauert und die Täuscherey der Juno sowohl, als der wahren Helena Unschuld, entdeckt
hätte. — So sehr diese Erdichtung des Euripides
von der gewöhnlichen Erzählung abweichet, so gewiß ist es, daß man in Griechenland von Alters her
eine damit übereinstimmende Sage gehabt haben
müsse. Es erhellet solches aus einer Stelle des Pla-

to, wo er diejenigen, die den falschen und betrüge-
rischen Lüsten nachjagen, mit den Trojanern verglei-
chet, welche, nach dem Berichte des Stesichorus,
aus Verkennung der Wahrheit um das Bild der
Helena gestritten hätten: Ὥσπερ Ἰο Ἰης Ελενης
ειδωλον ὑπο Ἰων ἐν Τροϊα Ζ'ησιχορος
Φησι γενεϑαι περιμαχηΐον, ἀγνοια
Ἰου ἀληϑους. De republ. Dial. 9.

Was den Menelaus anlanget, so ist bekannt, daß
Tyndarus demselben, mit Hintansetzung einer Menge von Mitwerbern, worunter sich die berühmtesten
Helden der damaligen Zeit befanden, seine Tochter
zur Gemahlinn gegeben hat. Diese ihn betroffene
Wahl eines Bräutigams für Helena schließt, nach
meinem Urtheile, eine ganze Lobrede auf Menelaus
in sich, und beweist offenbar, daß es ihm an preis-
würdigen Eigenschaften gewiß nicht gefehlt haben
müsse. So wird auch insonderheit dessen kriegeri-
scher Muth durch das Beywort ἀρηιΦιλος,
welches ihm Homer so häufig ertheilt, durch seinen
im dritten Buch der Iliade so schön beschriebenen
Sieg über den Paris, und durch viele andere zu seiner Ehre gereichende Stellen ausser allen Zweifel
gesetzet.

Es würde zu weitläuftig seyn, wenn ich alles
Mißhellige in der angeblichen Allegorie unsrer gegenwärtigen horazischen Ode bemerken wollte. Man
darf,

darf, wenn man die Ode im eigentlichen Verstand
nimmt, sie deswegen für keine bloße Uebung im
Versmachen, wie Jemand sich ausgedrückt hat, ansehen. Die Geschichte der Zerstörung Troja bleibt
für einen jeden Zeitpunkt eine der denkwürdigsten
Weltbegebenheiten, und wenn sie dem Homer würdig genug schien, ganze Bücher davon zu schreiben,
so war sie auch nicht zu klein, von unserm Dichter
in einer Ode behandelt zu werden. Zudem ist es eine
sehr artige Erfindung, die vornehmsten Helden der
Griechen, die sich bey dieser Geschichte unsterblich
gemacht haben, durch den weissagenden Nereus in
einer Vorherverkündigung der traurigen Schicksale
Ilions auf dem Schauplatze der lyrischen Muse erscheinen zu lassen. — Innhalt. Nereus weis-
sagt dem Entführer der Helena und dem ganzen trojanischen Reiche seinen Untergang.
Plan. Einleitung. Nereus, ein Gott des
Meeres, der die Gabe zu weissagen hatte, gebeut den Winden Stille, damit Paris, der Räuber der Helena, welcher vor ihm vorbey se-
gelt, hören möge, was für ein Unglück auf seinen Raub erfolgen werde. Weissagung. Ganz
Griechenland wird die Waffen wider ihn ergreifen, ihm seine schöne Beute wieder ab-
nehmen und das ganze alte Königreich des
Priams, seines Vaters, zerstören. Menschen
und Thiere, ja die Götter selbst werden hierbey in grosse Arbeit gerathen. Der Venus Schutz
wird

wird dem Paris nichts helfen; noch weniger
werden ihm seine gesalbten Haarlocken und
seine Kunst, das Frauenzimmer durch Musik
zu belustigen, etwas nützen. Spiesse, Pfeile,
Kriegsgeräusch und die wackern Helden Griechenlands, Ajax, Uliß, Nestor, Teucer, Sthenelus, Merion und Diomed werden ihn in das
äusserste Schrecken setzen. Der Tag des Unglücks, der über Ilion verhängt ist, wird sich
zwar wegen eines Zwistes, der unter der griechischen Flotte entstehen wird, einige Jahre verzie-
hen: allein dieser Tag kömmt unfehlbar, und
die trojanischen Paläste werden in einem Stein-
haufen verwandelt.

1. *Pastor*) Paris, des trojanischen Königs Priamus
Sohn, sollte in seiner Kindheit, um den Ausspruch
des Orakels, welches ihn für den Zerstörer des Reichs
erklärt hatte, zu entkräften, auf Befehl seines Vaters
bey Seite geschafft und getödtet werden; allein die
Mutter Hekuba fand Mittel, sein Leben zu erhalten
und ihn unter den Hirten des Bergs Jda erziehen
zu lassen: daher die Benennung eines Hirten.

2. *Idaeis*) Schiffe, deren Gebälke aus den Waldungen
des Bergs Jda genommen worden.

3. *perfidus hospitam*) Paris reiste nach Sparta, um
seine Schwester Jsione von da abzuholen, bey welcher Gelegenheit ihn Menelaus und Helena gast-

U 5   freund-

freundlich bewirtheten: er war undankbar genug, seine Gastfreundinn zu entführen.

5. *Nereus*) Nach der Mythologie ein Gott des Meeres und zugleich eine Art von Prophet. Das Eigentliche oder Wahre von ihm ist, daß er sich durch viele Reisen zur See berühmt gemacht hat und im Stande gewesen ist, andern Seefahrern gute Lehren zu geben.

10. *Dardanae genti*) Die Trojaner, von Dardanus, dem Urheber des trojanischen Reichs, so benannt.

11. *Pallas*) Diese Göttinn war im trojanischen Kriege auf des Menelaus Seite, so wie Venus (nach V. 13.) auf der Seite des Paris.

11. *aegida*) Die Aegis (Aegide) war die eigentliche Kriegsrüstung oder Brustverwahrung der Götter, besonders des Jupiters und der Pallas; sterblichen Helden wird dieser Götterschild von den Schriftstellern niemals beygelegt.

14. *feminis — carmina diuides*) Die Ausleger haben diese Worte verschieden, zum Theil wunderlich genug gedeutet. Auch Gesnern muß man nicht hören, der Wechselgesänge daraus macht. Dacier sagt vernünftig, wenn man aus Ode 36 sähe, was *diuidere oscula sodalibus* heisse, nämlich seine Freunde, einen nach dem andern, küssen, so könne man leicht urtheilen, daß *diuidere carmina*

mina feminis nichts anders sey, als den Schö=
nen, einer nach der andern, etwas artiges vor=
singen und vorspielen. (imbelli cithara, keine
Kriegslieder, sondern zärtliche und verliebte Stück=
chen.)

17. *calami spicula Gnossii*) Gnossus (nicht Cnos=
sus, wie einige schreiben,) war die Hauptstadt in
Kreta, und die Kretenser waren gute Bogenschützen;
sie nahmen, wie der Scholiast sagt, zu ihren Pfeilen
eine gewisse Gattung (scharfes und steinartiges)
Rohr oder Schilf.

19. *hex serus*) zeigt, wie ich glaube, den Unwillen
des Nereus an, daß Paris seinen verdienten Lohn
etwas späte empfängt. Er wurde, nachdem ihn
Venus lange geschützt hatte, endlich von Philoktet
getödtet.

19. *adulteros crines*) ein kühner Ausdruck, sagen
die französischen Kunstrichter, für crines Paridis
adulteri, welche Kühnheit man in ihrer Sprache
nicht nachahmen dürfe. Im Deutschen habe ich sie
doch nachzuahmen gewagt. Das Salben und Kräu=
feln seiner Haare entsprach seinem Hang zur Buh=
lerey und sollte zu deren Beförderung dienen: auf=
serdem und schlechterdings hätte, dünkt mich, Horaz
crines adulteros für *crines adulteri* nicht
setzen können. Da also diesen Ausdruck die Natur

der

der Sache erlaubt, so muß ihn auch eine jede Sprache, die desselben fähig ist, erlauben.

24. *Teucer, te*) Eine andere, weniger gute Lesart ist:
Teucerque et.

32. *tuae*) nämlich Helenae. Eine feine Jronie! ―
"Die pronomina possessiua, sagt Dacier, allein
"gesetzt, ohne Namen oder Charakter der Personen,
"auf die sie sich beziehen, sind rar, und ich weiß
"nicht, ob man bey den Alten Beyspiele davon fin-
"den würde. Ein einziges habe ich im Tibull (B. 4.
"El. 7.) gefunden." Dergleichen Ellipsen müssen
doch bey den Lateinern nicht ungewöhnlich gewesen
seyn. Man sehe Ode 25. B. 7. me tuo etc. Im
Deutschen sagen wir auch der Deinige, der Jhri-
ge u. s. w.

33. *iracunda ― Achillei*) Achill und Agamemnon
entzweyten sich über einer gewissen Sklavinn Namens
Briseis, so daß der erstere verdrüßlich wurde und
nicht weiter gegen die Trojaner streiten wollte, wodurch denn Ilions Zerstörung sich verzögerte. Achill
besann sich erst wieder, als er hörte, daß Hektor den
Patroklus getödtet hätte. Sein Zorn wird seiner
ganzen Flotte zugeschrieben, weil sie entweder an seiner Empfindlichkeit Theil nahm, oder weil ohne
ihn seine Truppen nichts thun konnten.

34. *matronisque*) Wir haben angefangen, diesem
Worte eine ganz andere Bedeutung zu geben, als
es bey den Römern hatte. Unsere Wörter aber,

Frauen

Frauen und Weiber, schienen mir nicht poetisch
genug zu seyn. Wer sich an dem Worte Töchter,
das ich dafür gesetzt habe, stossen sollte, beliebe sich
ein anderes dafür zu wählen.

35. *post certas hiemes)* Die Belagerung dauerte be-
kanntermassen zehn Jahre.

Anmerkungen zur sechzehnten Ode.

Recantata opprobria) Es ist ungewiß, welches Mädchen eigentlich der Gegenstand dieser
Ode sey, und am Ende verliehrt man auch bey dieser Ungewißheit nicht das geringste: genug, wenn
die Ode selbst ihren unstrittigen Werth hat. Einige
sagen, sie führe in zwey alten Manuscripten die
Aufschrift: *Palinodia Gratidiae ad Tyndaridem amicam.* Daraus schliessen sie, Grati-
dia sey diejenige, die Horaz vormals durch seine
Verse beleidigt hatte, und Tyndaris sey die Tochter derselben, um derentwillen der Dichter seine
ehemaligen Schmähungen, gegen die Mutter aus-
gestossen, wiederrufe. Mir kömmt dieses nicht
wahrscheinlich vor. Die Aufschrift in den angeblichen Manuscripten kann von einem Abschreiber
herrühren, der sich so etwas eingebildet hat. Allem
Ansehen nach hatte der Dichter das Mädchen selbst
ehemals beleidigt. Ich schliesse dieses besonders aus
den

den beyden letzten Strophen, noch mehr aber auß
dem *animumque reddas* im letztern Verse.
Daß Horaz im ersten Verse der Mutter des Mädchens ein Kompliment macht, ist gar kein Wunder:
alle Leute wissen, daß dergleichen Komplimente nicht
übel angebracht oder vielmehr nothwendig sind.
Innhalt. Horaz sucht die Gunst eines
Mädchens, das er durch anzügliche Verse beleidigt hatte, wieder zu gewinnen. **Plan.**
Das erzürnte Mädchen mag sich an den Schmäh-
versen, (die ich in der Hitze geschrieben habe,)
nur nicht an mir selbst rächen. (Was thut man
nicht in der Hitze und im Zorn!) Eine Beschreibung vom Zorn nach seinen Unanstän-
digkeiten und schädlichen Wirkungen. Auch das
Mädchen muß sich also bemühen, ihren Zorn
gegen mich schwinden zu lassen. Ich bekenne
es, ich bin von der Jugendhitze übereilt worden, heftige Jamben niederzuschreiben; ich
will aber das Andenken derselben durch desto
mehr sanfte Verse gänzlich auszulöschen suchen. Da ich meinen Fehler so offenherzig ge-
stehe und feyerlich wiederrufe, so wird das
Mädchen daraus Anlaß nehmen, mir wieder
günstig zu seyn.

5. *Non Dindymene — vt irae*) Den Namen Dindymene führte Cybele von dem phrygischen Berge
Dindymus, allwo sie besonders verehrt wurde. Sie

heißt

heißt auch Ops, Rhea u. f. w. Die Konstruktion dieser
Stelle ist: non sic Dindymene, non sic Pythius,
non sic Liber aeque quatit incola mentem sacerdotum adytis; non sic Corybantes geminant acuta aera, vt triftes irae. Cybele, Apoll und
Bacchus begeisterten ihre Priester und Priesterin-
nen im Innern ihrer Tempel (adytis) durch
leibhafte Besitzungen, (incola) wobey die Priester
sehr angegriffen wurden, (quatit) daß sie ganz von
Sinnen zu seyn schienen, ihre Gesichter verzerrten,
und dergleichen. Dieß, will Horaz sagen, ist nichts
gegen den Zorn: der greift noch weit ärger an. Auch
die Korybanten, fügt er hinzu, schlagen nicht mit so
viel Lärm ihre scharftönenden Erze zusammen, als
der leidige Zorn Lärm verursacht. — So schön
diese Stelle ist, wenn sie richtig verstanden wird,
so haben sie doch Bentley und Sanadon verderben
und andere Lesarten hineinkünsteln wollen. Aber
sie haben sie auch in der That nicht verstanden. Ich
mag der gewaltsamen Aenderung des Sanadons, der
die ganze Strophe umkehret, nicht einmal gedenken:
es hat sie noch Niemand gebilliget. Ich will nur
erinnern, daß Bentley *si geminant* anstatt *sic
geminant* liest. Und man höre einmal den starken
Bewegungsgrund, der ihn zu dieser eigenmächtigen
und unlateinischen Lesart antrieb! Es ist, sagt er,
eine lächerliche Redensart: Corybantes non sic

gemi-

geminant acuta aera, *vt triftes irae gemi-*
nant aera. Sonderbar kömmt es mir vor, daß
Dacier diese luſtige Kritik auf eine noch luſtigere
Art beſtreitet. Er mag ſelbſt reden. Ce qu'il
trouve ridicule, ſchreibt er, me paroit ici ce
qu'il y a de plus beau. J'ai dit dans ma
preface qu'il faut qu'un interprete des poë-
tes ſoit ſouvént rempli du même enthouſiaſ-
me qui les a ſaiſis, autrement il n'eſt pas
capable d'en ſentir les beautés et de les ex-
pliquer aux autres. Horace dit très - clai-
rement *Corybantes non ſic geminant acuta*
aera, vt triftes irae, les Corybantes ne bat-
tent pas leurs timbales avec tant de fureur
que la colere. Mais quoi, la colere a-t-elle
des timbales? Oui. Horace la regarde comme un Corybante et il dit qu'elle bat le tam-
bour à nos oreilles pour nous exciter et
pour nous mettre en fureur. Et cette image
eſt très-belle et très-noble. M. Bentlei eſt
trop ſage pour être entré en fureur comme
Horace, ce ſens trop raſſis l'a empêché de
ſuivre ſon idée et d'en ſentir la nobleſſe et
la beauté. Ich bin überzeugt, Horaz hat an
keine Pauke oder Trommel gedacht, die er dem Zorn
geben

geben wollte, eben so wenig, als er bey dem vorhergehenden *non adytis etc.* an Heiligthümer und Priester dachte, die der Zorn hätte; die Vergleichung, die der Dichter in diesen Worten macht, beruht vielmehr blos auf dem *quatere.* So auch hier. Mit der Idee des *geminare aera* ist die Idee eines Geräusches oder Getöses verbunden, und dieses Getöse ist das tertium comparationis zwischen *geminare aera* und dem Zorne. Wenn also der Dichter sagt, non acuta *sic* geminant Corybantes aera, tristes vt irae, so ist es eben so viel, als ob er spräche: Corybantes non *tanto stridore* (oder dergleichen) geminant aera acuta, vt tristes irae *strident.* Sollte man wohl glauben, daß man bey Männern, wie Bentley und Dacier sind, erst noch erinnern müsse, ein Gleichniß dürfe nicht weiter ausgedehnt werden, als es die verglichene Sache erfordere?

8. *Corybantes)* Priester der Cybele, die bey ihrem Gottesdienste viel Getöse mit lärmenden Instrumenten machten und sich überhaupt sehr wild und ungeberdig dabey bezeigten.

9. *Noricus ensis)* In der illyrischen Provinz Norikum gab es gute Bergwerke, und besonders wurde darinnen guter Stahl zu Waffen gegraben.

13. *Fertur Prometheus — nostro)* Auch bey dieser Strophe finden die Ausleger grosse Schwierigkeiten.

ten. Da sie sich in das *addere* und *coactus*
nicht finden können, so verwandeln sie das letztere
in *coactam* und konstruiren: Prometheus fertur
addere (i. e. sagen sie , addidisse) principi
limo vndique coactam particulam, defectam
et infani etc. "Prometheus , spricht Bentley,
"wurde nicht gezwungen, seine Menschen zu bilden;
"er that es freywillig, und das *coactus* kann also
"hier nicht statt finden: doch wird es dem *parti-*
"*culam* angemessen seyn. Particulam vndique
"coactam ist so viel als vndique collectam,
"collatam, congestam.,,   Sanadon stimmt dieser Meynung bey, und setzt hinzu, wenn man *co-*
actus läse, so wäre das Verbindungswort *et.* in
dem folgenden Verse ganz überflüssig.   Er gedenkt
sich nämlich bey der gewöhnlichen Lesart folgenden Verstand der Strophe: Fertur Prometheus
(coactus addere principi limo particulam
vndique defectam) apposuisse vim infani leonis stomacho nostro. — Wider alles dieses
könnte man gar vieles anmerken.   Ich will mich
kurz fassen.   Erstlich, wer hat Bentleyen gesagt,
daß Prometheus seine edlern Geschöpfe ganz freywillig und ohne Rücksicht auf gewisse Götterbefehle, sie
auf eine bestimmte Art zu bilden, hervorgebracht habe? In einer so dunkeln Geschichte aus der Mytho-

logie,

logie, wie die gegenwärtige des Prometheus ist, und
die von den Alten selbst so verschieden erzählt wird,
geht es wohl nicht an, einem Horaz geradezu zu widersprechen. Zweytens, warum will man das
coactus eben auf einen äusserlichen Zwang beziehen? kann es kein innerlicher gewesen seyn?
kann nicht dieses Wort helssen: weil sich Prometheus bey der Schöpfung seiner Menschen nicht besser zu helfen wußte? Er hatte, sagt Baxter, bereits
alle seine Kunst in Bildung der Thiere erschöpft.
Zum dritten, wie gezwungen ist es nicht, hier dem
coactam (welchem ohnedem alle Ausgaben und
Handschriften widersprechen) die Bedeutung von
collectam oder *collatam* zu geben? Zum vierten, warum will es Niemanden einfallen, ob auch
wohl das *et*, welches den Auslegern dieser Stelle
hinderlich ist, hier, wie in tausend andern Stellen,
so viel als *etiam* bedeute, und ob nicht etwa bey
dieser Bedeutung die ganze Strophe so hell werde,
als man sie wünschen könne? Es ist nichts gewisser, als daß das *et* hier diese Bedeutung hat, und
ich kann es in Wahrheit nicht begreifen, wie es
möglich gewesen ist, daß alle Ausleger darüber weg-
gesehen haben. Der Verstand der Strophe ist also
dieser: Man sagt, Prometheus, der da genöthiget
gewesen, seinem edlern Stoffe (woraus er Menschen bilden wollte) überall erborgte Theilchen ein-
zuverleiben, (ihm von jedem Thiere etwas zu ge-

ben, addere, und nicht addidiſſe,) habe auch
ſo gar von der Wuth des grimmigen Löwen etwas genommen, und ſolches in unſer Herz gepflan-
zet. (*princeps limus*, der feinere Thon, woraus er die Menſchen bilden wollte.) — Was den
Gedanken in dieſer Strophe anbetrifft, ſo konnte
Horaz zu Beſchönigung ſeines Zornes nichts beſſers
anbringen. Was können wir dazu, will er ſagen,
wenn wir ſo gebildet ſind, daß wir zornig ſeyn
müſſen?

17. *irae Thyeſten etc.*) Thyeſtes und Atreus waren
ein paar unverſöhnliche Brüder. Der erſtere ver-
führte des letztern Frau, und zeugte zween Söhne
mit ihr. Dieſer ließ, um ſich zu rächen, jenen unter
dem Vorwand, ſich mit ihm auszuſöhnen, zu Gaſte
bitten, und ſetzte ihm ſeine beſagten zween Söhne zu
eſſen vor.

20. *imprimeretque*) Die Alten hatten die Gewohnheit, über die Trümmern eines zerſtörten Orts, zum
Zeichen, daß er nicht wieder aufgebaut werden ſollte, den Pflug zu ziehen.

23. *in dulci inuenta*) Hieraus ſchließt Dacier, die
oben erwähnten ſatiriſchen Verſe müßten an die
Mutter der Schönen gerichtet geweſen ſeyn, weil
er ſie in der Jugend geſchrieben hätte. Allein es
iſt ſchwer, ſolches daraus herzuleiten. Horaz kann
die Verſe nur etwa ein Jahr oder zwey vorher gemacht

macht haben. Das *iuuenta* sagt in gegenwärtiger Stelle weiter nichts, als daß mit der Jugend eine gewisse Hitze verbunden sey.

Anmerkungen zur siebzehnten Ode.

Ad Tyndaridem) Der Schlüssel zu dieser Ode liegt in der letzten Strophe. Horaz hatte von der übeln Begegnung gehört, welche Tyndaris, ein Frauenzimmer von Talenten und Kenntnissen, (B. 18. *et fide etc.*) von einem gewissen eifersüchtigen und wüthenden Cyrus, der ihr vielleicht einige Wohlthaten erwies, erdulden mußte. Aus Mitleiden both ihr der Dichter in gegenwärtiger Ode auf die höflichste Art einen Aufenthalt auf seinem Landgute an, um sie wider die Grausamkeiten eines so niederträchtigen Liebhabers in Sicherheit zu setzen, und sie der Schmach, der Wohlthaten desselben benöthigt zu seyn, zu entreissen. **Innhalt.** Horaz ladet Tyndaris auf sein Landgut ein, und beschreibt zu dem Ende dessen Annehmlichkeiten. - **Plan.** Bey meinem Gute befindet sich der Lukretil, ein anmuthiger Berg, den der Faun selbst oft besucht und für den er gern seinen Lycäus verläßt. In den Waldungen dieses Berges schleicht mein Zie-

genvieh

genrieh herum, und darf darinnen, wegen der
Lebhaftigkeit des Fauns, dessen Lieder beständig vom Felsen ertönen, (und die wilden Thiere verscheuchen,) weder vor Schlangen, noch
vor Wölfen erschrecken.   Ich werde also von
den Göttern geschützt, denen meine Rechtschaffenheit und mein Saytenspiel angenehm ist.
(Komm zu mir, Mädchen;) auf meinem Gute schüttet dir Ceres ihr wohlthätiges Füllhorn reichlich aus.   Hier findest du ein gekrümmtes Thal, welches dir im heissen Sommer süsse Kühlungen darbiethen und dich zu
zärtlichen Liedern begeistern wird.   An unschädlichem Wein, den man hier im Schatten
(und ohne Jänkereyen) trinkt, soll es dir auch
nicht fehlen.   Hier weiß man nichts von Verdruß und Hader: hier darfst du von keinem
eifersüchtigen Cyrus unanständige Begegnungen befürchten.   Oder kurz: Tyndaris wird
nirgends einen bessern Aufenthalt als auf meinem Gute antreffen, welches sich durch Göttergunst empfiehlt, durch Fruchtbarkeit, durch
schattichte und poetische Spaziergänge, und
durch Entfernung von Getümmel und Hader.

2. *Lucretilem — Faunus)* Der Faun der Römer
ist der Griechen ihr Pan. Dieser Waldgott hatte
seinen eigentlichen Sitz auf dem Berge Lycäus in
Arkadien. Er ist als ein Gott bekannt, der sich den

Menschen

Menschen gerne gefällig machte, und in der Kunst,
die Flöte zu spielen, suchte er seines gleichen. *Mu-*
tat Lucretilem Lycaeo heißt hier, er ver-
tauscht den Lycäus gegen den Lukretil; eine
Hypallage.

4. *vsque*) Man erklärt dieß Wörtchen hier durch allezeit, oder den ganzen Sommer hindurch; allein
das widerspricht dem vorhergehenden *saepe*. Es
ist also am gegenwärtigen Orte nur ein Wohlklangs-
wörtchen.

5. *impune tutum*) Lambinus will in mehr als einem
Koder *totum* gefunden haben, welche Lesart Bentley begünstiget, weil impune und tutum einerley sagten. Inzwischen wäre diese Tautologie,
wenn man sie für eine nähme, von gar keiner Er-
heblichkeit, und man kann also das *tutum* wegen
Mehrheit der Exemplare, worinnen man solches
liest, beybehalten: ideo impune, sagt Baxter,
quia tutum.

7. *olentis vxores mariti*) Dieser eine Heerde Ziegen umschreibende Ausdruck, von welchem ein fran-
zösischer Kunstrichter behauptet, daß er sich in keine
Sprache übertragen lasse, ist in der That schwer zu
übersetzen. Ich habe ihn indessen, wie ich glaube,
ohne Beleidigung unsers Wohlstandes übersetzt;
nur wird man entschuldigen, daß mein Vers dießmal keinen Abschnitt hat. Es ist in diesem ganzen

Buche (die sapphischen Stücke ausgenommen, von deren Sylbenmaaße die erste Anmerkung zur zwoten Ode Nachricht giebt,) nur in der gegenwärtigen Stelle geschehen, da hergegen im Horaz selbst eine Menge Beyspiele dieser Freyheit anzutreffen sind. Man sehe Ode 16. V. 21. Ode 18. V. 16. Ode 37. V. 5 und 14.

10. *vtcunque*) quotiescunque, simul ac.

11. *Vsticae cubantis*) Der Ustik war ein felsigter Hügel und ein Theil des Lukretils. Der Dichter nennet ihn cubans, weil er, wie man sagt, die Gestalt eines liegenden Menschen hatte.

14. *Hic tibi — cornu*) Hic tibi manabit ad plenum opulenta copia honorum ruris benigno cornu. In den meisten Ausgaben liest man *hic*, nicht *hinc*, und das hic ist auch stärker. *honores ruris*, die Feldfrüchte, wegen Fruchtbarkeit der Aecker so benannt: denn Reichthum und Fülle wird bey den Lateinern oft mit *honos* bezeichnet.

15. *et fide Teia — Circen*) Teia ist so viel als anakreontisch, weil Anakreon aus Teos gebürtig war. Ich vermuthe fast, daß Tyndaris damals schon die eine von diesen beyden Frauen besungen hatte, und daß sie Horaz izt nur ermunterte, die andere auch zu besingen: denn sonst würde er ihr keinen so bestimmten Gegenstand der Dichtkunst vorgeschlagen

schlagen haben. Im Gespräch wäre es wohl schick-
lich gewesen, aber nicht in einer feyerlichen Ode.
Der *vnus* ist Uliß. *Vitrea*, hell wie Kristall,
wunderschön.

22. *Semeleius Thyoneus etc.*) Ein Name des Bacchus von seiner Mutter, der Semele Thyone.
Bacchus und Mars werden bey Horaz nicht
an einander gerathen, heißt wohl, in Verbindung mit dem vorhergehenden *pocula duces*: Tyndaris dürfe nicht besorgen, daß es bey Horaz wie
bey Cyrus zugehe; bey ihm trinke man zwar auch,
aber mässig, und der Trunk wirke bey ihm keine
Thätlichkeiten. Die erwähnte üble Begegnung von
Cyrus widerfuhr ihr also vermuthlich bey Tische.

25. *suspecta*) gegen die man einen Argwohn heget.
Cyrus war eifersüchtig auf Tyndaris, und seine Eifersucht war der Grund seines wilden Betragens
gegen sie.

25. *male dispari — manus*) das *dispari* sowohl
als das *male* wird auf verschiedene Art ausgelegt.
Jenes erklären einige, unter welchen die Scholiasten sind, durch eine Abneigung der Tyndaris gegen des Cyrus Liebe; und diesem geben sie die
Bedeutung *valde*, sehr oder überaus, daß also
male dispar so viel wäre als überaus ungleich
gesinnet. Allein das *dispari* anlangend, so giebt,
deucht mir, das *iniicere manus* deutlich genug

zu erkennen, daß hier die Rede von nichts anders als von den körperlichen Kräften sey, nach denen ein Frauenzimmer gegen einen Mann, wenn sie handgemein werden, mehrentheils zurückstehet. Das *male* aber ziehe ich mit Baxter nicht auf *dispari*, sondern auf *iniiciat*, da es denn so viel als *inhumane* oder *saeue* ist.

Anmerkungen zur achtzehnten Ode.

Ad Varum) Die Ausleger haben verschiedene Muthmaffungen über die Person dieses Varus geäussert, die aber alle sehr ungewiß sind, und daher wollen wir uns dabey nicht aufhalten: Die Sache selbst ist eine Kleinigkeit. Varus pflanzte, wie es scheinet, in der Gegend von Tibur allerley Bäume, und es fiel dem Dichter dabey ein, die dasigen Hügel verdienten vorzüglich, mit Reben bepflanzt zu werden: daher die Entstehung dieser Ode. **Innhalt.** Horaz lobt den Gebrauch des Weins, und tadelt den Mißbrauch desselben. **Plan.** 1) Lob des Gebrauchs. Varus wird gebethen, um Tibur herum Weinstöcke zu pflanzen. Der Wein ist eine treffliche Sache: denn wem er mangelt, dem fällt alles beschwerlich, und er weiß die Sorgen dieses Lebens

durch

durch nichts zu vertreiben; wer aber Wein
trinkt, lacht aller Beschwerlichkeiten, auch der
des Kriegs und der Armuth, als die man bey
frohen Geschwätzen von Wein und Liebe ver=
gißt. 2) Tadel des Misbrauchs. Die bluti=
gen Händel der Centauren mit den Lapithen,
wie auch die Begebenheiten der Sithonier sind
ein Beweis, daß man die Gaben des Bacchus
nicht misbrauchen müsse. Wer seine Begier=
den zu weit ausschweifen läßt, ist vor Thor=
heiten nicht sicher: ich will also den wilden
Lerm an den Bacchusfesten nicht mitmachen,
der immer von der blinden Eigenliebe, vom
lächerlichen Hochmuth, und von der durchsich=
tigen Verrätherey begleitet wird.

2, *moenia Catili*) die drey Brüder, Tiburnus, Co=
ras und Katilus, welcher letztere beym Virgil auch
Katillus heißt, baueten die Stadt Tibur, die ihren
Namen von Tiburnus, dem ältesten unter ihnen,
erhielt.

3. *siccis*) die Lateiner sagen trocken und naß, anstatt
nüchtern und trunken. (S. Ode 5. B. 4.) Man
kann sich im Deutschen gewissermaffen auch so aus=
drücken.

3. *omnia — proposuit*) *Deus* ist ohne Zweifel
Bacchus: dieser legt, wie Sanadon anmerkt, den
Menschen zweyerley zur Wahl vor, entweder zu
trinken, oder geduldig zu leiden, daß einem alles in
der

der Welt beschwerlich werde. (ficcis omnia dura,
vuidis omnia mollia propofuit.) Die größte
Schönheit dieser Stelle bestünde also, nach Sanadons Erklärung, in dem Worte *propofuit.*

4. *aliter*) eine Ellipse: man muß *ac bibendo* hinzudenken.

5. *crepat*) *crepare* heißt, immer von einer und
derselben Sache schwatzen; immer wieder anfangen, davon zu reden. Ich habe geglaubt,
diese Idee möchte sich am besten durch bekofen ausdrücken lassen. Da man das alte kofen wieder in
unsre Sprache aufnimmt, so wird man auch bekos
fen sagen dürfen. An einigen Orten in Franken ist
das kofen mit allen seinen compofitis noch lebendig.

7. *At ne — Liberi*) ne quis in modici Bacchi
muneribus tranfiliat modum, ne quis immo-
dice bibat. Wir sollen im Trinken den sittsamen
Bacchus nachahmen. Es giebt einen gewissen mässi-
gen und sittsamen (S. Od. 27.) Bacchus, der dem
ungesitteten (Epod. 2.) entgegen stehet, so wie man
die Venus zu unterscheiden pfleget.

8. *Centaurea — debellata*) die Centauren und
Lapithen tranken auf der Hochzeit des Pirithous in
Uebermaasse, so daß sie aufs heftigste an einander
geriethen, und sich diese Feyerlichkeit mit vielem
Blutvergiessen endigte. Nach der Mythologie wa-
ren die Centauren vom Kopf bis an den Gürtel
Men-

Menschen, und der übrige Theil ihres Körpers war
Pferd.   Ohne Zweifel ist der erste Reuter in an=
derer Leute Augen eine seltsame Gestalt gewesen,
die hernach zu der Fabel von den zweygestalteten
Geschöpfen der Centauren Anlaß gegeben hat.

9. *Sithoniis*) gewisse thrazische Völker.   Die Gat=
tung steht hier fürs Geschlecht: denn die Thrazier
sind als Säufer und Schläger bekannt; keine
Feyerlichkeit gieng bey ihnen ohne Blutvergießen ab.

, *Natis in vsum laetitiae scyphis* ,
Pugnare Thracum est.   (Ode 27.)

9. *Euius* — *non ego te*) In andern Ausgaben lieſt
man nach *Euius* ein Komma oder Semikolon,
und nach *auidi* einen Punkt.   Da aber bey dieser
Interpunktion der Entschluß, den Horaz in dem
non ego etc. faſſet, als eine Wirkung der indivi=
duellen Begebenheiten, die er in dem vorhergehen=
den erzählt, anzusehen wäre, und es mir schicklicher
zu seyn scheinet, wenn er seinen Entschluß überhaupt
aus Betrachtung der übeln Folgen, die eine jede
andere Ausschweifung im Trinken hat, hernimmt,
so habe ich die Interpunktion dieser Stelle der letz=
tern Idee gemäß eingerichtet; ich will sagen, die
Idee scheint mir natürlicher zu seyn, wenn Horaz
spricht: weil eine jede Ausschweifung üble
Folgen nach sich ziehet, so will ich den Lerm, der
mit den Bacchusfesten vergesellschaftet ist, nicht
mitmachen; als wenn er spräche: weil die Aus=

schweis

schweifung der Theazier üble Folgen nach sich
gezogen hat, so will ich den Lerm u. s. w. Die
Interpunktion der alten Schriftsteller ist, wie ich
bereits irgendwo angemerkt habe, eine Sache, die
ein jeder nach seinem Gutdünken einrichten kann.

20. *cum fas — auidi*) Dacier und Sanadon haben das *libidinum* auf *fine* gezogen und von der
ganzen Stelle folgende Erklärung gegeben: quia
funt auidi, ideo fas atque nefas difcernunt
exiguo fine libidinum; les immodérés, les
infatiables ne reconnoiſſent d' autres bornes
entre le bien et le mal que leurs paſſions;
die Unmäßigen, die Gierigen wiſſen von keinen andern Grenzen zwiſchen Recht und Unrecht, als die
ihnen ihre Leidenſchaften ſetzen. Dieſe Erklärung
iſt nicht übel; ich glaube aber doch, man thut
beſſer, wenn man mit Baxter und Geſner das
libidinum mit *auidi* verbindet, und folgender-
maaßen konſtruiret: *auidi libidinum difcernunt fas atque nefas exiguo fine;* i. e. wie
Geſner ſich ausdrückt, auidi libidinum qua-
rumcunque, cum funt ebrii, nullo fine,
certe exiguo, fas atque nefas difcernunt.
Horaz ſtellt ſich, meines Erachtens, eine breite
Grenze oder einen ſtarken Damm zwiſchen Recht
und Unrecht, zwiſchen Tugend und Laſter vor; aus
dieſer breiten Grenze, will er ſagen, machen Leute,
die

die in der Trunkenheit ihren Hang zu Begierden allzuheftig verfolgen, nur eine ganz schmale Linie; sie betreten also die äufferste Grenze des Rechts, und laufen dadurch Gefahr, hinüber auf die Grenze und sofort in das Gebieth des Unrechts zu gerathen. Diese Bemerkung bringt den Dichter zu dem Entschluß, sich vor den ausschweifenden Freuden des Bacchus zu hüthen.

12. *inuitum — rapiam*) Diese Stelle malt die Ausgelassenheit der Alten an ihren Bacchusfesten. Sie riffen die Statüen des Bacchus von feinen Altären, und schleppten sie mit wildem Freudengeschrey auf die Berge, so daß Bacchus selbst an dieser unsinnigen Schwärmerey keinen Gefallen hatte. (inuitum.) Bey den Statüen des Bacchus waren gewisse mystische Körbchen (mystica vannus Iacchi, Virg. Georg. I. B. 166.) befindlich, die mit Rebenlaub bedeckt waren. Auch diese Körbchen wurden bey der Gelegenheit mit herum getragen, aufgedeckt und geplündert. Diesen bacchantischen Unfug begleiteten alle Arten von Ausschweifungen.

13. *faeua — tympana*) Sobald das Bacchusfest eintrat, gieng der Lerm mit Hörnern und Paucken oder Trommeln an, der die Verehrer dieses Gottes zu ihren Ceremonien aufforderte.

Anmer-

Anmerkungen zur neunzehnten Ode.

A*d Glyceram*) **Innhalt.** Ich merke,
daß ich aufs neue um so viel heftiger
verliebt bin, je mehr ich geglaubt habe, daß es
bey mir mit der Liebe vorbey wäre. **Plan.**
Ich hatte der Liebe entsagt, und auf einmal
fordern mich Venus, Bacchus und der Müssiggang auf, eine neue Rolle auf diesem Schauplatze zu spielen. Die ausserordentliche Schönheit der Glycera ist es, die mich wieder entzündet. Venus hat ihr Cypern verlassen, und
ist in mein Herz eingekehrt; sie leidet nicht,
daß ich von irgend einer Sache einen Vers
schreiben darf, die keine Beziehung auf sie
hat. Ich will ihr ein Opfer bringen; vielleicht
wird sie dadurch besänftiget.

3. *et lasciua licentia*) licentia, sagen die Scholiasten, ist so viel als *otium, quod semper in
lasciuiam resoluitur.* Einige schreiben *Licentia,*
und betrachten sie hier als eine Göttin. Allein
Bentley selbst, der doch dieser Meynung zugethan
ist, will von keiner Göttin Licentia etwas wissen,
die die Römer gehabt hätten. Cicero, sagt er, gedenkt zwar an einem gewissen Orte eines Tempels
der Licentia; es geschieht aber nur im rednerischen
Ton:

Ton: eigentlich hatte Clodius denselben Tempel der
Libertas, nicht der Licentia, erbauet. Am Ende
meynt er, man könne auch *Libentia* lesen. —
Daß hier der Müssiggang mit den vorhergehenden
Göttern in einer Reihe zu stehen kömmt, hindert
nichts: Personen und Sachen werden auf diese
nämliche Art an hundert Orten mit einander verbunden. Man sehe z. E. Ode 1. V. 30. *me
gelidum — populo.* Ode 15. V. 16. *nec-
quicquam — Ajacem.* Buch 2. Ode 8. V.
9. *expedit — carentes.*

7. *proteruitas*) Einige (die Scholiasten) erklären dieses Wort an gegenwärtigem Orte, durch
Stolz, andere (Dacier) durch Lustigkeit, auf-
geräumtes Wesen, oder auch durch Zorn. Ich
habe in meiner Uebersetzung die gewöhnliche Bedeutung desselben, nach der es Muthwillen oder Lo-
sigkeit ausdrückt, vor Augen gehabt. Bey Horaz selbst hat wenigstens das Beywort *proteruus*
diese Bedeutung sehr oft. (z. E. Ode 5. B. 2. V. 15.)

8. *vultus nimium lubricus aspici*) Ueber diesen
Ausdruck hat Bonsin nicht übel, wiewohl weitläuftig,
kommentirt. Mea quidem sententia, sagt er,
quanquam caeteri aliter sentiunt, vult osten-
dere Flaccus noster, tantam fuisse gratiam et
Venerem vultus Glycerae nitoremque, vt

Y   nemo

nemo posset firma oculorum acie illum afpi-
cere et intueri, sed cogeretur statim oculos
demittere et illo hebetari, vt solem aspicien-
tibus accidit, et propterea lubricum dixit
vultum, in quo aspiciendo nemo posset fi-
xam oculorum aciem tenere, quod in Augusto Caesare contigit, vt Suetonius refert
de oculorum illius splendore et acie. Ich
habe auf diesen Kommentar in der Ueberfetzung einige Rücksicht genommen.

9. *in me — deseruit*) Dacier vergleicht diese
Stelle mit einer Stelle im Anakreon, worinnen
dieser Dichter sagt, Amor habe sich in seinem Herzen ein Nest gebaut, in welchem er junge Amors
ausbrüte, u. s. w. Er giebt aber der horazischen
Stelle den Vorzug vor der anakreontischen.

11. *et verfis — dicere*) Die Parther waren, auch
in der Flucht, tapfer: sie konnten nämlich rückwärts
so gut schiessen, wie vorwärts, und erhielten dadurch öfters noch den Sieg.

12. *quae nihil attinent*) Alles, was keine Beziehung auf Venus hat.

16. *Mactata — hostia*) Die Scholiasten sowohl
als einige Neuere machen von diesem Verse die
wunderliche und sehr gezwungene Auslegung: nach
vollbrachtem Opfer, welches Venus bekömmt,
wird Glycera mir günstiger seyn. Die Rede ist
bey

bey dem *veniet lenior* blos von der Venus. Al=
lein sie soll dem Dichter nicht günstiger werden,
sondern *lenior*, gelinder, sanfter; itzt ist sie
grausam (*saeua*) gegen ihn; itzt hat sie sich ganz
in ihn gestürzt, (*in me tota ruens*,) und schwärmt
also gleichsam in seiner Seele und in allen seinen
Gliedern; sie bezeigt sich so herrisch gegen ihn, daß
sie ihm gebiethet, wovon er dichten und nicht dich=
ten soll: er will ihr daher ein Opfer bringen, und
hofft, daß sie alsdann ihn nicht mehr so tyrannisch
besitzen werde. — Das Opfer selbst mag sich wohl
eigentlich auf Glycera beziehen. Es ist, dünkt mich,
nur ein Bild, unter welchem er sich den Genuß
der Glycera gedenkt. Nach diesem Opfer, meynt
er, werde Venus wieder ruhig seyn, das heißt,
werde er die Regungen der Liebe nicht mehr em=
pfinden. — In Absicht aufs Buchstäbliche dieser
Worte hat man angemerkt, daß die Redensart
mactare hostiam nicht eben insbesondere ein blu=
tiges Opfer anzeige, sondern überhaupt ein Opfer
vollbringen bedeuten könne; *veniet* ist so viel
als *erit*.

Anmerkungen zur zwanzigsten Ode.

Ad *Maecenatem*) Allem Ansehen nach hatte
sich der Ritter Mäcen bey Horaz auf seinem

Landhause

Landhause schriftlich und wie ich vermuthe, in Versen, zum Besuch angemeldet, und gegenwärtige
Verse waren die Antwort darauf. Der Dichter
bedauert darinnen, daß er seinem theuren Mäcen
keinen andern als geringen sabinischen Wein werde
vorsetzen können. Vielleicht will er ihm dadurch zu
verstehen geben, er möchte eine Provision Cäkuber
oder andern guten Wein mitbringen: aus der letztern Strophe läßt sich mit vieler Wahrscheinlichkeit schliessen. Die Ode hat, aus diesem Gesichtspunkte betrachtet, einen Anstrich von scherzhafter
Laune. Innhalt. Horaz sagt dem Ritter
Mäcen, er werde bey ihm mit geringem Wein
vorlieb nehmen müssen. Plan. Mäcen wird
dießmal von meinem leichten Sabiner trinken
müssen, welchem ich blos deswegen einigen
Werth zuschreibe, weil ich ihn gerade an dem
Tage auf Flaschen gefüllt und versiegelt habe,
als dem Ritter im Schauspielhause applaudirt
wurde. Freylich, Mäcen ist gewohnt, die
besten Weine zu trinken: ich behelfe mich mit
dem geringsten.

1. *vile potabis Sabinum*) Der Scholiast Porphyrion versteht jungen Wein darunter: denn alter Sabiner, sagt er, war nicht leicht. Allein das folgende
cum tibi plausus etc. scheint einige Jahre zu bezeichnen, und giebt also zu erkennen, daß der Wein
nicht jung war. So merkt auch Cruquius aus dem

Athe-

Athenäus an, daß unter allen italiänischen Weinen
der sabinische, wirklich der geringste sey. Horaz befand sich ohne Zweifel auf seinem Gute: denn wenn
er in Rom gewesen wäre, so hätte er schon guten
Wein verschaffen können.

1. *modicis cantharis*) Ich bin für Sanadons Erklärung dieser Worte, welcher sagt, das *modicis*
zeige nicht an, Mäcen werde aus kleinen Kel-
chen trinken müssen, sondern er werde wenig
trinken müssen, weil er ihm nur schlechten Wein
vorsetzen könne; *modice potabis.* "Canthari,
"spricht dieser Ausleger, waren grosse Becher, und
"der Dichter verbindet also das Beywort *modici*
"nur scherzweise damit: *bibes,* schreibt Horaz,
"*cantharis, sed modicis;* du wirst sehr we-
"nig aus grossen Pokalen trinken." Sollte
Jemand dieser Erklärung aus dem Grunde seine
Stimme verweigern, weil er sich nicht erinnerte, etwas analogisches gelesen zu haben, das eine gleiche
Erklärung erforderte, so empfehle ich demselben,
die 16. Ode des 2. B. nachzusehen. Hier heißt V.
37. das *mihi spiritum Graiae tenuem Ca-
moenae Parca dedit* nicht etwa: mir hat die
Parze den geringen Geist der griechischen Kamöne
gegeben; sondern: sie hat mir von dem (grossen)
Geiste der griechischen Kamöne etwas weniges gegeben. Diese Stelle entspricht also der, die wir
vor Augen haben, sehr genau. In der Uebersetzung

bin ich dem *modicis cantharis* zwar treu geblieben; allein ich denke, das Schlürfen, das ich damit verbunden habe, werde die Idee des Dichters
ausdrücken.

2. *Graeca testa*) Der Scholiast kommentirt: *ut in-
de* (Sabinum) *traheret aliquid suauitatis.*
Denn die Römer liessen nicht etwa leere Flaschen
aus Griechenland bringen, um ihren Wein darauf
zu füllen, sondern sie bekamen darinnen den besten
griechischen Wein. Horaz will also sagen, er habe
seinen geringen sabinischen Wein auf Flaschen, in
welchen griechischer Wein gewesen, gefüllt, um ihn
nur ein wenig zu verbessern.

3. *leui*) von *lino: linere*, versiegeln, *relinere*,
entsiegeln. *Releui omnia dolia*, sagt Terenz.
Sie nahmen zum Versiegeln der Weingefässe Pech,
Wachs oder Gummi.

3. *datus — plausus*) die Römer hatten die Gewohnheit, ihre Weingefässe mit den Namen der
Konsuln oder mit einer wichtigen Begebenheit zu
stempeln, die in dem Jahre sich eräugnete, da sie
den Wein einlegten. Horaz konnte also seinem
Gönner nichts schmeichelhafters sagen, als daß er
seinen Wein mit der Geschichte desjenigen Tages
bezeichnet hätte, da ihm im Schauspielhause applaudirt worden. Faber und Dacier sind der Meynung,
diese öffentlichen frohen Zurufe des römischen Volks
wären zu einer Zeit geschehen, da Mäcen sehr krank
gewesen

gewesen und sich zum erstenmal wieder in der Ko-
mödie gezeigt hätte, und sie ziehen zum Behuf dieser Meynung die 17te Ode des zweyten Buchs an.
Das Theater, von welchem hier die Rede ist, war
das pompejische, und lag zwischen der Tiber und
dem Quirinal.

5. *Care Maecenas*) Lambin, Cuningam und Bentley lesen *clare*; vermuthlich nicht sowohl wegen
des alten Koder, woraus sie ihre Lesart vertheidigen, als vielmehr, weil ihnen das *care* zu vertraulich geschienen hat. Allein man müßte alsdann auch das *dilecte Maecenas* in der 20sten
Ode des 2ten Buchs tadeln. Das *care* kann sich,
wie Christ anmerkt, nicht blos auf Horaz, sondern
aufs ganze römische Volk beziehen sollen.

5. *vt paterni — imago*) das *ripae* wird von den
Auslegern für den Nominativus pluralis genommen; ich halte es aber für den Genitivus singularis, so, daß es, gleich dem *montis*, von *imago*
regiert wird, und mache folgende Ordnung im Bau
der Rede: *vt iocosa imago ripae paterni fluminis et simul Vaticani montis redderet tibi
laudes.* Bey imago ist eine Ellipse; man sehe
die Anmerkung zum 4ten Verse der 12ten Ode.
Paternum flumen, die Tiber; Mäcen war aus
Etrurien gebürtig, wo die Tiber entsprang. Das
simul drückt den nochmaligen Wiederhall aus: erst

Y 4 hörte

hörte man das Echo des mācenatischen Lobes an
den Ufern der Tiber, und dann auf dem Vatikan.

10. *tu bibes*) "Muß man hinzudenken: *apud te*;
"oder *apud me*? Sagt Horaz zu Mācen: du
"wirst in deinem Hause zu Rom vortrefflichen Wein
"trinken; oder sagt er: du wirst dergleichen bey
"mir auf meinem Landhause trinken? — Es hat
"dem Dichter nicht gefallen, seinen Gedanken zu
"entwickeln, und ich bin überzeugt, daß solches nicht
"ohne Absicht geschehen ist. Die Ausleger haben
"insgesammt die erstere Erklärung angenommen,
"und unter dem Ausdrucke des Dichters *apud te*
"verstanden. Was mich anlangt, so glaube ich,
"daß Mācen den horazischen Worten die letztere
"Bedeutung gegeben hat, und daß er sie natürlicher
"Weise in keinem andern Sinne hat nehmen kön=
"nen.' Ich habe schlechten Wein, sagt Horaz zu
"demselben; indessen kömmt es blos auf dich an,
"ob du nicht lieber guten trinken willst: aber ich
"wiederhole es, bey mir ist kein guter anzutreffen.
"Heißt das etwas anders, als ihm mit verdeckten
"Worten sagen: wenn du bey mir guten Wein trin=
"ken willst, so sey so gütig, welchen mitzubringen?
"Man muß also den Sinn des *bibes etc.* durch
"*apud me* aufklären. Horaz hat die Auslegung
"seiner Worte dem Mācen überlassen, und der eben
"angezeigte Verstand derselben war leicht zu errathen.
"Hätte er zu ihm sagen wollen: *bibes apud te*:
"so

"so hätte er in der That gesagt: wenn du Cäkuber
"oder dergleichen trinken willst, so kannst du zu
"Hause bleiben, denn solche Weine habe ich auf
"meinem Landhause nicht. Man müßte aber un-
"sern Dichter gänzlich verkennen, wenn man sich
"einbildete, daß er eines Kompliments von der
"Art fähig gewesen wäre. In dem Briefe *Si po-*
"*tes Archiacis* ladt er den Torquat auf die näm-
"liche Weise ein, wie hier den Mäcen." Sanadon

Anmerkungen zur ein und zwanzig-
sten Ode.

---

*A*lternus *puerorum etc.*) Einige sehen diese
Ode für ein carmen saeculare an; andere für eine Vorbereitung zu dem bekannten carmen saeculare des Horaz. Allein sie faßt nichts
zum Beweise weder für das eine, noch für das andere, in sich. Ich halte sie für eine gewöhnliche
Hymne, oder für ein öffentliches Gebeth an die
Schutzgötter des römischen Reichs, an Sonne und
Mond, die man unter den Namen des Apolls und
der Diana verehrte. Der Latona geschiehet nur
beyläufig und deswegen Erwähnung, weil sie die
Mutter des Apolls und der Diana war. Die letzte

Y 5   Strophe

Strophe läßt vermuthen, daß dieses Stück im Jahr
Roms 731 verfertiget worden, weil damals Pest
und Hunger die Stadt ausserordentlich drückten. ——
Innhalt. Apoll und Diana werden gepriesen,
um sie dadurch zu bewegen, Krieg, Hunger und
Pest von den Römern zu entfernen. **Plan.**
Erstlich das Lob des Apolls und der Diana,
und dann die Bitte um Abwendung der vorhandenen Uebel, des Kriegs, des Hungers und
der Pest. Das Lob des Apolls wird von seiner immerwährenden Jugend, (*intonsum*)
von seiner rühmlichen Abkunft, (*Latonamque*)
von seinen angenehmen Wohnplätzen, und
von seiner Kunst zu jagen und Musik zu machen, hergenommen. Diana bekömmt ihr Lob
ebenfalls von ihrer Abkunft, imgleichen von
ihren Vergnügungen an den Flüssen und in
den Haynen. Die Bitte wird so vertheilt, daß
Diana den Krieg, und Apoll Hunger und Pest
von den Römern entfernen soll. Die äusserliche Einrichtung des Stücks ist ein wechselndes
Chor von Jünglingen und Jungfrauen; die
Jünglinge fordern die Jungfrauen auf, Dianen,
und diese ermuntern jene, den Apoll zu besingen.

2. *intonsum*) oder imberbem, wodurch die immerwährende Jugend des Apolls bezeichnet wird. Ovid
sagt

sagt von diesem Gott: *tibi inconsumta iuuen-*
tus, tu puer aeternus.

5. *laetam — coma*) die ihr Vergnügen an Flüssen
und belaubten Haynen findet. Die Waldungen
und die Flüsse waren gleichsam das Eigenthum der
Diana.

> *Montium domina vt fores,*
>
> *Siluarumque virentium,*
>
> *Saltuumque reconditorum,*
>
> *Amniumque sonantium.* Katull.

Falsch und abgeschmackt ist die Lesart *comam.*

8. *Gragi*) So haben alle Manuscripte, nicht
Cragi.

12. *Fraternaque*) Apoll bekam seine Leyer von seinem Bruder, dem Merkur, der sie erfunden hatte.

13. *haec*) In andern Ausgaben heißt es *hic.* Ich
bin der Lesart des Bentley und Sanadon gefolgt.
Es ist wider alle Wahrscheinlichkeit, daß der Dichter, nach dem bisherigen gemeinschaftlichen Lobe
des Apolls und der Diana, nunmehr bey der Bitte
die Diana gänzlich übergehen sollte. Beyde wurden nur gelobt, damit sie die Bitte begünstigen
möchten. Ueberdieses würde bey der gewöhnlichen
Lesart die Einrichtung der Chöre gar übel propor-
tionirt seyn.

Anmer-

Anmerkungen zur zwey und zwanzigsten Ode.

Ad *Aristium Fuscum*) Innhalt. Wer unschuldig lebt und sich vor Lastern hütet, ist vor aller Gefahr sicher. Plan. Ein tugendhafter Mensch ist überall geborgen, und bedarf, auch an den gefährlichsten Oertern, keiner Waffen. Das beweise ich mit meinem Beyspiele. Ein ungeheurer Wolf fliehet mich, zu einer Zeit, da ich ganz waffenlos im sabinischen Hayn irre, und ein unschuldiges Lied auf Lalage dichte. Ich werde also auch künftig, in Begleitung meiner Gefährtinn, der Unschuld, und meiner aufrichtigen Liebe zu Lalage, nichts zu fürchten haben, in welchem Winkel der Welt ich mich auch befinden möchte. — Die Zueignung ist an Aristius Fuskus, einen Freund des Dichters, an den er auch die zehnte Epistel des ersten Buchs richtete.

2. *Mauri*) Einige lesen *Mauris*, welches wegen des folgenden Wortes weniger wohlklingend ist.

5. *Syrtes*) Die sandigten Gegenden von Afrika. Scholiast des Cruquius.

7. *fabulosus — hydaspes*) Ein Fluß, der sich in den Indus ergießt und das Ziel der Eroberungen

Alexan-

Alexanders war. *fabulosus* heißt er, weil die Alten viel abentheuerliches von ihm erzählten. Akr. und Porph.

11. *expeditus*) In einigen Ausgaben liest man *expeditis*.

15. *Iubae tellus*) Mauritanien, woselbst Juba regierte.

22. *terra domibus negata*) nämlich nach der Meynung der Alten.

23. *dulce — amabo*) Man muß, sagt Baxter, *expers omni metu* hinzudenken.

Anmerkungen zur drey und zwanzigsten Ode.

Ad Chloën) Innhalt. Ueber die Schüchternheit der Chloe. Plan. Ein zitterndes Reh, das ängstlich hinter seiner erschrockenen Mutter herläuft, ist kaum so schüchtern als Chloe. Sie braucht aber vor mir nicht zu fliehen: ich bin kein Tieger und kein Löwe. Sie ist mannbar; sie darf nicht mehr hinter der Mutter herlaufen.

5. *mobilibus veris inhorruit adventus foliis*) Diese unvergleichlich schöne Redensart ist verschiedenen

denen Auslegern ein gordischer Knoten gewesen.
Muretus und Skaliger haben, statt *veris, vitis,*
und statt *aduentus, ad ventum* gelesen. Bentley liest *vepris ad ventum.* "Im Anfange des
"Frühlings, sagt der letztere, giebt es noch keine
"Blätter an den Bäumen, und mithin kann auch
"der erste Frühling nicht darinnen rauschen;
"sodann würde auch der Frühling nicht in
"den Blättern, sondern die Blätter würden im
"Frühlinge rauschen." Wer fühlt es nicht, daß
Bentley kein Poet ist, da er eine so vortreffliche
Hypallage nicht schmecket? Man darf sich nur unter
den *foliis mobilibus* das abgefallene Laub vom
vorigen Jahre, und unter *aduentus veris* überhaupt den Frühling gedenken, so verschwinden alle
Schwierigkeiten. Wollte Jemand einwenden, es
sey schon kühn genug, den Frühling zu einer Person zu machen, geschweige denn die Ankunft des
Frühlings, so müßte er sich erinnern, daß auch
dergleichen Arten zu reden bey den Dichtern gar
nichts ungewöhnliches sind. Ein Beyspiel, das
der gegenwärtigen Stelle sehr genau entspricht, finde ich bey unserm Horaz gleich Ode 3, V. 32.
Tarda neceſſitas leti corripuit gradum.

10. *Gaetulusue leo*) Ein afrikanischer Löwe. Die
Landschaft Gätulien war ein Theil von Mauritanien.
Weil aber die Gätulier von einem Orte zum andern
schweiften

schweiften und keinen gewissen Sitz hatten, so hat
man ganz Afrika Gätulien genannt.

Anmerkungen zur vier und zwanzig-
sten Ode.

A *d Virgilium*) Innhalt. Gründe zur
Beruhigung wegen des Absterbens des
Quinktilius Varus. Plan. Es ist wahr, der
Verlust eines so rechtschaffenen Freundes, wie
Quinktil war, verdient beweinet zu werden.
Mit ihm gehen seltene Tugenden verlohren.
Allein wir müssen unsern Thränen ein Ziel setzen.
Denn Erstlich hatten die Götter uns nur einen
Sterblichen anvertraut. Zweytens, Virgil
selbst, wenn er auch lieblicher als Orpheus sän-
ge, kann damit seinen Schatten nicht wieder
beseelen, noch ihn aus dem Orkus zurückführen.
Zum dritten, durch Geduld wird auch das här-
teste erträglich.

1. *Quis desiderio etc.*) Horaz will die Thränen des
Virgils trocknen, und er fängt an, mit ihm zu
weinen. Man muß erst an den Empfindungen
desjenigen gewissermassen Theil nehmen, dem man
die unsrigen beybringen will.

2. ca-

2. *capitis*) ſtatt Perſon, nach griechiſcher und römiſcher Art zu reden.

5. *Quinctilium*) Quinktilius Varus, nicht der Feldherr dieſes Namens, wie einige geglaubt haben, ſondern der Poet, der ein gemeinſchaftlicher Freund Virgils und Horazens war.

7. *nudaque Veritas*) nuda, quae nil occulti habet, vt egeat tegumento. Der Schollaſt des Cruquius.

8. *inueniet*) Einige leſen *inuenient*. Die Ausleger haben aber angemerkt, daß in allen ältern Ausgaben *inueniet* ſtehe. Ueberdiß iſt es der horaziſchen Schreibart gemäß, mit mehrern Subſtantiven ein Zeitwort von der einfachen Zahl zu verbinden. Z. E. Ode I. 2. *quem iuuat — vultus.* I, 3. *ſic fratres — pater.* I, 4. *iam te premet — Plutonia.* I, 6. *dum pudor — vetat.* Anderer unzähliger Stellen zu geſchweigen.

11. *tu*) Du Hamel und Dacier leſen *ſed*, und berufen ſich auf uralte Handſchriften. Der Zuſammenhang ſcheinet das *ſed* wirklich zu erfordern, und das *tu* macht auch, unmittelbar nach dem *tibi*, eben keinen Wohlklang. Inzwiſchen iſt die Sache eine Kleinigkeit, und man folgt billig der allgemeinen Lesart.

11. *non*

11. *non ita — Deos*) du forderſt den Quinktil von den Göttern, da ſie ihn dir doch nur geliehen und mithin nicht ſo anvertraut haben, als ob er ewig der deinige ſeyn ſollte.

13. Einige leſen *quid? ſi,* und hernach V. 15. *num vanae.*

17. *fata*) bezeichnen hier den Orkus. Sobald ein Menſch todt war, trieb Merkur den Schatten des Menſchen in den Orkus, und verſchloß hernach die Pforten deſſelben, unerbittlich, ſie Jemanden wieder zu eröffnen.

Anmerkungen zur fünf und zwanzigſten Ode.

Ad *Lydiam*) Junhalt. Spott über die älternde Lydia, die in ihrer Jugend den Liebhabern ſchnöde begegnete, und der nun wieder ſchnöde begegnet wird. Plan. Nun hat doch das nächtliche Lärmen vor Lydiens Hauſe ein Ende; kein Jüngling klagt mehr, wie vor dieſem, über ihre Grauſamkeit. Itzt iſt die Reihe an ihr, erbärmlich über den Stolz ihrer Bekannten zu klagen, wenn heiſſe Begierden der Liebe in ihrem Herzen aufflammen.

I. iun-

1. *iunctas feneſtras*) Darunter werden vermuthlich Fenſter verſtanden, die mit Fenſterladen verwahrt ſind.

2. *ictibus*) In einigen Ausgaben lieſt man *ia-*
ctibus.

3. *amatque ianua limen*) ein ſcherzhafter Ausdruck, der dem Charakter des ganzen Stücks ange-
meſſen iſt: Die Thür liebet die Schwelle; anſtatt: ſie wird ſelten mehr eröffnet, weil ſich
nämlich keine Liebhaber mehr einfinden.

5. *facilis*) So leſen die beſten Ausgaben, nicht
faciles.

7. *me tuo — dormis*) Der Anfang eines Liedes, welches die Liebhaber vor der Thür der Schönen ſangen, wenn ſie nicht eingelaſſen wurden. Die
Griechen nannten dergleichen Gattungen von Liedern
παραϰλαυσίϑυρα, weil ſie vor einer geſchloſ-
ſenen Thür geſungen wurden. Das 23ſte Idyll des
Theokrits und Horazens 10te Ode im 3ten Buch
ſind vortreffliche Muſter dieſer Art Geſänge. —
Bentley lieſt hier, allen geſchriebenen und gedruck-
ten Ausgaben zuwider, *longam noctem*, in der
Meynung, es ſey ſchon genug, wenn der Liebhaber klage, daß er Eine ganze lange Nacht vor Lydiens Thür bleiben und ſich dem Verderben ausge-
ſetzt ſehen müſſe. Der Kunſtrichter zieht alſo das
longas noctes auf *pereunte,* und conſtruirt: *tu*

Lydia

Lydia dormis, me tuo pereunte longas noctes; du schläfst, Lydia, (wie es Jemand übersetzt hat,) und ich dein Verehrer vergehe in den langen Nächten. Freylich auf die Art würd *longam noctem* schicklicher seyn. Allein diese Konstruktion ist falsch. Das *longas noctes* beziehet sich auf *dormis*. Lydia schäft ganze Nächte hindurch, und der Liebhaber kömmt mittlerweile um.

9. *anus*) Alle Ausleger und Uebersetzer nehmen dieses Wort für den Nominativ; ich glaube aber, wenn man es den Vokativ seyn lässet, so wird die Stelle lebhafter und satirischer.

10. *leuis*) Dacier giebt es *en deshabillé*; Gesner *deposita grauitate omni et honestate*; ein anderer verachtet. Ich habe bey meiner Uebersetzung die beyden letztern Begriffe vor Augen gehabt.

11. *Threcio — vlcerosum*) Anstatt *Threcio* liest man auch *Thracio*, welches dasselbe ist. — Jedermann macht hier die wunderliche Konstruktion: *cum flagrans amor et libido, quae — equorum, tibi circa iecur vlcerosum saeuiet, magis vento Threcio sub interlunia bacchante;* "wenn heftiger als der thrazische Wind, der beym Neumond raset, brennende Liebe und "Geilheit, welche die Mutterpferde toll macht, "um deine eiternde Leber wüthet." Man ver-

rus aber war zu Rom, und ist überall. Ja, wie
will man auch den Hebrus einen Gefährten des
Winters nennen? War vielleicht in der Gegend def-
selben eine beständige Kälte? Nichtsweniger, als
dieses. Allein dem Eurus kann diese Benennung
gar wohl zukommen: denn zu Rom waren die Ost-
winde mit Regen und Kälte begleitet, so daß man
ihnen das Beywort winterlicht beylegte.

— ver illud erat, ver magnus agebat
Orbis, et hibernis parcebant flatibus Euri.

Virg. Georg. II, 339.

Den Einwurf des Dacier, daß noch Niemand den
Winden etwas gewidmet habe, wohl aber den Flüf-
sen, widerlegt Bentley mit verschiedenen Exempeln,
die das Gegentheil beweisen; er fügt aber vernünftig hinzu, daß unser Dichter das Wort *dedicare*
in dieser Stelle nicht im eigentlichen Verstande,
sondern scherzweise gebrauche, und daß es hier nichts
anders bedeute, als *donare, mandare, tradere*,
so wie er in der folgenden Ode sagt:

Mufis amicus triftitiam et metus
Tradam proteruis in mare Creticum
Portare ventis.

Gesner vergleicht den Ausdruck *dedicare Euro*
mit einer von unsern sprüchwörtlichen Redensarten,
da man sagt: eine Sache dem Vulkan widmen;
anstatt: sie verbrennen wollen. Daß sich durch
die

die Länge der Zeit die Lesart *Hebro* für *Euro*
eingeschlichen hat, darüber darf man sich gar nicht
wundern, wenn man erwägt, daß die Alten dergleichen Wörter gemeiniglich ohne Aspiration schrieben.
Die Abschreiber konnten sich also gar leicht versehen, und, statt *Euro, Ebro* setzen.

Anmerkungen zur sechs und zwan-
zigsten Ode.

A (d *Aelium Lamiam*) Innhalt. Sorgenlos und unbekümmert um fremde Händel
rühmt der Dichter seinen Freund Lamia. Plan.
Ich bin ein Freund der Musen, der sich um
nichts betrübt, dem vor nichts bange ist, und
dem also fremde Händel, z. E. die Händel eines gewissen nordischen Königes und eines
Tiridats, um so viel weniger beunruhigen.
Nur das wünschte ich, daß die Muse meinem
Freund Lamia einen Kranz wände und ihm
zu Ehren auf neuen lesbischen Sayten spielte;
oder, ich denke nur darauf, wie ich meinen
Freund Lamia besingen möge.

2. *tradam ventis*) die sprüchwörtliche Redensart, etwas in den Wind schlagen, anstatt vergessen,
die in allen Sprachen eingeführt ist, hat der Dich-

ter

ter dadurch erhöht und verschönert, daß er die
Winde seinen Kummer und seine Furcht ins kretische Meer tragen lässet; nicht eben, wie man es
erklärt, weil dieses Meer stürmischer als ein anderes und mithin gleichsam die Heimath der Unruhe
sey, sondern weil es eine lachende Idee giebt, die
Sorgen vom Winde ins Meer schleudern zu lassen.
Horaz hat, dünkt mich, hier das kretische Meer synekdochisch für ein jedes anderes gesetzt.

3. *quis — orae*) Ich konstruire: *quis rex sub
Arcto metuatur gelidac* (Dativ.) *orae;* andere: *quis* (Dat.) *sub Arcto metuatur rex
gelidae* (Genit.) *orae.* Beyde Konstruktio-
nen geben einen und denselben Gedanken: doch
scheint mir das erstere natürlicher zu seyn. —
Sub Arcto, gegen Mitternacht, im Norden.
"Horaz, sagt Dacier, redet hier ohne Zweifel von
"einer gewissen besondern Begebenheit, die sich im
"Norden zugetragen hatte, und die damals bekannt
"genug war, die man aber jetzo schwerlich erra-
"then kann.„

5. *quid Teridatem terreat vnice*) Die Parther
hatten den Tiridat, statt ihres verjagten Königs
Phraates, auf den Thron erhoben. Allein Phraates wußte sich des Throns wieder zu bemächtigen.
Jener floh, und nahm seine Zuflucht zum Kayser
Augustus. Phraates verlangte die Auslieferung desselben, die ihm aber der Kayser nicht zugestand.

Der

Der Dichter verfertigte diese Ode zu der Zeit, da
Auguſtus ſeinen Entſchluß wegen der Auslieferung
noch nicht gefaßt hatte und da alſo Tiridat dieſerwe-
gen zwiſchen Furcht und Hoffnung ſchwebte.
"Hoc vnice terrebat Teridatem, ne Augu-
"ſtus a partibus ſuis non ſtaret.„ Baxter. Die
Abtheilung: *terreat, vnice ſecurus;* iſt
grundfalſch.

6. *ſecurus)* unbekümmert, ſorgenlos.

6. *fontibus integris)* woraus noch Niemand geſchöpft hat; die noch unentweiht ſind. Horaz ſagt
oft, daß er die Römer zuerſt mit der Lyra bekannt
gemacht habe.

8. *Lamiae)* L. Aelius Lamia. Ein vornehmer Römer und vertrauter Freund des Dichters. Cicero
rühmt ihn in ſeinen Briefen an verſchiedenen Orten.

8. *Coronam)* Unter den Kränzen, welche die Dichter
winden oder durch ihre Muſe winden laſſen, werden
die Lobſprüche verſtanden, die ſie Jemanden ertheilen.

9. *Pimplea)* anſtatt o Muſe. Pimplea war eine gewiſſe den Muſen geheiligte Quelle vormals in Thrazien und nachgehends in Macedonien, von der die
Muſen ſelbſt Pimpleen, Pimpleiden und Pimpleias
den hieſſen.

9. *mei honores)* die Verſe, die ich Jemanden zu
Ehren ſchreibe; meine Loblieder.

Z 5   10. *poſ-*

10. *possunt*) wofür verschiedene *prosunt* lesen,
welches beynahe daffelbe ist. Inzwischen scheinet die
erstere Lesart poetischer zu seyn. Virgil sagt z. E.
(Aen. 9, 446.)

    — *si quid mea carmina possunt.*

Anmerkungen zur sieben und zwan-
zigsten Ode.

Ad *sodales*) Diese Ode ist allem Ansehen
nach ein *in promptu.* Horaz war mit
einigen Freunden auf einem Schmause, oder er kam
vielleicht von ohngefähr in ihre Gesellschaft, und
fand, daß es Zänkereyen unter ihnen gab, die so
eben in Thätlichkeiten auszubrechen droheten. (Der
9te Vers: *vultis — Falerni* macht mich glauben, er sey nicht gleich Anfangs von der Gesellschaft
gewesen.) Um die Zänker auf etwas anders aufmerksam zu machen, verfertigte der Dichter aus
dem Stegreif die gegenwärtige Ode, die er vermuthlich laut anstimmte, aufs Gerathewohl anfieng,
und so endigte, wie es ihm die Lage der Umstände
an die Hand gab. Beym 9ten Verse ergriff er einen Becher Wein, und forderte Jemanden aus der
Gesellschaft auf, ihm den Namen seines Mädchens
zu sagen. Dieser bezeigte dazu keine Lust; allein
                             Horaz

Horaz wollte unter keiner andern Bedingung trinken, und setzte ihm daher so lange zu, bis er ihm den Namen ins Ohr sagte. Hierauf beklagte der Dichter mit einem boshaften Lächeln die unselige Wahl des Liebhabers, und verrieth auf gewisse Weise der Gesellschaft den Namen, den er erfahren hatte, indem er die Person selbst durch eine satirische Schilderung ihres schlimmen Charakters kennbar machte. Ohne Zweifel lachte man itzt auf Kosten dieser berüchtigten Person, und der Dichter erreichte also seinen Endzweck, die Gemüther der Anwesenden zu besänftigen und zu guter Laune zurückzuführen. Innhalt. Der Dichter, welcher einem Schmause beywohnet oder von ohngefähr dazu kömmt, vermahnt seine erhitzten Freunde, das Vergnügen des Gastmahls durch keine Zänkereyen zu unterbrechen, sondern lieber auf die Gesundheit der Schönen zu trinken. plan. Es ist Barbarey, unter die Freuden der Gastmahle blutigen Hader zu mischen. Geniesset ihr euer Mahl ruhig, und sucht statt des wilden Lärms unschuldigen Zeitvertreib. Wir können z. E. einander, so oft einer trinkt, die Namen unsrer Schönen sagen; das wird Stoff zu frohem Geschwätz geben. (In der Ausführung dieses Plans ist das Allgemeine individuell behandelt worden.)

1. *natis*) statt *factis* oder *inuentis*.

2. *Thra-*

2) *Thracum est*) Bey den Gaſtmahlen der Thrazier gieng es wild zu. (S. Ode 18. V. 9.) Man
muß ſich wundern, daß ein Volk, welches in den
ältern Zeiten ſo geſchliffen und durch Künſte und
Wiſſenſchaften ſo berühmt war, nachgehends ſo ſehr
in Verfall gerieth, daß man es unter allen barba-
riſchen Völkern als das dümmſte und unmenſch-
lichſte betrachten konnte.

3. *verecundumque — rixis*) eine Hypallage:
man ſoll von dem beſcheidenen, mäſſigen oder fried-
lichen Bacchus blutige Zänkereyen entfernen. S.
die Anmerk. zum 7ten Verſe der 18ten Ode. Bentley ſucht hier vergebliche Schwierigkeiten, und will,
ganz wider den Sinn des Dichters und wider alle
Autorität, *inuerecundumque* leſen.

5. *acinaces*) oder, nach einer andern Lesart, *aci-
nacis*.

6. *immane etc.*) wie ſehr widerſpricht ſichs, in einer vergnügten Geſellſchaft und noch dazu des Abends
den Degen zu ziehen!

9. *uultis — Falerni*) Von dieſem Verſe giebt
der Scholiaſt Akron die Erklärung: *ſi veſtro
vultis me miſcere conuiuio.* Man ſehe die
obige Einleitung in dieſe Ode. — *Seueri.* Aut
vetuſtiſſimi, ſchreibt der Scholiaſt, aut auſte-
ri. Ich verſtehe alten, feurigen Falerner darunter.

10. *Opuntiae*) von Opus gebürtig.

11. *que*

11. *quo beatus — sagitta*) quo vulnere, qua sagitta beatus pereat.

13. *voluntas*) In verschiedenen Ausgaben ließ man *voluptas*.

14. *Venus*) statt *amica*.

15. *non erubescendis*) non ignobilibus, non poenitendis. Die Scholiasten.

16. *ingenuo*) nobili; non pudendo, sed laudando. Ebendieselben.

19. *laborabas Charybdi*) Einige lesen *laboras in Charybdi*. Charybdis ist eigentlich ein gefährlicher Strudel in der Meerenge zwischen Sicilien und Kalabrien. Im sittlichen Verstande nimmt man Charybdis für eine jede unglückliche Lage, in der sich Jemand befindet.

23. *vix — Chimaera*) Bellerophon, des Glaukus, eines korinthischen Königes, Sohn säuberte ein Gebirge in Lycien, dessen Gipfel Chimära hieß, von wilden Thieren, und machte es für die Menschen wohnbar. Dieses gab Anlaß zu der Fabel, er habe durch Hülfe des Pegasus, eines geflügelten Pferdes, das Neptun ihm geliehen, ein ungeheures dreyköpfiges Thier, Namens Chimäre, erlegt. Horaz schreibt hier dem Pegasus dasjenige zu, was Bellerophon durch Hülfe desselben vollbrachte. Gesner sagt bey dieser Stelle: *Symbolum impudici*

ci amoris Chimaeram faciebant veteres.
Chimaeras hoc genus fugere eſt vincere.

Anmerkungen zur acht und zwanzigſten Ode.

Nauta etc.) Im Jahr Roms 731 unterm Konſulat des Claudius Marcellus Aeſerinus und des Lucius Aruntius Nepos herrſchten Hunger und Peſt in Italien, und richteten eine groſſe Verwüſtung an. Vermuthlich blieben damals verſchiedene Leichname unbegraben. Dieſes gab ohne Zweifel dem Dichter Anlaß, ſeinen Mitbürgern die Beerdigung der Todten zu empfehlen. Weil er aber ſolches, nach ſeiner Manier, auf eine verdeckte Art thun wollte, ſo wählte er einen Todten der ältern Zeit zum Gegenſtande ſeines Gedichts, und zwar bedächtlich einen Weiſen aus der pythagoriſchen Schule: denn dieſe Leute glaubten eine Wanderung der Seelen aus einem Körper in den andern, und betrachteten deswegen den Tod nicht nur als eine gleichgültige Sache, ſondern ſie hielten auch alle Ceremonien bey Beerdigung der Verſtorbenen für etwas ſehr überflüſſiges. Von dieſem Philoſophen, dem Archyt nämlich, nahm Horaz entweder dichteriſch an, oder er wußte es durch

Nach

Nachrichten, daß man, nachdem er im Schiffbruch
umgekommen, seinen Körper an das Ufer des Meers
geworfen, ohne ihn gehörig zu begraben.   Diesen
Pythagorder nun läßt der Dichter ein Gespräch mit
einem Schiffer halten, der eben in die See stoßen
will.   Der Schiffer wirft dem Archyt spöttisch vor,
daß er, als ein so großer Gelehrter, dennoch habe
sterben müssen, und daß er kaum ein paar Hände
voll Sand zu Bedeckung seines Körpers bekommen
habe.   Archyt bleibt, in Absicht auf den erstern
Punkt, auch nach seinem Tode bey seinem System,
und hält das Sterben an sich selbst für eine Kleinigkeit; sind doch, sagt er, alle Menschen dem
Tode unterworfen.   In Absicht auf den andern
Punkt aber bittet er den Wanderer gar sehr und unter den kräftigsten Vorstellungen, er möchte doch
noch ein wenig Sand auf seine Gebeine werfen. —
Bey dieser Hypothese wird die Ode für die Römer
lehrreich, und zugleich macht sie das pythagordische
System lächerlich, da sie hergegen ohne dieselbe
leer von allem Inteeresse ist.   Man würde sie ohne
dieselbe für eine bloße Frucht der Uebung im Versmachen ansehen müssen, und das läßt sich wohl
von einem Horaz nicht gedenken. — Innhalt.
Gespräch eines Schiffers mit dem Schatten
des Archytas. Plan. Der Schiffer. Des
Archyts Wissenschaft hat ihn nicht vom Tode
erretten können; ja, man hat seinen Körper
nicht einmal ordentlich begraben. Archyts
Schatten.

Schatten. Die Menschen sind insgesamt dem
Tode unterworfen; ich wünsche aber sehr, daß
man meine Gebeine begraben möge.

2. *Archyta*) Archyt war ein grosser Weiser, Stern-
kundiger und Mathematiker, ein Schüler des Pythagoras und Freund des Plato.

3. *pulueris exigui parua munera*) die Reisenden
hatten aus Mitleiden nur ein wenig Erde oder Sand
auf ihn geworfen; aber völlig begraben war er noch
nicht.

3. *littus Matinum*) die Küste von Kalabrien auf
der Seite, wo der Berg Matinus an die See stößet.

7. *Pelopis — Deorum*) Pelops Vater war Tantalus, der König der Phrygier, dem die Götter zuweilen die Ehre erwiesen, ihn an ihre Tafel zu ziehen.

8. *Tithonusque — auras*) Aurora holte ihn, seiner Schönheit wegen, auf ihrem güldenen Wagen
zu sich in den Himmel; er mußte aber endlich doch
sterben.

9. *Minos*) Er war König zu Kreta, und regierte
so weislich, daß seine Zeitgenossen dichteten, Jupiter selbst habe sich seiner weisen Rathschläge
bedienet; nach seinem Tode ward ihm, der mythologischen Sage zufolge, das Richteramt in der Hölle
zu Theil.

10. *Panthoiden etc.*) Archyt hält sich in gegenwärtiger Beschreibung berühmter Todten natürlicher
Weise bey seinem Lehrer, dem Pythagoras, am läng-
sten

ften auf. Er selbst, sagt er, der grosse Pythagoras
selbst, ob er gleich so glücklich war, Einmal dem Orkus wieder entlassen zu werden, ob er gleich mit seinem trojanischen Schilde genugsam darthat, daß er
schon einmal in der Person des Euphorbus gelebt
hatte, ob er gleich dem Tode nur Haut und Kno-
chen ließ, und ob er gleich durch seine Wissenschaften in der Physik und Sittenlehre zeigte, daß er der
größte schöpferische Kopf war, — er mußte doch
hinunter in den Tartarus.

17. *Spectacula*) S. Ode 2, V. 37. *heu nimis
longo satiate ludo.*

18. *auidum*) So liest man in den besten Ausgaben, nicht *auidis.* Zu geschweigen, daß *auidum mare* eine artige Metapher ist, so würde
auch Archyt mit dem *auidis nautis* dem Schiffer, von dem er doch eine Wohlthat erwartete, ein
schlechtes Kompliment gemacht haben.

19. *nullum — fugit*) eine Hypallage, anstatt:
nullum caput fugit Proserpinam.

21. *comes Orionis Notus*) von dem Gestirn des
Orions glaubte man, daß es allezeit mit Regen und
Sturmwinden vergesellschaftet sey.

26. *Fluctibus Hesperiis*) das adrische Meer, das
Meer um Welschland: Welschland hieß *Hesperia magna.*

26. *Venusinae siluae*) die Waldungen um Venu-
fia oder Venusium. Die Alten glaubten, sie dürften den Zorn des Himmels und der Elemente oder
anderer Dinge durch ihr Gebeth nicht gänzlich ab-
zuwenden suchen, sondern sie dürften nur bitten,
daß das gedrohete oder schon gegenwärtige Uebel einem andern Gegenstande zu Theil werde. S. Ode
21. die letzte Strophe.

29. *Tarenti*) eine Seestadt in Kalabrien, die ihren
Namen von Taras, dem Sohne Neptuns, hatte,
und deren Schutzgott Neptun selbst war. Taras
errichtete zween Tempel zu Tarent, einen dem Neptun, und den andern dem Herkules zu Ehren: daher das Beywort heilig. Der Stadt Tarent wird
hier gedacht, weil vielleicht der Schiffer dahin abse-
geln wollte.

30. *negligis*) dieses Wort hat den Auslegern viel
zu thun gemacht. Die Scholiasten erklären es am
besten, nämlich durch *leue* oder *facile putas*;
imgleichen Sanadon durch *non times, securus
audes,* welches fast daffelbe ist. In der 8ten
Ode des dritten Buchs V. 25. kömmt *negligens*
in eben dem Verstande vor, und bedeutet so viel als
forge nicht, sey unbekümmert.

31. *fraudem committere*) wider die Pflichten der
Menschlichkeit zu handeln, und mich unbegraben zu
laffen.

31, fors

31. *fors et*) Einige lesen forsan.

32. *vicesque superbae*) poenae intelligendae,
    quas superbis factis illum passurum preca-
    tur. Porphyrion.

Anmerkungen zur neun und zwan-
zigsten Ode.

Ad Iccium) Innhalt. Spottgedicht auf
Iccius, einen jungen Gelehrten, der wider alles Vermuthen eine Kriegsbedienung an-
nimmt. Plan. Iccius denkt auf einmal auf
nichts geringers, als sich die Schätze Arabiens
zum Eigenthume zu machen, stolze Fürsten zu
demüthigen, und künftig von der schönsten Aus-
länderinn und dem schönsten fremden Prinzen,
seinen Gefangenen, sich bedienen zu lassen. Es
ist doch nichts unmöglich! denn wer hätte sich
so etwas von einem Menschen vorstellen sollen,
der die ganze sokratische Schule zusammen-
kaufte, und von dem man sich lauter Wissenschaften und lauter Vortheile aus denselben
versprach? — Vermuthlich ist diese Ode im
Jahr Roms 729 kurz vor dem unglücklichen Feldzu-
ge der Römer wider die Araber, den sie unter dem

Feld-

Feldherrn Aelius Gallus unternahmen, verfertiget
worden.

1. *Icci*) Horaz schildert unter diesem Namen, er
sey nun erdichtet oder nicht, ohne Zweifel einen
Menschen, von dem man sich in keiner Sphäre etwas
versprechen konnte. Er war ein elender Gelehrter,
und der Dichter glaubte, er werde auch ein elender
Soldat seyn. Man muß nämlich die letzte Strophe dieser Ode, besonders das *pollicitus meliora*, ebenfalls für Satire nehmen.

1. *beatis — gazis*) Arabien liegt in Asien, und ist
eine grosse Halbinsel zwischen Persien und dem rothen Meere. Man theilt es in das steinigte, in das
wüste, und in das reiche oder glückseelige Arabien
ein. Das letztere wird hier metonymisch durch
beatis gazis bezeichnet.

1. *nunc*) ist hier kein Füllwort. Vorher war Jc-
cius den Grundsätzen der Stoiker zufolge, die er
studirt hatte, begierdenlos und sanftmüthig; itzt
ist er neidisch und grausam. (*invides; acrem
militiam paras.*)

3. *non ante deuictis regibus; terribili Medo;
nectis coronas*) lauter beissende Jronien!

3. *Sabaeae*) Sabäa war eine Landschaft in dem
glücklichen Arabien, deren Hauptstadt Saba hieß.

4. *horribilique*) Bentley liest, ohne einige Autorität, *horribilesque*, und zieht es auf *catenas*.

Er

Er fühlt es also nicht, daß dieses Beywort bey
Medo deswegen nothwendig ist, weil es das
vorhergehende *non ante deuictis* erfordert. Iccius hat nichts geringers vor, als selbst dem furchtbaren Meder Ketten anzulegen.

6. *barbara*) die Lateiner sagten oft *barbarus* statt
alienigena.

7. *puer quis — arcu paterno*) Die Erklärung,
die uns die neuern Ausleger von dieser Stelle geben,
ist, dünkt mich, sehr gezwungen. Sie verstehen
unter dem *puer ex aula* wegen des folgenden
sagittas Sericas und *arcu paterno* einen jungen Serer, und meynen, die sabäischen Könige müßten gewohnt gewesen seyn, sich von jungen Leuten
aus der Provinz Serika bedienen zu lassen. Sanadon z. E. sagt: il paroît par ce passage que les
rois de l'Asie étoient curieux d'avoir de
jeunes Seres pour les servir. Das ist wohl
nicht zu glauben. Die Serer liessen niemals Fremde in ihre Grenzen, und sie selbst giengen auch niemals heraus. Ich bleibe daher bey der Glosse des
alten Scholiasten Akron, der *filius regis captus*
zu dem *puer ex aula* schreibet. *Arcu paterno*
ist demnach so viel als *arcu Sabaeo* oder *Medo*, und das *sagittas Sericas* ist ohne Zweifel
die bekannte Synekdoche, nach der man die Gat-

Aa 3

tung

tung fürs Geschlecht setzet. Die Serer waren gute Bogenschützen, und man nannte ihre Pfeile, wenn man von treffenden Pfeilen redete. Man sehe B. 15. *loricis Iberis;* Od. 15. B. 17. *calami spicula Gnoſſii;* Od. 16. B. 9. *Noricus enſis;* Od. 22. B. 2. *Mauri iaculis;* Od. 27. B. 5. *Medus acinaces* und hundert andere Ausdrücke von der Art.

10. *Quis — reuerti*) Wenn künftig Jemand sagt, daß das Wasser die Berge hinan laufe, oder daß die Tiber in ihrem Laufe umkehre, so wird man es glauben müssen, das ist, man wird nichts mehr für unmöglich halten dürfen, nachdem ꝛc.

13. *nobilis*) eine andere Lesart ist *nobiles.* Ich habe jene erwählt, weil bey dieser das *libros* zwey Beywörter, das *Panaeti* aber keins hätte, welches der horazischen Schreibart nicht sehr gemäß ist.

14. *Libros — domum*) Panäz war, nach den Scholiasten, ein stoischer Philosoph, der Lehrer des Scipio Afrikanus und des Lälius. — *Socrat. dom.* Die Schriften der Anhänger der sokratischen Lehrsätze, oder der sogenannten Akademiker, nämlich des Plato, des Aeschines, des Xenophon, u. s. w. *Domus* steht für Sekte oder Schule. In der ersten Epistel des ersten Buchs B. 13 hat *Lar* eben diese Bedeutung.

Anmer:

Anmerkungen zur dreyſſigſten Ode.

*A*d *Venerem*) Einige Ausleger ſind der
Meynung, Glycera habe der Venus eine
Kapelle erbaut, und dieſe Ode ſey gleichſam als
das erſte Gebeth in derſelben zu betrachten; andere
nehmen an, die Ode ſey bey Gelegenheit eines Haus-
opfers, das Glycera der Venus gebracht habe, verfertiget worden. Ich bin weder für das eine, noch
für das andere. Die Feyerlichkeiten, die in den
horaziſchen Oden vorkommen, ſind mehrentheils
nur Feyerlichkeiten des Dichters, keine wirkliche
feyerliche Handlungen. Horaz webt überall, wo
er eine Sache intereſſant machen will, Götter und
Göttergeſchichte ein, und man würde ſich ſehr irren,
wenn man alles, was er nach dieſer Manier be-
ſchreibt, buchſtäblich verſtehen wollte. Ode. 1. will
er ſagen, er gehe zuweilen in den Hayn, um
ſcherzhafte oder ſatiriſche Verſe zu machen.
Das giebt er:

— *me gelidum nemus*
Nympharumque lewes cum Satyris chori
Secernunt populo.

Wer würde ſich wohl hier wirkliche Tänze mit Nymphen und Satyrn vorſtellen? Ode 4. legt er der ſim-

peln

peln Idee: Das Frauenzimmer geht itzt des
Abends spazieren; das feyerliche Kleid an:

Iam Cytherea choros ducit Venus

Imminente Luna;

Iunctaeque Nymphis Gratiae decentes

Alterno terram quatiunt pede.

Ode 19. ist die Stelle: *hic vinum* bis *hostia*
nichts anders als ein poetisches Spiel. Man sehe
meine Anmerkungen über diese Stellen. — Aus
eben diesem Gesichtspunkte muß man, dünkt mich,
die gegenwärtige Ode betrachten. Horaz war vielleicht bey Glycera zu Tische. Alles glänzte im Hause, und alle Zimmer düfteten Specereyen. Die
Liebe des Dichters zu Glycera (S. Ode 19.) bestimmte sogleich seinen Witz, der Glycera Haus für
eine Art von Venustempel anzusehen, worinnen bereits heiliger Weyhrauch angezündet sey, der die
huldvolle Ankunft der Göttinn erwarten lasse. Diesen Einfall schrieb der Dichter in Form eines Gebeths an Venus hin, nicht, um zu bethen, sondern um
den Einfall gut einzukleiden: er hatte dabey keine andre Absicht, als sich die Gunst der Glycera zu erbitten.
Wie also Ode 19. die Redensart: *in me tota
ruens Venus Cyprum deseruit;* nichts anders bedeutet, als ich liebe Glycera: so heißt hier:
o Venus — in aedem; nichts anders, als:
ich wünschte, daß Glycera mich lieben möchte!
oder, wegen des *vocantis ture multo Glycerae,*

rae, ich wünschte, daß Glycera, die schon an=
gefangen hat, mich zu lieben, diese Liebe fort=
setzen und vollenden möchte. Mit einem Wor=
te, der Innhalt der Ode ist: Bitte um der
Glycera Liebe in Form eines Gebeths an Ve=
nus. Plan. Venus wird gebethen, in das
Haus der Glycera zu kommen, das ist, Glycera
zärtlich zu machen; imgleichen, in dem angeneh=
men Gefolge der Grazien u. f. w. zu erscheinen,
das ist, nichts zu unterlassen, was den Genuß der
Zärtlichkeit erhöhen oder verfeinern könne.

1. *regina Gnidi Paphique*) die Städte Gnidus
und Paphos waren wegen der Tempel, die Venus
darinnen hatte, berühmt.

2. *sperne*) spernere heißt hier nicht verachten,
sondern auf eine Zeitlang verlassen.

2. *Cypron*) Auf der Insel Cypern lag das obige
Paphos, und zu Paphos wurde der Venus am eif=
rigsten gedient.

3. *te*) bezieht sich nicht auf *vocantis*, sondern auf
transfer: denn bey diesem Worte ist es schlech=
terdings nothwendig, bey jenem aber nicht. Man
sehe Ode 32, V. 16.

4. *aedem*) das Wort aedes, sagen die Grammati=
ker, bedeutet, wenn es in der einfachen Zahl steht,
einen Tempel; in der mehrern bedeutet es ein
Haus. Allein diese Regel hat ihre Ausnahmen.

Aa 5   Wid

Will man es hier einen Tempel bezeichnen laſſen, ſo habe ich eben nicht viel dagegen; man muß aber alsdann den Tempel ſo nehmen, wie ich in der Einleitung gezeigt habe.

5. *ſolutis zonis*) iſt ſo viel als nackend. Die Grazien werden allezeit nackend abgebildet, anzuzeigen, daß bey den wechſelſeitigen Freundſchaftspflichten, die man ſich unter ihnen gedenkt, keine Verſtellung und nichts Zurückhaltendes ſtatt finden müſſe.

7. *Iuuentas*) die Göttinn der weiblichen Jugend; die Griechen nannten ſie Hebe.

8. *Mercuriuſque*) er beſaß die Kunſt, leicht zu überreden, und war voller Ränke: Horaz glaubte alſo, ſich bey einer Liebeangelegenheit gute Dienſte von ihm verſprechen zu können.

Anmerkungen zur ein und dreyſſig-ſten Ode.

Ad Apollinem) Auguſt ließ im Jahr Roms 726 in ſeinem Palaſte auf dem Berge Palatinus dem Apoll einen Tempel erbauen, und bey Vollendung deſſelben verfertigte Horaz die gegenwärtige Ode. **Innhalt.** Wünſche des Dichters, (nämlich des Horaz,) an den verherrlichten Apoll. **Plan.** Die Wünſche des Dichters

werden

werden erstlich verneinungsweise, und sodann
bejahungsweise vorgetragen. Horaz will dem
Gott mit keinen Bitten um Reichthum beschwerlich fallen; er braucht wenig, und wünscht also,
daß ihm Apoll nur Gesundheit, Kraft des Gei-
stes, ein ehrliches Alter, und die beständige
Freundschaft der Musen schenken möge.

1. *quid poscit vates*) was wünscht sich der Dichter, anstatt: was werde Ich mir wünschen.

1. *dedicatum*) Cruquius glossirt: *diuinis konori-
bus adfectum.*

3. *nouum liquorem*) Es ist hier kein neuer oder
junger Wein zu verstehen, sondern Wein, den man
bey einer neuen Gelegenheit opferte, oder wie sich
der Scholiast Akron ausdrückt, *vinum, per quod
noua instaurabatur precatio.*

9. *Calena*) kalesisch, von Kales, einer Stadt in
Kampanien, bey der es vortreffliche Weinberge gab.

12. *Reparata*) permutatione sibi comparata.
Gesner.

17. *paratis*) quae in promptu sunt omnibus.
Akron.

18. *ac*) Einige lesen *at*, welches mir gekünstelt
vorkömmt.

––––––––––

Anmer-

Anmerkungen zur zwey und dreyssig-
sten Ode.

Ad *Lyram*) die Ausleger sagen, wahrscheinlicher Weise habe Mäcen, oder August selbst
von unserm Dichter die Verfertigung irgend eines
grössern Gedichtes verlangt, worauf denn derselbe
in gegenwärtiger Ode sich zu dem verlangten Gedichte gleichsam feyerlich anschicke oder vorbereite, und
seine Muse um Beystand zu seinem Vorhaben ersu-
che. Das kömmt mir weitläuftig und gezwungen
vor. Man darf nur ein wenig mit dem Dichter bekannt seyn, um zu wissen, daß er das schon als gethan betrachtet, wovon er spricht, daß er oder die
Muse es thun wolle. Wenn er z. E. Ode 26. die
Muse bittet, seinem Freund Lamia einen Kranz zu
winden, so ist damit dieser Kranz schon gewunden.
Man sehe insonderheit die zwölfte Ode. Wähnt etwa Jemand, Horaz habe alle die Götter und Helden, deren in dieser Ode gedacht wird, und von denen er eigentlich nichts weiter sagt, als daß er sie besingen wolle, nachgehends in besondern grössern
Gedichten besungen, und diese Ode sey nur die
Einleitung zu solchen Gedichten gewesen? Nein,
die Götter und Helden wurden damit, daß er sie
nannte und eine flüchtigt Schilderung, manchmal

nur

ser Lesart konstruiren: poscimus, barbite, h. e.
oramus te, barbite, si quid (vnquam) vacui sub vmbra lusimus tecum, dic carmen
Latinum, quod et in hunc et in plures an-
nos viuat. Wer fühlt nicht das Unnatürliche
und Gesuchte in dieser Konstruktion? Ist es nicht
natürlicher, wenn *quod* sich auf das vorhergehende *quid* beziehet? Der Gedanke, den das
poscimur giebt, ist auch viel poetischer, als
der des *poscimus*, und hat eine Menge analo-
gischer Stellen in andern Poeten auf seiner Seite.

1. *sub vmbra.)* Bentley hat in einer einzigen
Handschrift *sub antro* gefunden, und ziehet solches dennoch dem allgemeinen *sub vmbra* vor.

3. *Latinum)* Dieses Wort war in Hinsicht auf
die griechischen Verse des Alcäus, wovon in dem folgenden die Rede ist, nothwendig. Horaz sagt oft,
daß er der erste lazische Dichter sey, der die Kunst
der Griechen auf der Lyra nachgeahmt habe.

5. *Lesbio ciui)* Alcäus, (wie wir zu reden gewohnt sind, oder, wie wir sagen sollten, Alkäus,)
aus Lesbos gebürtig. Er war ein eben so grosser
Kriegsmann, als Dichter. Von seinem dichterischen
Ruhme kömmt Ode 13. B. 2. ein mehreres vor.

6. *qui ferox — nauim)* er mochte nun zu Felde
oder zur See kriegen.

10. *pue-*

10. *puerum*) Kupid.

11. *Lycum*) Man sehe die Anmerkung zum 28sten Verse der 4ten Ode.

15. *cunque*) statt *quandocunque*. Der Scholiast.

Anmerkungen zur drey und dreyßigsten Ode.

Ad Albium) Vermuthlich war es der Dichter Albius Tibullus, von welchem wir noch vier Bücher Elegien besitzen; und welchen Horaz, wie man aus dem 4ten Briefe des 1. B. sieht, doch genug schätzte, seine Schriften von ihm kritisiren zu lassen. Er und Virgil starben in Einem Jahre. Diese Ode an Albius ist augenscheinlich eine Nachahmung des 6ten Jdylls des Moschus, wiewohl unser Dichter weislich das Müssige, Spielende und zu sehr Verflochtene in dem Gedichte des Griechen vermieden hat. Die horazische Wendung des poetischen Gedankens ist auch viel artiger, als die des Moschus, der mit einer trockenen Moral endigt. Man urtheile selbst:

Ἤρα Πὰν Ἀχῶς τᾶς γείτονος, ἤρατε

δ᾽ Ἀχὼ

Σκιρτητᾶ

Σκιρτητᾶ Σατύρω, Σάτυρος δ' ἐπεμήνα-
το Λύδαν·

Ὡς Ἀχὼ τὸν Πᾶνα, τόσον Σάτυρος Φλέ-
γεν Ἀχὼ,

Καὶ Λύδα Σατυρίσκον· Ἔρως δ' ἐσμύχετ'
ἀμοιβᾷ·

Ὅσσον γὰρ τήνων τὶς ἐμίσεε τὸν Φιλί-
οντα,

Τόσσον ὁμῶς Φιλέων ἐχθαίρετο, πάσχε
δ' ἅ ποίει.

Ταῦτα λέγω πᾶσιν τὰ διδάγματα τᾶς
ἀνεράτοις·

Στέργετε τὼς Φιλέοντας, ἵν' ἢν Φιλέητε,
Φιλῆσθε·

Pan liebte seine Nachbarinn, die Echo, Echo
liebte den tanzenden Satyr, der Satyr aber
war sterblich in die Lyda verliebt. Wie Echo
den Pan entzündete, so entzündete der Satyr die Echo, und den Satyr die Lyda. Die
Liebe brannte im Zirkel unter ihnen. Und
so sehr jedes von ihnen den liebenden Theil
haßte, eben so sehr wurde der gehaßt, der
da liebte, und mußte also ein jedes seine eigene That büssen. Daher gebe ich allen, die
nicht lieben, die Lehre: Liebt die, die euch
lieben,

lieben, damit, wenn ihr liebet, man euch
wieder liebe.

Chebreau hat den Sinn dieses Gedichts mit Weg-
laſſung des überflüſſigen dritten und vierten Verſes
ſehr gut ausgedrückt, oder vielmehr verſchönnert:

Pour Echo le Dieu Pan ſoupire,

Echo brule pour un Satyre

Que les yeux de Lyde conſument jour et
nuit:

Et dans le feu qui les devore

Chacun hait l'objet qui le ſuit,

Autant qu'il eſt haï de l'objet qu'il adore.

Toi, qui des feux d'amour ſens ton cœur
enflammé,

Pour eviter ce mal extrême,

Aime toujours l'objet qui t'aime,

Et n'aime point celui dont tu n'es point
aimé.

Innhalt. Horaz tröſtet den Albius wegen
Glyceras Untreue. Plan. Du führſt bittere
Klagen, daß dich ein unreifer Jüngling bey
der treuloſen Glycera ausgeſtochen hat. Höre
auf, darüber zu jammern, und erwäge, daß
es das Schickſal der Liebenden iſt, immer von
unwürdigen Gegenſtänden entzündet zu werden. Ich ſelbſt hätte einſt ein beſſeres Mädchen bekommen können; aber es mußte ſich ſo

fügen,

fügen, daß ich der ungestümen Myrtale zu Theil wurde.

2. *immitis*) statt crudelis.

3. *iunior*) Die Ausleger sind der Meynung, iunior sey hier so viel als *posterior*, ein neuer Liebhaber, weil nämlich Albius im 24sten Jahre seines Alters bereits gestorben sey, und also der Rival desselben seiner glänzenden Jugend wegen ihm, dem Albius, keinen Eintrag bey Glycera hätte thun können. Allein zugegeben, daß Albius noch jung war, als er den Handel mit Glycera vorhatte, so muß man das *iunior* meines Erachtens dennoch in seiner eigentlichen Bedeutung nehmen, jedoch so, daß man mit dem Scholiasten des Cruquius die erniedrigende Nebenidee, die man oft mit dieser Bedeutung verbindet, dabey vor Augen habe. Iunior, sagt der Scholiast, heißt hier *iuuenculus*, d. i. ein unreifes Bürschchen. Die ganze Anlage der Ode scheint diese Erklärung zu erfordern. Albius, spricht Horaz, soll sichs nicht verdrießen lassen, daß ein junger Laffe der Glycera besser gefalle als er, (der doch so gut aussehe, und der doch so viel Verstand und Vermögen besitze; S. Epist. 4. B. 1. V. 6 u. 7.) es sey dieses der Lauf der Welt und der Wille der Venus: das artigste Frauenzimmer liebe oft einen häßlichen und ungesitteten Mann, der sie doch nicht einmal wieder liebe, sondern einer andern nachlaufe, die ihn verachte. Bey dieser Er-

klärung

klärung ſieht man einen vernünftigen Zuſammenhang
der Ode, da hergegen, wenn man iunior blos
für poſterior nimmt, derſelbe gänzlich verloh‍ren geht.

5. *tenui fronte.*) Baxter meldet, die Frauen‍zimmer in Italien und Griechenland hätten viel bö‍here und breitere Stirnen, als die in Frankreich
und England: eine Stirne alſo, die in den letztern
Ländern ſchon für groß genug paſſiren könnte, wür‍de in den erſtern für klein gehalten werden.

9. *turpi*) an Körper und Seele. S. die 17te Ode.

Anmerkungen zur vier und dreyſſig‍ſten Ode.

De *colendis Deis*) Innhalt. Entſchluß,
die Götter zu verehren, da ſie augen‍ſcheinlich die Schickſale der Menſchen beherr‍ſchen. Plan. Ich will nun die Götter eifrig
verehren, welchen ich bisher, verführt von
einer thörichten Weisheit, wenig gedient ha‍be. Denn ihre Gewalt iſt allzuſichtbar: fürch‍terlich donnerte neulich Jupiter ohne alles Ge‍wölk und bey dem heiterſten Himmel, und For‍tuna nahm dem einen eine Krone, und ſetzte ſie
auf das Haupt eines andern.

I. *Par-*

1. *Parcus — relictos*) Horaz hatte bisher an den Lehrsätzen des Epikur gehangen. Die Epikurer leugneten die Vorsehung der Götter, und schrieben alle Begebenheiten der Welt dem Lauf der Natur oder einem blinden Ungefähr zu: daher die Nachlässigkeit des Dichters in Verehrung der Götter. Indem er aber itzt eine Begebenheit zu bemerken glaubt, die er nicht aus dem Lauf der Natur oder aus dem Ungefähr herzuleiten sich getrauet, so entschließt er sich, den thörichten Grundsätzen des Epikur zu entsagen und die Götter fleißig zu verehren. Ob Horaz diesen Entschluß wirklich gefaßt habe, und ob dieser Entschluß von langer Dauer gewesen sey, das sind zwo verschiedene Fragen. Ich glaube das erstere, und zweifle an dem letztern. Hätten die neuern Ausleger an diesen Unterschied gedacht oder denken wollen, so könnten sie unmöglich so viel vergebliches, ich weiß nicht von was für einem Spott, deklamirt haben, den der Dichter in gegenwärtiger Ode über die Stoiker äussern soll. Man darf keinen Sinn in ein Gedicht tragen, den uns nicht das Gedicht selbst, sondern blos unsre Einbildungskraft an die Hand giebt.

5. *Diespiter*) ist so viel als *diei pater*, der Vater des Lichts.

6. *igni — concutitur*) Nichts geht über die Majestät dieser Beschreibung; jeder einzelne Ausdruck, das Sylbenmaaß, ja selbst die Buchstaben
sind

sind der ganzen Sache angemessen. — Was den
heitern Himmel anlangt, bey welchem es donnert,
als wodurch der Dichter bewogen wird, die Macht
der Götter zu erkennen, so will ich keinesweges behaupten, daß es allerdings ohne Gewölk donnern
könne, oder, wenn es auch möglich wäre, daß man
solches für nichts anders als für eine unmittelbare
Wirkung einer höhern Macht erklären dürfe. Inzwischen war doch, nach Lambinus Berichte, schon
zu Horazens Zeiten das Donnern ohne Wolken eine
uralte Sage. Auf diese Sage gründen sich, unter
andern, verschiedene Stellen im Virgil. z. E.
(Georg. I. B. 487.)

Non aliàs coelo ceciderunt plura sereno
Fulgura.

Horaz konnte also, da er vielleicht eben so wenig Physi-
ker genug war, die Sache überhaupt gründlich zu untersuchen, als er etwa insbesondere bey dem Donner,
den er beschreibt, Aufmerksamkeit genug angewandt
hatte, sich leicht irren, und diesen Irrthum für Erfahrung ansehen. Genug, daß er seinen Donner
für einen Wink der Götter hielt, ihr Daseyn und
ihren Einfluß auf unsern Erdkrais zu erkennen. Die
Rede ist nicht von dem, was wirklich geschahe, sondern was sich der Dichter als wirklich vorstellte.

7. *per purum)* nämlich *coelum;* eine Ellipse.

8. *egit — currum)* nach der mythologischen Vorstellung, da man den Donner als das Geräusch be-

Bb 3   trachtete,

trachtete, welches Jupiters Wagen und dessen Ge-
spann verursachte.

9. *quo*) bezieht sich, wie es mir scheinet, nicht auf
currum, sondern auf *egit*; nicht sowohl auf
das Werkzeug der Handlung, als auf die Handlung
selbst. Denn nicht ein jedes Donnerwetter erschüt-
tert die ganze Natur; die Rede ist hier nur von dem
Donner, den Horaz hörte.

13. *insignem*) Einige der Neuern haben hier
einen Fehler der Abschreiber zu finden geglaubt, weil
insignem weder mit *ima* und *summis*, noch
mit *obscura*, dem Geschlechte nach, im Verhältniß stünde, und sie haben zu dem Ende die
Lesart *insigne* oder *insignia* vorgeschlagen. Ich
bin, da ich diese Kritik für unerheblich achte, bey
der gewöhnlichen Lesart geblieben.

14. *hinc — gaudet*) Da Horaz im Anfange dieser Ode überhaupt von den Göttern redet, so ist es
billig, daß er ausser dem Jupiter, von dem er so
viel prächtiges sagt, auch noch einer andern Gottheit gedenket, und daher erwähnt er am Schluß der
Ode der Göttinn des Glückes. So wie Jupiter
herrlich im Donner ist, so offenbaret sich die Glücksgöttinn dadurch, daß sie mit Geräusch dem einen
etwas nimmt, und es dem andern giebt. Vielleicht
hatte Horaz hierbey des Phraates und Tiridats Geschichte vor Augen. — Auf die Art kann man die
ganze Ode als ein ernsthaftes Gedicht betrachten und

bedarf

bedarf des wunderlichen Drehens der Ausleger nicht, welche *fortuna* für den blinden Zufall der Epikurer nehmen. Horaz scheinet sich in der gleich folgenden Ode selbst wider diesen Gedanken zu verwahren, da er die *necessitas* der *fortuna* unterwirft. — Man erwäge auch besonders das Perfektum *sustulit* und *posuisse*, welches dem *egit* des Jupiters entspricht, und deutlich zu erkennen giebt, daß Horaz den Göttern überhaupt ein Lob zubereiten wolle. Ich wundere mich, daß kein einziger Ausleger dieses bemerkt hat, und daß sich ein jeder wegen des wahren Verstandes der Ode ängstiget, da sie doch sehr einfach ist, wenn man nicht mit Fleiß künsteln will, welches wahrhaftig niemals der Fehler des Horaz ist.

Anmerkungen zur fünf und dreyßigsten Ode.

Ad Fortunam) Aus den letztern Strophen dieser Ode sieht man, daß Augustus vorhatte, die brittischen Inseln sowohl als die Araber mit Krieg zu überziehen. Zu diesen Unternehmungen wünschte der Dichter dem Augustus und seinen Kriegsheeren Glück. Man kann die Verfertigung der Ode ohngefähr ins Jahr Roms 726 setzen.

Inn-

Innhalt. Die Göttinn des Glücks (und des Unglücks) wird, nach einer meisterhaften Lobeserhebung, angerufen, die Waffen des Cäsars und seines Volks zu segnen. Plan. 1) Lob der Glücksgöttinn, hergenommen von ihrer Macht zu Wasser und zu Lande, von der Ehrfurcht, die man ihr überall leistet, und von ihrem Gefolge. 2) Bitte an die Göttinn, den Cäsar zu schützen und seine Waffen zu segnen.

1. *Antium*) eine Stadt in Lazien, worinn die Glücksgöttinn einen berühmten Tempel hatte.

7. *Bithyna carina*) die Gattung steht synekdochisch fürs Geschlecht; ein bithynisches Schiff vorzugsweise für ein jedes anderes: denn die Bithynier waren in der Schiffarth berühmt und trieben starke Handlung. Die Landschaft Bithynien, in Kleinasien gelegen, soll ihren Namen von Bithynus, einem ihrer Könige, haben, welches ich meiner Uebersetzung wegen erinnere.

7. *lacessit*) der Schiffer reizt die See, oder fordert sie heraus, und hat also gleichsam mit ihren Wogen seinen Scherz: nichtsdestoweniger aber erwartete er den guten Erfolg seiner Schiffarth blos von der Fortuna.

9. *Dacus*) die vormalige große Landschaft Dazien faßte einen Theil des itzigen Oberungarn, ganz Siebenbürgen, die Moldau und die Wallachey in sich.

9. pro-

9. *profugi Scythae*) profugi, weil sie keinen ge=
wissen Wohnsitz hatten, oder, wie es Porphyrion
nimmt, weil sie auch noch in der Flucht kämpften.
Die Scythen hätten also, nach der letztern Erklä=
rung, eben die Art Tapferkeit gehabt, welche Horaz
Ode 19. von ihren Nachbarn, den Parthern, rühmet.

11. *matres*) vielleicht hatte der Dichter die Mut=
ter des parthischen Königs Phraates, der damals
vom Thron verjagt war, im Sinne.

12. *tyranni*) Zu Horazens Zeiten hatte das Wort
Tyrann, in der lateinischen Sprache, noch keine
schlimme Bedeutung; man bezeichnete damit über=
haupt die Würde eines Regenten, er mochte gut
oder übel regieren.

13. *iniuriofo — frangat*) Sanadon tadelt die=
jenigen, welche diese Strophe mit dem vorhergehen=
den durch das Wort *metuunt* zusammenhän=
gen. Er interpunktirt also nach *tyranni*, und
sieht diese Strophe für eine Bitte an Fortuna an,
die Säule der Republik Rom, den Augustus, auf=
recht zu erhalten, und die ganze Republik wider ih=
ren Untergang zu schützen. Wäre er mehr Dichter
als Anmerker gewesen, so würde er gefunden haben,
wie unschicklich hier eine Bitte von der Art an die
Göttinn sey, da Horaz, nach seinem Plan, die Bit=
te erst am Ende der Ode erfolgen lässet. Solche
unordentliche Sprünge macht keine Ode; ihre Un=
ordnungen sind die Unordnungen der Kunst, oder,

Bb 5 besser

beffer zu reden, eine durch Kunst versteckte pünktliche Ordnung. Unter *columna* ist also nicht,
wie dieser Kritikus und andere wollen, Augustus,
sondern ein jedes blühendes Reich, oder eines jeden
Landes Wohlfarth, zu verstehen. So sagt schon
Assaph im Psalm: (75, 4.) Das Land zittert:
aber ich halte seine Säulen fest. Diese Metapher ist auch bey den Profanscribenten nicht ungewöhnlich.

14. *populus — concitet*) aus Furcht, das zu-
sammenlaufende Volk möchte die ruhigen Bürger zu Ergreifung der Waffen aufwiegeln.
Das doppelte *ad arma* malt das unsinnige
Geschrey des aufwiegelnden Pöbels. Fast auf eben
die Art sagt Ovid in seinen Verwandlungen:
*certatimque omnes vno ore arma, arma,
loquuntur;* Alle schreyen: zum Schwerd! aus
Einem Munde: zum Schwerde!

17. *te semper — plumbum*) Hier findet sich einmal ein kleiner Knoten, den ein jeder nach Gefallen entweder auflösen oder zerschneiden mag. Die
Lesart *serua Necessitas* ist nämlich eben so
gewöhnlich als die unsrige, und beyde haben, wie
Bentley und andere anmerken, berühmte Handschriften auf ihrer Seite. Inzwischen kömmt mir
saeua Necessitas malerischer, ungekünstelter und
mit der *ahena manu* übereinstimmender, als

                                    serua

serua Necessitas, vor. So sagt auch Horaz anderwärts: *dira Necessitas*. Die Idee des *serua* liegt, dünkt mich, schon in dem *anteit*. Das Verhängniß geht, die Hände voll grausamer Werkzeuge, vor der Fortuna her, so wie etwa in Rom die Liktoren, die Fasces in den Händen, vor den Konsuln hergiengen. Des Bentley Anmerkung, welcher das *serua* aus dem Grunde bestreitet, weil es weiblichen Geschlechts sey und Niemand in Rom einen weiblichen Vortrab gehabt habe, ist buchstäbelnd, und seiner nicht würdig. — Wollte jemand *serua*, statt *saeua*, lesen, so könnte es im Deutschen heissen: Dir dienstbar gehen stets die Verhängnisse wild vor dir her ꝛc. Uebrigens hat Sanadon in diesem Gemälde die *clauos trabales, cuneos* u. s. w. nicht verdauen können. Es ist Schade, schreibt er, daß man den Dichter in dieser Stelle, wenn man ihn übersetzt, verbessern muß. Freylich, es ist Schade, daß Horaz nicht bey irgendeinem delikaten Franzosen in die Schule gegangen ist!

21. *Fides albo panno velata*) Der Dichter, sagt der Scholiast Akron, verstand entweder unter dem weissen Tuche eine geringe Kleidung, und wollte also damit zu erkennen geben, daß die Treue immer mehr von den Armen als von den Reichen verehrt würde, oder er zielte mit dem weissen Tuche auf den Gebrauch der Alten, da man sich, wenn man

der

der Treue opferte, mit einem weissen Tuche be-
deckte. Um die letztere Meynung des Scholiasten
zu ergänzen, muß man hinzudenken, daß also Horaz
vielleicht deswegen die Treue selbst so vorgestellt habe, als ob sie in Weiß gekleidet sey, weil die Verehrer der Treue sich in diese Farbe kleideten.

22. *nec comitem abnegat*) nec se tibi comitem
abnegat, glossiren die Ausleger. Ich bin aber
der Meynung, daß man hier keine Ellipse, sondern
nur eine Hypallage anzunehmen brauche: das
comitem bezieht sich meines Erachtens auf das
vorhergehende *te*, oder auf die Glücksgöttinn,
nicht auf *Fides* und *Spes*. Spes et Fides te
comitem non abnegat; die Hoffnung und die
Treue weigern sich nicht, dich zur Gefährtinn zu
haben, das ist, sie wollen deine Gefährtinnen seyn.

22. *nec comitem — linquis*) Alle Ausleger geben
diese Stelle für schwer aus. Um die Schwierigkeit
derselben zu heben, muß man nur erwägen, daß
Horaz unter der Fortuna sich sowohl die Göttinn des
Glücks als des Unglücks gedenkt. Wenn das Glück,
spricht er, seine Kleidung wechselt, d. i. Unglück
wird, und feindlich aus den Palästen fliehet, d. i.
mit den Besitzern derselben ins Elend, in die Gefangenschaft und dergl. wandert: alsdann (geht die
Untreue nicht mit, sondern zieht sich zurück, d. i.
die untreuen Diener nehmen keinen Theil an dem
widrigen Schicksal ihrer Regenten; wohl aber) folgt,
nebst der Hoffnung, die Treue der Göttinn nach,
d. i.

d. i. die Rechtschaffenen nehmen an dem widrigen Schickfal ihrer Obern Theil. Mit einem Worte, ächte Treue bleibt ächte Treue, im Glück und im Unglück. — Horaz hatte ohne Zweifel gewisse Begebenheiten seiner Tage vor Augen.

26, *diffugiunt — dolosi*) Die französischen Ausleger machen sich bey dieser Stelle über Horaz lustig, der Meynung, er habe hier niedrige und solche Bilder mit einander verbunden, die unter keinem Verhältnisse stünden und keiner Verbindung fähig wären. "Das Bild in dem *diffugiunt — siccatis*, sagen sie, ist von den Fliegen hergenommen, und das in dem *ferrs iugum* von den arbeitenden Ochsen; das erste Bild ist für die Majestät der Ode viel zu niedrig, und das zweyte läßt sich mit jenem in keine Vergleichung bringen." Kann man sich wohl einen wunderlichern Tadel vorstellen? Wie? an eine Fliege, oder an eine Menge Fliegen soll Horaz bey dem *diffugiunt cadis cum faece* etc. gedacht haben? das glaube ich nicht; ich glaube aber, daß er vielleicht die sprüchwörtliche Redensart der Griechen εἰς τρύγα vor Augen gehabt habe. Man sehe Theokrits 7tes Idyll. Zwar die Fliege trinkt Wein: Gleim hat den Tod einer Fliege im Weinglase so schön besungen! — Doch genug hiervon; man darf einen Tadel von der Art, der eine bloße Frucht der Einbildungskraft ist, nur anführen, um ihn zu widerlegen. Ferner, das Bild eines Joches soll mit dem vorhergehenden Bilde keine Verwandtschaft haben und also fehlerhaft seyn. Ein sehr übereilter Ausspruch! Fürs erste sind

hier

hier die Weinfässer und Hefen, das *diffugiunt*
mitgerechnet, kein verblümter Ausdruck, sondern nur
in so ferne als ein Bild zu betrachten, in wie ferne
ein jeder Theil einer Sache ein Bild vom Ganzen
ist: einen Fliegenschwarm aber wollen wir uns dabey
nicht in den Kopf setzen. Zweytens sind bey den Lateinern die metaphorischen Ausdrücke, von einem
Joch hergenommen, so gewöhnlich, daß man dabey
an keine Metapher denkt, eben so wenig, als wir
im Deutschen z. E. bey dem Worte Bewegungsgrund
an eine denken. Zum dritten leugne ich, daß die Weinfässer und Hefen mit dem Joche in Vergleichung
kommen oder in der geringsten Verbindung miteinn-
ander stehen sollen. Ja, wenn Horaz sagte, die falschen Freunde wollten das Joch der ausgeleerten
Weinfässer nicht ziehen oder tragen, so würde die
Kritik gegründet seyn. Dergleichen Unsinn liest man
aber nicht, sondern es heißt: diejenigen Freunde,
die trüglich versprochen hätten, am gleichen Joche
zu ziehen, (d. i. eine jede Last, und also auch die Last
des Mangels, gemeinschaftlich zu tragen,) giengen
davon, sobald die Weinfässer bis auf die Hefen aus-
geleert wären. — Einiger Leser wegen erinnere ich
noch, daß man konstruiren müsse: amici dolosi iugum pariter ferre diffugiunt.

33. *eheu — pepercit aris*) Diese Klage wird durch
das vorhergehende *iuuenum recens examen*
veranlaßt. Die Armeen des Cäsars bestunden aus
lauter frischer Mannschaft, weil die leidigen bürgerlichen

gerlichen Kriege den größten Theil der Soldaten weggerafft hatten.

36. *manum*) Einige lesen *manus.*

39. *diffingas*) Bentley führt einige Handschriften an, worinn man *defingas* liest.

39. *retusum*) dieses retusum ist vielen Auslegern, ich weiß nicht warum, anstößig gewesen, so daß sie, wider alle Autorität, bald *resusum*, bald *recusum*, und bald *recoctum* daraus gemacht haben. Was ist natürlicher, als daß ein Schwerd, welches lange mitgegangen ist, stumpf wird, und daß man es alsdann schärfen oder umschmieden lässet? Ich habe inzwischen in der Uebersetzung greuliches Schwerd gesagt, und verstehe ein stumpfes darunter: denn es war greulich, daß das Schwerd der Römer durch den häufigen Brudermord (nach V. 34.) sich gestümpft hatte.

Anmerkungen zur sechs und dreyßigsten Ode.

In *Plotii Numidae etc.*) Innhalt. Bewillkommung des Plotius Numida bey seiner Zurückkunft in sein Vaterland. Plan. Ich für meine Person erfülle heute bey der Zurückkunft des Numida in sein Vaterland meine Pflicht durch Darbringung des Opfers, das ich den Göttern gelobt habe. Die übrigen Freunde de des Numida werden nicht ermangeln, den heutigen Tag mit allen Arten von Vergnügungen zuzubringen.

1. *fidibus*) darunter wird nicht, wie einige geglaubt haben, die gegenwärtige Ode verstanden, sondern die Musik bey dem Opfer, welches Horaz brachte. *Fidicines*, sagt Porphyrion, *hodie quoque Romae ad sacrificia adhiberi, sicut tibicines, nemo est qui nesciat.* Man sehe auch Ode I. B. 4. V. 22 — 24. Wäre aber Jemand der Meynung, das ganze Opfer des Dichters, das Gelübde mit eingerechnet, habe vielleicht in dieser Ode bestanden, so dächte er mit mir vollkommen überein. S. die Einleitung in die dreyßigste Ode.

2. *placare*) steht hier für dankfsagen: denn einer Versöhnung bedurften die Götter nicht, indem sie keinesweges erzürnt, sondern gnädig waren und den Numida glücklich zu den Seinigen brachten.

3. *Numidae*) Einige nennen ihn Pomponius Numida; Cruquius hat aber in einer alten Handschrift Plotius Numida gefunden.

4. *Hesperia vltima*) Hispanien, wegen seiner Lage gegen Abend von *Hesperus*, dem Abendstern, *Hesperia* genannt. *Vltima* hieß es, um damit den Unterschied von Italien zu bezeichnen, welches entweder schlechthin *Hesperia*, oder *Hesperia magna* genannt wurde. Man weiß nicht eigentlich, was Numida für Verrichtungen in Hispanien gehabt habe, und man verliehrt auch bey dieser Unwissenheit nicht das geringste.

7. La-

7. *Lamiae*) Aelius Lamia. An ihn ist die 26ste Ode gerichtet.

7. *memor — puertiae*) diese Stelle ist sehr verschieden ausgelegt worden. Einige lassen Horaz sagen, Lamia sey von Jugend auf des Plotius Beschützer gewesen. Ohne Zweifel schrieben diese ihre
Auslegung eher nieder, als sie den folgenden Vers
lasen. Ein Knabe konnte wohl kein Beschützer von
dem andern seyn. — Andere verstehen unter dem
rex puertiae einen Spielkönig, und meynen, der
horazische Gedanke sey, Plotius erinnere sich noch
wohl, daß er in seiner Jugend mit Lamia des Königs gespielt habe. Allein obgleich Horaz anderwärts
(Epist. 1. B. 1.) Spiele von der Art in Erwähnung
bringt, so hat er doch hier an so etwas gewiß nicht gedacht: denn sein Fehler ist, wie Sueton sagt, die Dun-
kelheit nicht, und der gegenwärtige Ausdruck wäre
doch, wenn darinn von einem Spielkönig die Rede
seyn sollte, in der That überaus dunkel. Ich übergehe, daß diese Redensart, in diesem Verstande genommen, einen kalten und unfruchtbaren Gedanken in sich
faßte, und noch überdieß ein doppeltes Aeusserstes zu
erkennen gäbe, nämlich Plotius und Numida hätten
in ihrer Jugend nichts gethan als des Königs gespielt,
und Lamia wäre in jedem Spiele König geworden. —
Es bleibt also keine vernünftigere Auslegung übrig,
als des Heinsius seine, welcher rex für *rector*
nimmt, und Horazen sagen läßt, Plotius und Lamia
hätten in ihrer Jugend einen und denselben Lehrer oder

Cc   Hof-

Hofmeister gehabt. Jedermann weiß, daß die Freund-
schaftsbündnisse, die man in der Jugend und in der
Schule knüpft, gemeiniglich die dauerhaftesten sind,
und daß man sich seiner Schulfreunde nicht anders
als mit dem größten Vergnügen erinnert. — *Puertiae* steht synkopisch für *pueritiae.*

9. *mutataeque simul togae*) Plotius und Lamia
legten zu gleicher Zeit die Toga an, d. i. sie waren von
Einem Alter. Der Sohn eines Römers mußte, wenn
er die Toga tragen wollte, wenigstens volle 15 Jahre
zählen, und der Vater feyerte an dem Tage, da er den
Sohn damit beschenkte, ein Fest.

10. *Cressa nota*) Man kann darunter, mit den besten Auslegern, einen Kreidenstrich verstehen. Die
Alten hatten die Gewohnheit, (eine Gewohnheit, die
ursprünglich von den Thraziern herrührte,) alle
Jahre ihre glücklichen und unglücklichen Tage gegen einander zu berechnen, und das bewerkstelligten
sie auf zweyerley Art: entweder sie legten an den
glücklichen Tagen weiße, und an den unglücklichen
schwarze Steinchen in ein Gefäß; oder sie nahmen eine
Tafel, und bezeichneten an derselben die glücklichen
Tage mit Strichen von Kreide, und die unglücklichen
mit Strichen von Kohle. Hier ist also die Rede von
der zwoten Art, da man Kreiden- und Kohlenstriche
machte: Horaz fordert seine und des Lamia Freunde auf, den heutigen glücklichen Tag mit einem Kreidenstrich zu bemerken. *Cressa nota,* ein kressi-
sches oder kretisches Zeichen, ist nämlich so viel als
creta,

cretae nota, ein Zeichen, mit Kreide gemacht.
Die Gattung steht zierlich fürs Geschlecht. Auf der
Insel Kreta gab es viel Kreide, weswegen auch
die Lateiner diese Art Erde oder Stein selbst *creta* nannten. Hätte Horaz *cretae nota* gesagt, so
wäre es eine niedrige Redensart gewesen, dergleichen
die lyrische Poesie nicht verträgt. In einem andern
Gedichte, (Sat. 3. B. 2. V. 246.) wo ihm gemeine
leibliche Ausdrücke erlaubt waren, hat er sich in der
That des Worts *creta* bedient, und zwar in eben
dem Verstande, in welchem es hier geschehen ist.

11. *neu promptae etc.*) Das *fit* in dem folgenden
Verse bezieht sich auch auf diesen. *Ne fit modus etc.* Unzählig sey die Menge der Wein-
flaschen, die man herbeyschafft.

12. *morem in Salium*) nach der flüchtigen Tanz-
art der Priester des Mars. Diese Priester hiessen
Salii, und hatten ihren Namen von *falio* oder
falto, weil sie alle Jahre im Monath März, bey
gewissen feyerlichen Umgängen mit geweiheten Schil-
den, dem Mars zu Ehren durch die Stadt Rom tanz-
ten, und ihre carmina faliaria fangen. Aus
Ode 1. B. 4. V. 28. scheinet zu erhellen, daß sie hierbey eine Art von Tanzpas hatten, der mit unserm sogenannten *pas Anglois* übereinkam.

13. *neu multi.— amyftide*) Der Trinker Bassus
müsse sich heute so brav halten, daß ihn Das-
malis selbst, die doch so gut trinken kann, nicht

besiege.

besiege. Damalis mußte wohl nur eine gemeine Person seyn: denn die feinen Römerinnen enthielten sich
des Weintrinkens gänzlich, geschweige denn, daß eine
mit einer Mannsperson um den Vorzug im Trinken
hätte streiten sollen. Wer nur Wein an seiner Frau
roch, konnte sich von ihr scheiden lassen. *Threicia
amystis* war, wie die Scholiasten anmerken,
eine Art Becher, die man in Einem Zuge und ohne
Athem zu holen ausleeren mußte.

16. *breue lilium*) *quod breuis temporis est et
cito deflorescit*, sagt der Scholiast. Gesner, der
das *breue* für *paruum* oder *humile* nimmt, versteht das *lilium conuallium* darunter. Die letztere Bedeutung setzt voraus, daß in Italien das May-
blümchen und die Rose (S. V. 15.) zu gleicher Zeit
blühe, welches man zu untersuchen hätte. Ich halte
den Sinn des Scholiasten für den besten, weil mir
das *breue* der Lille dem vorhergehenden *viuax*
des Eppichs entgegengesetzt zu seyn scheinet.

17. *omnes — ambitiosior*) Damalis war eben so
sehr Kokette als Trinkerinn. Die Chapeaux sollen
heute, vom Wein begeistert, sich viel mit Damalis abgeben, und Damalis soll neue Eroberungen machen. Deponent steht für *figent,
coniicient*. Es ist zweydeutig, ob *nouo adultero* auf den Numida oder auf einen jeden andern
von der Gesellschaft gehen soll. Der Scholiast des
Cruquius glaubt das letztere, und schreibt zu dieser
Stelle:

Stelle: *Damalis suis amplexibus ambitio-*
sius adhaeret amatoribus, quam edera circa
se positis arboribus. Ich bin in der Uebersetzung
dem Scholiasten gefolgt.

Anmerkungen zur sieben und dreyß-
sigsten Ode.

A d sodales) Zu dieser Ode wurde Horaz durch
die berühmte Seeschlacht bey Aktium, in welcher Cäsar über Antonius und Kleopatra siegte, ver-
anlasset. Die Schlacht geschahe am 2ten September
im Jahr Roms 723. Da die Ode zugleich des Todes
der Kleopatra gedenkt, der erst im Augustmonath des
724sten Jahres erfolgte, und von dem man in Rom
erst einige Wochen darauf Nachricht bekam, so erhellet hieraus, daß dieselbe ohngefähr gegen das Ende des 724sten Jahres verfertiget worden. Innhalt. Der Dichter lädt seine Freunde ein, sich
mit ihm über Cäsars Sieg wider Kleopatra zu
freuen, auch deswegen den Göttern Dank ab-
zustatten. Plan. 1) Die Einladung. Nun, ihr
Freunde, müsse eine jede Art von Vergnügen
sich unsers Herzens bemeistern; nun müsse man
dankbar und froh die Tempel besuchen. 2) Die
Ursachen dazu. Die Gefahr, in der wir schweb-
ten, ist vorüber: Cäsar hat das Ungeheuer,

Cc 3   welches

welches uns Tod und Verderben drohete, von
unsern Grenzen verjagt; Kleopatra nahm
schimpflich die Flucht; Kleopatra ist nicht
mehr; voller Verzweiflung über den mislun-
genen Angriff der Republik, und um der
Schmach, sich zur Schau nach Rom führen zu
laſſen, zu entgehen, brachte sie sich um. —
Man könnte sich wundern, warum der Dichter des
Antonius mit keinem Worte gedenke, da doch derſelbe eigentlich den Krieg verurſachte, der durch die
Schlacht bey Aktium entschieden wurde. Ohne Zweifel ahmte Horaz hierinn dem Cäſar und dem römiſchen Senat nach, als welche, aus Gründen der
Politik, nicht wider Antonius, ſondern wider Kleopatra den Krieg, von dem die Rede iſt, beſchloſſen,
indem Antonius damals noch groſſe und zahlreiche
Freunde hatte. Nach Antonius Tode wurden zwar
ſeiner Freunde weniger; allein Oktavia, des Siegers
Schweſter, die immer noch vortheilhafte Geſinnungen
für ihren ehemaligen Gemahl unterhielt, ſah es vielleicht gerne, wenn ein jeder anderer mit Mäſſigung
von ihm redete, und ſeine fatale Sache blos auf
der Kleopatra Rechnung ſetzte. Hierzu kömmt noch,
daß ſein Sohn Julius Antonius des Octavianus
Gnade erlangte. — In der ganzen Ode herrſchet
der Ton der Ironie. Aus dieſem Geſichtspunkte muß
man insbeſondere die drey letztern Strophen zu betrachten nicht vergeſſen, wenn anders die Ode ein
untadelhaftes Ganzes ſeyn ſoll. Denn nimmt man
diese

diese Strophen so ernsthaft, wie sie beym ersten Anblick aussehen, so weiß man nicht, ob der Dichter den
Charakter der Kleopatra von der rühmlichen oder von
der schimpflichen Seite malen will. Er beschreibt in
dem vorhergehenden die lächerliche stolze Wuth, mit
der die Königinn sammt ihren Verschnittenen dem
römischen Reiche den Untergang drohete, und zeigt,
wie bald Cäsar diese Wuth zu dämpfen wußte; er
schildert die Flucht der Kleopatra, und vergleicht sie
spöttisch genug mit der Flucht eines schüchternen Ha-
sen. Auf einmal aber hebt sich der Charakter der Königinn, oder vielmehr, er scheint sich zu heben. Es
scheint, Horaz wolle sie als die größte Heldinn, und
ihren Selbstmord als die lobwürdigste That beschreiben. Das wäre nun ein offenbarer Fehler wider die
Einheit des Stücks. Man muß also nothwendig alles anscheinende Lob der Königinn ironisch erklären:
es war, will der Dichter sagen, thörichter Ehrgeiz und
falsche Herzhaftigkeit, es war Unsinn, daß sie keinen
Dolch scheuen, es war lächerliche Großmuth, daß
sie keine Flotte wieder sammeln, daß sie ihrem
bestürzten Hofe mit heiterm Gesichte entgegen
gehn, daß sie durch Schlangenbisse umkommen wollte, und so ferner. Ich weiß nicht, warum die Ausleger auf Anmerkungen von der Art die wenigste Zeit
Rücksicht genommen haben.

1. *pede libero*) Der nun keine Fesseln zu befürchten hat: denn Kleopatra war willens gewesen, die
Römer in Ketten zu legen.

3. *Salia-*

3. *Saliaribus dapibus*) mit leckern Speisen, dergleichen die Salier, das ist, die Priester des Mars, an den Festen hatten, da sie die Schilde herum trugen. S. die Anmerkung über den 12ten Vers der vorigen Ode.

3. *puluinar*) statt aram oder templum. Nach einem erhaltenen Siege gab man den Göttern in ihren Tempeln prächtige Gastmale, oder es sollte zum wenigsten scheinen, als ob man die Gastmale der Götter wegen anstellte, denn eigentlich war es damit auf Schwelgereyen abgezielt. Unordentlicher Gesang und wildes Freudengeschrey gieng vor den Gastmalen her; Trunkenheit und üppige Tänze folgten nach. Bey solchen Gelegenheiten nun wurden die Bildnisse der Götter um die Altäre herum auf kleine Ruhebetten gebracht; man nöthigte die Götter zu essen, und legte ihnen auch wohl auf den Betten vor. Daher die Redensart: *puluinar Deorum ornare dapibus.*

4. *tempus erat*) Man verstehe *iamdudum* darunter; es hätte längst geschehen sollen, nämlich bereits im vorigen Jahre, gleich nach dem Siege bey Aktium.

6. *dum Capitolio ruinas parabat*) Dieser Ausdruck ist wohl von keiner eigentlichen Verheerung, sondern nur von einer vorgehabten Besitznehmung des Kapitols zu erklären, denn Dio Cassius meldet, der Kleopatra gewöhnlicher Eyd sey gewesen: so wahr ich hoffe, im Kapitol Gesetze zu geben.

7. de-

7. *dementes ruinas*) eine Metonymie: die Wirkung steht für die wirkende Ursache. Die Königinn
selbst war unsinnig.

9. *contaminato — virorum*) ein Haufe schimpfli-
cher Männer, mit Krankheit befleckt. Die Konstruktion ist: *cum grege turpium virorum morbo
contaminato.* Sie waren verschnitten, und folglich muthlos und gleichsam krank. Einer der vornehmen unter den Verschnittenen, der viel bey Kleopatra galt, hieß Mardion.

10. *quidlibet impotens sperare*) anstatt: immo-
derata in sperando. Cruquius.

13. *vix vna etc.*) Dieses vix vna muß man bey
einem Dichter nicht so genau nehmen. Kleopatra
flüchtete eigentlich mit sechzig Kriegsschiffen. Indessen hatte sie deren im Anfange der Schlacht fünfhun-
dert, und der Verlust war also groß genug.

14. *mentemque — Mareotico*) Wein und Wohl-
leben unterhielten den Geist der Kleopatra in einem
beständigen Taumel; nur Cäsars Sieg oder ihre gegenwärtige grosse Niederlage war vermögend, sie
nüchtern zu machen oder zu Verstande zu bringen.

15. *redegit in veros timores*) Kleopatra gerieth
durch das Getöse der Schlacht, welches ihr sehr fürch-
terlich vorkam, in Schrecken, und begab sich, ehe
sie noch in einiger Gefahr war, mit den 60 Schiffen,
die sie begleiteten, in die Flucht.

17. *accipiter velut etc.*) Octavianus schickte den
Tag nach der Schlacht ein Geschwader von seinen

geschwin-

geschwindesten Schiffen ab, der Kleopatra nachzu-
setzen; sie holten sie aber nicht ein.

20. *daret — monstrum*) eine poetische Erweite-
rung! Ketten würde wohl Kleopatra nicht zu befürchten gehabt haben; Octavianus schickte ihr die freund-
lichsten Bothschaften; er wollte sie nur zur Verschö-
nerung seines Triumphs lebendig nach Rom führen,
und er wandte zu dem Ende die äussersten Bemühung-
en an, seinen Zweck nicht zu verfehlen, den er
aber doch verfehlte.

22. *nec muliebriter expauit ensem*) Als sie Prokulejus unvermuthet überfiel, zog sie einen Dolch
hervor, den sie jederzeit bey sich führte, um sich nö-
thigen Falls zu entleiben; Prokulejus aber riß ihr
den Dolch aus der Hand, ehe sie sich desselben bedienen konnte.

23. *nec latentes — oros*) eine Stelle, an der alle
Ausleger scheitern! So viel ist gewiß, das *classe*
kann sich auf diejenigen Schiffe, mit denen Kleopatra die Flucht nahm, nicht beziehen, denn sonst müßte Horaz das obige *vix vna nauis* (v. 13.) vergessen haben. Meiner Meynung nach muß man hier,
was auch Bentley unrichtig dagegen einwendet, eine
Hypallage annehmen. *Nec latentibus oris*, soll
es heissen, *classem citam reparauit*; es war ihr
auch nicht darum zu thun, in aller Eile eine neue
Flotte von verborgenen Küsten zusammen zu
bringen. Vielleicht hatte sich die Königinn berühmt,
sie könnte, wenn auch ihre ganze Flotte verlohren
gieng,

gieng, sogleich wieder eine andere herstellen. Im übrigen sieht man aus dieser Stelle besonders, was ich
in der Einleitung behauptet habe, daß alles Lob der
Kleopatra lauter Ironie ist. Horaz sagt, sie sey großmüthig genug gewesen, sich nicht sogleich wieder eine
neue Flotte von verborgnen Küsten zu holen. Das
wollte sie aber thun; allein sie konnte nicht: die
Araber an der Küste des rothen Meers hatten auf
Q. Didius Veranstaltung alle Schiffe, die sie in demselben hatte, verbrannt. Der Dichter spottet also ihrer. So beschreibt Klopstock die Großmuth des Satans.

— Er floh, und vergaß im Entfliehen
Unter allmächtigem Fuß das Meer und die Erde
zu schlagen.

Gerne hätte Satan den Schlag gethan; allein er
konnte nicht: eine höhere Gewalt zwang ihn zu fliehen. (S. Mess. 2ter Ges.)

25. *ausa — sereno*) regiam sc. aulam; den königlichen Hof oder Palast zu Alexandria. Iacens
ist hier so viel als moesta, desperata. Diejenigen,
die es für diruta oder destructa nehmen, erinnern
sich nicht, daß damals der Palast der Kleopatra noch
nicht in die Asche gelegt war. Das *iacentem regiam* steht dem vultu sereno entgegen. Der
Hof zu Alexandrien hatte vermuthlich Nachricht von
dem unglücklichen Erfolge des Kriegs seiner Königinn, und war deswegen niedergeschlagen; sie aber
wußte ihre Unterthanen zu täuschen, stellte sich freu-
dig, und lief mit Kränzen auf dem Vordertheil ih-

res

res Schiffs in den Hafen ein, als ob sie einen ausnehmenden Sieg erhalten hätte.

26. *fortis et — venenum*) Kleopatra tödtete sich
durch Schlangengift, daran ist kein Zweifel. Nur
darinn sind die Geschichtschreiber verschieden, ob
sie durch den Biß einer Natter, die sie an ihren Arm
gelegt, umgekommen sey, oder ob sie sich selbst in den
Arm gebissen oder gestochen, und Natterngift in die
Wunde geschüttet habe. Das erste ist wahrscheinlicher, weil Octavianus, da er die Kleopatra selbst nicht
bekommen konnte, ihr Bildniß mit einer an den Arm
gesetzten Natter zu Rom im Triumph aufführte.

30. *saeuis Liburnis*) Unter den Truppen der oc-
tavianischen Flotte waren auch Völker aus der illyrischen Provinz Liburnia befindlich, deren Einwohner
sich durch Raub und Grausamkeit berühmt gemacht
haben. Von diesen wilden Leuten wollte sich Kleopatra nicht nach Rom im Triumph hinführen lassen. ——
Ich weiß nicht, warum man, nach einigen Auslegern,
unter Liburnis liburnische Schiffe und nicht vielmehr die Liburnier selbst, die sich auf den Schiffen befanden, verstehen soll. Das *saeuis* begünstiget
deutlich die letztere Erklärung. —— Noch muß ich
anmerken, daß einige, unter denen die Scholiasten
sind, anders interpunktiren und das saeuis Liburnis mit ferocior zusammenhängen, da denn
der Verstand dieser Stelle wäre, Kleopatra hätte sich
trotziger

troßiger als die wilden Liburnier erzeigt, welche den
Tod und seine Schrecken verachteten.

Anmerkungen zur acht und dreyßig-
sten Ode.

Ad ministrum) Die Ausdrücke *rosa sera*
und *sub arcta vite* geben zu erkennen, daß
Horaz diese Ode an irgend einem Herbsttage, vermuthlich bey Gelegenheit eines kleinen Gastmahls,
das er in seinem Garten in einer Weinlaube zu geben
im Begriff stand, verfertiget habe. Man muß sie
als ein Gedichtchen aus dem Stegreif betrachten,
welches zwar eben so wenig als das Mahl selbst,
von dem die Rede ist, glänzen soll, welches aber dem
ohnerachtet seinen Meister verräth: denn die Verse
sind fließend und wohlklingend, die präcisen Ausdrücke fassen viel in sich, und das ganze Gedichtchen
endigt sich mit gefälligem Witz. Voltäre, der gern
groß genug seyn möchte, um Horazen klein machen
zu können, verunglimpft an einem gewissen Orte den
Charakter der horazischen Oden, und sagt. er sähe
z. E. in den Versen des Dichters an seinen Bedienten, die man für eine Ode ausgäbe, das Edi-
le und das Große nicht, das uns sehr rühren
könnte. Er sieht also, daß Horaz nur leichte Verse,
nur

nur ein Liedchen und keine eigentliche Ode hat
schreiben wollen; er sieht, daß es Verse an seinen Bedienten sind: und gleichwohl sucht er darinn jenes
Edle, jenes Grosse, das uns sehr rühren soll? Er
setzt hinzu: Seine Verse wider arme alte Weiber und wider die Hexen scheinen mir noch weniger edel zu seyn, als die Ode an seinen Bedienten. (S. Questions sur l'Encyclopedie.)
Heißt dieses etwas anders als triviale, oder schiefe
und unbestimmte Urtheile niederschreiben? Hätte
der Kunstrichter nicht zeigen sollen, worinn das
Unedle in den gegenwärtigen Versen bestünde? Hätte
er sich nicht erinnern sollen, daß Spottgedichte auf alte Weiber dem Geiste des horazischen Jahrhunderts
entsprechen, und daß selbst das Zaubern bey den
Alten eine Art von Gottesdienst war, wodurch denn
ein Gedicht von Hexen und Hexereyen bey den Römern nothwendig mehr Interesse als bey uns haben
mußte? Mit einem Worte, Voltäre der Kunstrichter und Voltäre der Poet thun einander Eintrag, anstatt daß einer, wie es scheinet, dem andern aufhelfen
soll. Voltäre hat, denke ich, poetisches Genie, wiewohl ihm seine eigene Landsleute nur Talent, kein
Genie zugestehen: aber wessen Gedichte würden wir
wohl am liebsten entbehren wollen, Voltärens oder
Horazens seine? Wie wenig kannte sich also der erstere, als er dem letztern eins anzuhängen wagte! —
Innhalt. Bey einem gewissen Gastmahle,
das der Dichter giebt, soll sein Bedienter den
über-

übermässigen Aufwand an Blumen vermeiden.
Plan. Keine persische Pracht, kein künstlich-
gewundéner Kranz, keine Spätrose müsse mein
geringes Mahl glänzend machen. Nichts als
Myrte soll man zu sehen bekommen. Mit Myrte
kann der Diener vorlieb nehmen: denn er ist
ein Diener; blosse Myrte läßt sich der Herr gefallen: denn was ihm an Blumen abgehet, das
ersetzt ihm die Weinlaube und der Wein.

1. *Persicos etc.*) Bey den Gastmahlen der Perser
gieng es überaus prächtig zu; die Zimmer düfteten
von den köstlichsten Specereyen, man ließ eine Menge
Sklaven aufwarten, uud die Tafeln bogen sich unter der Last der herrlichsten Speisen.

2. *Philyra*) Dieses griechische Wort bedeutet, wie
bekannt, eigentlich einen Lindenbaum; hier aber wird
nur die innere feine Schale des Lindenbaums darunter verstanden, worauf die Alten schrieben, und womit sie auch, nachdem sie solche vermittelst einer Na-
delspitze in zarte Fäden zerlegt hatten, ihre Kränze
künstlich zu flechten mußten.

3. *Sectari — moretur*) sectari wird eigentlich
von den Jägern gesagt, und zeigt also die grosse
Emsigkeit des Bedienten an, Spätrosen und andere
Blumen, die damals rar waren, aufzutreiben. Denn
die Römer thaten sich etwas darauf zugute, wenn sie
bey ihren Gastmahlen rare Blumen aufweisen konnten;

ten; zum wenigsten mußten sie Rosen haben, und sie
ließen daher im Winter welche aus Aegypten bringen.
Man trug sie in Kränzen auf dem Haupte, und be=
streuete auch die Tische damit. Selbst die Bedienten
kränzten sich.

5. *Simplici — curae.*) simplici anstatt soli; bloße
Myrte soll zu den Kränzen genommen und auf die Ta=
fel gebracht werden, und weiter nichts. Sedulus
curae. Einige lesen: *sedulis, curo;* andere:
sedulus, cura. Mir kömmt das sedulus curae,
(allzusorgsam, allzugeschäftig,) welches Cuningam
aus einer alten Handschrift hergestellt hat, am natür=
lichsten vor.

Druckfehler.

S. 141. Vers 3. lies: Mich
S. 201. Zeile 16 lies: Glarean.